JN095211

現代国際商取引

—よくわかる理論と実務—

【改訂版】

亀田尚己
［編著］

平野　英則

岸田　勝昭

長沼　　健

吉川英一郎
［著］

文眞堂

改訂版はしがき

　本書は 2013 年 4 月に出版した『現代国際商取引―よくわかる理論と実務―』の改訂版です。同書は，刊行以来多くの大学や企業，また公的機関での貿易実務や国際商取引の講義や研修のテキストとして採用され，教える側からも学ぶ側からも，大変にわかりやすいと好評を博してきました。昨年までの 7 年間に 5 回に及ぶ重刷を繰り返してきたことが，同書の高い評価を証明するものであり，著者一同嬉しく思っているところです。

　著者たちは重刷の都度，その時々の最新情報にもとづき，必要に応じて文言・年号・量的な数値・関連する制度や政府機関の名称などを修正し，読者の便宜をはかってきました。今回改訂版を上梓するに至った理由は，この 8 年間に国際商取引をめぐる世界の情勢が大きく変わってきたことにあります。この間に世界は，新型コロナウイルス感染拡大がもたらした戦後最悪ともいわれる経済危機の他に，次のような変化をみてきました。

- 情報化の加速とそれに伴う越境電子商取引などデジタル貿易の拡大
- 工業製品の生産体制とサプライチェーンの質的また地域的な拡大
- 英国の EU 離脱・米中貿易摩擦など複雑化する国際政治問題の影響
- ハリケーン・地震・山火事など自然災害の量的拡大と被害額の増加
- 国境を越える人の移動と異文化ビジネスコミュニケーションの増大

国際商取引をめぐるこれらの大きな変化の他にも，国内また海外における国際商取引関連の条約・法律・規則などにも改訂や変更があり，それらに対応するためにも改訂版を出版すべきであると思うに至りました。改訂版での主な変更点は以下の通りです。

　序章においては世界経済と国際商取引との関係に敷衍し，国際間の通商協定と経済連携協定の紹介を加えました。この点は関税にも関わってくるところであり，第 2 編第 6 章「通関手続きと引き渡し」でも説明をしています。

第 2 編国際商取引各論の第 2 章インコタームズ では，その最新版である
「インコタームズ 2020 (Incoterms 2020)」の内容を反映させています。第
3 章外国為替と代金回収では，貿易金融にかかわる説明の箇所で，読者の理
解を容易にするために輸出関連保証の種類に応じて，図表を追加しました。
第 4 章国際物品運送では，2019 年 4 月に施行された改正商法の内容を反映
させました。第 5 章貨物海上保険と貿易保険では，貿易保険の種類とその填
補範囲を最新のものに改め，関連する図表を変更修正してあります。また，
貿易保険の保険者の名称を株式会社日本貿易保険および損害保険会社に変更
しました。

　本書を「改訂版」としたことにも大きくかかわることですが，第 3 編国際
ビジネスコミュニケーション，第 1 章国際商取引と交渉では新たに第 3 節
「交渉英語におけるポライトネス表現」を設け，豊富な英文例を紹介し，解説
しました。これは，前述したこの 8 年間にあった変化のうちの一つである「国
境を越える人の移動と異文化ビジネスコミュニケーションの増大」に対応する
ものです。同節では，国際商取引を成功させるために必要な交渉とその際に
求められる言語表現の注意点を理論的に，またわかりやすく説明しています。

　今回の改訂版の準備にあたっては，初版の折にご協力をいただいた各社ま
た各機関にもお世話になり改めてお礼申し上げます。この改訂版では，特に
双日インシュアランス株式会社様から，貨物海上保険に関して，荷主（総合
商社）としての立場から，特定危険に対する特別約款の情報や，世界の海上
保険業界の状況・国内外の保険事故の動向などに関する現場の生きた，貴重
な最新情報の提供を受けました。ここに同社のお名前を記し，著者一同から
の感謝の意を表する次第です。また，本改訂版の刊行にあたり株式会社文眞
堂の前野眞司専務取締役にはとりわけお世話になりました。前野様のご支援
とご協力に対し心からお礼申し上げます。

　　2021 年 2 月

著者を代表して

亀田　尚己

はしがき

　わが国を取巻く国際商取引の環境は最近になり大きく変化してきている。第二次世界大戦後わが国の輸出先として，また輸入先として長い間にわたり第一位の地位を保ち，わが国最大のトレードパートナーであった米国が，その地位を中国に譲ってから久しい。2012年の輸出と輸入を合わせた中国の貿易総額は約3兆8千億ドル（約327兆円）になるという見通しであると同国の高官が述べている（『日本経済新聞』2012年12月29日）。これは輸出総額と輸入総額において，世界第4位を占めるわが国の貿易総額の2倍弱（輸出総額65.6兆円，輸入総額68.1兆円，ともに2011年実績）という大きさである。

　それに対してわが国企業群は，リーマンショックから立ち直り，これからという矢先の2011年3月11日に東日本大震災また福島原発の被災に見舞われ，サプライチェーンの分断や電力使用制限のあおりを受け，未曾有の混乱状態に陥った。その後も，タイの洪水，震災以降の円高，また続出した欧州の債務問題など貿易環境は悪くなる一方である。そのような状態を示すように，2011年度のわが国の通関収支は31年ぶりに，過去2番目の水準という2.5兆円の赤字となった。このような環境を打破すべく，日本企業はますます海外へと事業の中心を移し始めている。さらに，従来考えられてきた国際商取引の形態も，プラント輸出，開発輸入，企業内貿易というようなキーワードに示されるように多岐にわたるようになってきた。

　このような経済活動のグローバル化にともない，国家の貿易政策にも変化がみられ，各国で輸出・輸入にかかわる規制緩和が進んでいる。これらの貿易形態の変化と貿易制度の簡素化という現象と，さらにはインターネットによる越境電子商取引の増加現象をとらえ，国際ビジネスと国内ビジネスの垣根は低くなり，国際商取引に関わる実務の知識は重要ではなくなったという

ような暴論さえも散見される。しかし，先に挙げたプラント輸出，開発輸入，企業内貿易は「国と国との間のモノの移動」という観点からみればいずれも同じ国際商取引であり，その実務は国内商取引の場合とはかなり趣を異にしている。食料としての農・畜産物，産業・生活エネルギー源としての原燃料，工業製品生産のための原材料，製品や商品などの素材，また一般消費財などが言語や文化，そして制度や法律などを異にする複数の国の間を移動しているという点では，売主と買主両当事者が同一の商務や商慣習の知識を共有し，実践している国内取引とはまったく異なっているといえる。そのような国内商取引とは異質な国際商取引を実践し，しかもそれを成功させるために必要な実務知識の習得は，以前にも増して重要になってきているといえる。

　上記のような国際ビジネスをめぐる環境の変化に応じて，国際商取引にかかわる世界的なルールも変化せざるをえなくなってきている。わが国は，2009 年 8 月 1 日に国際統一売買法の一つともいえるウイーン売買条約（国際物品売買契約に関する国際連合条約）に 71 番目の締約国として加盟することになった。また，貿易取引慣習として普遍的に使用されてきた「貿易取引条件の解釈に関する国際規則」であり，国際商業会議所により 1936 年にはじめて制定された「インコタームズ（Incoterms＝International Commercial Terms）」も 2010 年版として大幅に改訂されている。その副題は ICC Rules for the Use of Domestic and International Trade Terms と改称され，国内取引にも使用できるものに変わってきている。さらには，国際商取引の決済に関わる重要な規則である「荷為替信用状に関する統一規則および慣例」も 2007 年には 14 年ぶりに大幅に改定されて今日に至っている。

　本書は，このように年々増大し続けている，企業による「国際間のモノの移動」を国際商取引としてとらえ，そのような取引活動に対応する新しい規則，また制度や法律に関する実務を分かりやすく解説したいという意図から著されたものである。国際商取引とは，これまで「貿易取引」や「貿易実務」あるいは「貿易業務」などと呼ばれてきたものを指すが，この分野は，

何か複雑で，専門的知識を必要とし，とっつきにくいものであると思われてきたようである。本書の目的は，国際商取引の実務経験を持たない，あるいは今ちょうどその世界に足を踏み入れたばかり，というような社会人や大学生が国際商取引の全体像をとらえ，個々の実務知識をよく理解できるようにお手伝いをするというところにある。著者たち（巻末履歴参照）は，それぞれの専門性を活かし，やさしく，分かりやすく説明するように努めたが，その内容自体は其々かなり高度なものとなっている。

　本書の構成は，序章　国際商取引の意義と歴史，第1編　国際商取引のあらまし（第1章　取引の流れ，第2章　国際商取引のルール），第2編　国際商取引各論（第1章　売買契約，第2章　インコタームズ，第3章　外国為替と代金決済，第4章　国際物品運送，第5章　貨物海上保険と貿易保険，第6章　通関手続と引渡し，第7章　国際紛争解決：国際民事訴訟と国際商事仲裁），第3編　国際ビジネスコミュニケーション（第1章　国際商取引と交渉，第2章　国際経営とコミュニケーション，第3章　異文化間ビジネスコミュニケーション）という3編（合計12章）からなっている。それぞれの章また節は，当該分野では其々，研究業績の点において第一人者であったり，長い実務経験を有する者であったりする5名の著者が，最新の資料にあたりながら，難しくなりがちな内容を分かりやすく解説するように努め，其々の執筆にあたってはお互いに内容をチェックし確認しあった。内容の新鮮さと正確度においては各人ともに最大努力を払い，精度の高い解説書といえるものに仕上げたつもりである。本書が国際商取引の実務を勉強しなければならなくなった社会人や，この分野の科目を受講する大学生の入門テキストとして講習会や大学の講義で広く採用されることを祈っている。さらには，貿易関係の各種試験のための受験参考書としても利用価値は大きいはずである。

　本書の巻末の書類見本の掲載にあたっては，株式会社住友倉庫アーカイブ事業部長の小山益司氏から貴重な情報と見本のご提供をいただいた。その他，海上保険証券については東京海上日動火災株式会社様から，為替手形については株式会社三井住友銀行様から，船荷証券については日本郵船株式会社様からそれぞれ見本提供のご協力をいただいた。各位のご協力に対し感謝

の意を表する次第である。また本書の刊行にあたって株式会社文眞堂の前野弘社長および前野隆専務取締役，ならびに前野眞司常務取締役にとりわけお世話になった。それぞれの方に，心よりお礼申し上げたい。

2013 年 2 月 15 日

著者を代表して

亀田　尚己

目　　　次

序章
国際商取引の現状と歴史

第1節　国際商取引の現状

1．世界経済と国際商取引

　現代の国際社会を，球体の表面が網目で覆われたマスクメロンに喩えることは可能であろう。地球上の 200 余りの国々が政治・経済・文化の面で互いにつながり，それぞれの行政機関や民間企業は，地球をくまなく覆うインターネット網で結ばれ，地球全体を覆う空・海・陸には国際間の物流を担う航空機・タンカーやコンテナ船と重量物運搬船・列車と大型トラックが縦横無尽に行き来している。人類は今そのような網の目状態にあるこの地球上に生きているが，いったいこのような状況はいつ頃から始まったのであろうか。

　人類は昔も今も他人や他の集団と，時には争い，時には交流して生きてきた。人類は，1 人だけで，また 1 つの集団だけで生存していくことはできないことを知ってきた。長い時間をかけて，協同することでより良い成果を得ることができることを学んできた。それぞれが住む地域の自然環境の違いから自分のところには育たないものを，自分の力では作れないものを，自分が持てないものを，それらが育ち，それらを作り，持っている地域の住人と交換することの意義を自分たちの経験から知った。人類は，知恵を働かすことで，相手との物理的また時間的距離やコミュニケーションの距離を縮めることができることも知った。人類は，そのような協同行為により自分たちの生活の上で，より大きな成果を得られることを何百年また何世紀もかけて知ったのである。

　詳しくは次節の「国際商取引の歴史」で述べるが，本書の主題である国際商取引，すなわち言語や習慣の異なる異人種間また異文化間の間での物品の交換やその後の貨幣を使った売買が人類の発展に果たした役割は，まことに大きいものであった。現代においても世界の人々は，日々の生活のあらゆる面で国際商取引の恩恵を蒙っているといっても決して過言ではない。逆説的にいえば，もし国際商取引がこの世に存在していなければ，人々は生きていくことはできなかったし，今後も生きていけないであろう。次項では我が国を例にとり，その実態を見ていくことにする。

2．我が国の国際商取引と特徴

　我が国は近代化以降，特産の絹や陶磁器，そして一部の嗜好品の輸出を除き，外国から原材料を輸入し，それを加工して製品化した工業製品を輸出する加工貿易を行ってきた。その理由として，近代化に伴う人口増加とそれを賄うに足る天然資源が国内に少なかったことを挙げることができる。例えば，米と並んで主要な食糧である小麦粉は国内消費量の約90％を米国・カナダ・オーストラリアから輸入し，大豆は国内需要の95％近くを米国・ブラジル・カナダから輸入している。諸産業における製品の原材料にもなり，電力エネルギーや各種交通機関の原動力ともなる石油は総需要の100％近くを海外に依存している。その主な輸入先はサウジアラビア・アラブ首長国連邦・カタールなどである。自動車・各種電気製品・船舶などをつくるための鋼板の原材料である鉄鉱石，アルミニウムの重要原料であるボーキサイト，銅製品の原料となる銅鉱，各種先端技術製品の製造には不可欠のレアアース（希土類元素），などの天然鉱物資源は，ほとんど我が国には存在せずほぼ100％近くが輸入されている。

　天然資源に恵まれず，外国との国際商取引に大きく依存しなければならない我が国は，長い間にわたり輸出と輸入ともに，中国・米国・ドイツに次ぐ世界第4位の地位を保っている。その理由は，簡単にいえば輸入をするためには輸出をしなければならないからである。日本人全体が生活をしていくために必要なものを外国から輸入するためには，その代金支払いの対価となる

外貨を稼ぎ出さなければならない。それは，原材料を輸入し技術的付加価値を加えた製品を輸出することにより可能となる。すなわち我が国は，加工貿易に頼らざるを得ない宿命を背負っていたといえる。加工貿易の中心となる製品は，産業の発展とともに繊維製品から鉄鋼・カラーテレビ・電子電気製品・自動車などへと変わっていき，近年では自動車・半導体等電子部品・自動車部品・鉄鋼・原動機・半導体製造装置などが我が国の輸出上位品目となっている。

　そのような特徴を持つ我が国の国際商取引であるが，過去の一時期に米国や欧州の一部で，日本からの輸出が増えすぎて貿易摩擦を生じたことがある。そうした貿易摩擦に加えて，急激かつ大幅な円高による影響を受け，日本企業の多くは，人件費をはじめとする生産コストが低廉な中国や東南アジア各国に生産拠点を移すようになる。その結果，我が国からアジア諸国へ生産機械・製品及び加工部品の製造装置・製造部品などが輸出されるようになった。日系製造業は，移転先の国々で生産した電気製品・自動車・衣類などを我が国へ輸入したり，現地で販売したり，現地から諸外国へ輸出した。いわゆる貿易の構造変化が顕著になり，日系企業による国際商取引も多様化した。

　我が国の主要な貿易相手先はこの10年間ほとんど変わっていないが，2010年の主要国別順位に他の年度と異なるところがみられた。輸出先では1位が中国で2位が米国，そして輸入先ではサウジアラビアが4位，アラブ首長国連邦が5位で韓国が6位であった。それらの違いを除いては変化のない，ここ10年間の輸出入先上位5カ国・地域は次のようになっている。輸出先：1位米国・2位中国・3位韓国・4位台湾・5位香港で，輸入先：1位中国・2位米国・3位オーストラリア・4位韓国・5位サウジアラビアである。

3.　通商協定と経済連携協定

　世界を取り巻く政治・経済環境は2020年の初頭からコロナ・ウイルス騒動で大きくうねり始め，WTO（世界貿易機関）が同年4月に2020年のモ

ノの貿易量は前年比で最大 32%減少するであろうという見通しを発表する
に至った。早期にこうした重大問題を収束させ，自由貿易政策で各国また各
地域が協調していかなければ，未曾有の世界経済活動の停滞を招くことにな
るに違いない。

　新型コロナウイルスの感染拡大が経済活動に影響を及ぼし始めたのが
2020 年の春頃であるが，それに先立つ 2018 年 12 月には TPP11 が，そして
2019 年 2 月には我が国と EU（欧州連合）の EPA（経済連携協定）がそれ
ぞれ発効している。このように世界においては，すでに一国また地域への輸
入品にかかる関税を下げたり撤廃したりする自由貿易の動きが強まってい
た。このような自由貿易の機運が高まる中に，米国は中国からの輸入品に対
し，そして一方の中国も米国からの輸入品に対して関税を次々に引き上げる
という自由貿易に逆行する動きを見せた。

　前項でもみたように米国と中国は我が国にとって輸出と輸入のいずれにお
いても 1 位と 2 位を争う国であるが，同じように輸出入の多くを米国と中国
に依存する国は他にも多くある。中国は 2009 年から輸出額で世界一の地位
を占めていて，そのうちの約 20%が米国向けである。一方米国は世界一の
輸入国であり，かつ貿易赤字も世界最大の国である。その貿易赤字の約半分
は中国との貿易からくるものであり，そのような状況下において両国間の貿
易摩擦はますますその激しさを増している。そのような厳しい状況にある世
界経済情勢の中でそれぞれの国や地域は，これまでお互いの利益のために各
種の通商協定を結び，国際商取引の安定化をはかってきた。以下，世界貿易
の自由化と秩序維持の強化を目指すことを目的として設立された WTO と
各種の通商協定を簡単に紹介し，各国・地域における国際商取引の現状を理
解する手立てとする。

● WTO（世界貿易機関）：World Trade Organization

　WTO は，第二次世界大戦の一因が，1930 年代の世界大恐慌の後に世界
経済のブロック化が進み，各国が保護主義的貿易政策を設けたことにあった
という反省から終戦後に誕生した。終戦から 2 年経った 1947 年に GATT
（関税及び貿易に関する一般協定，ガット：General Agreement on

Tariffs and Trade）がジュネーブで調印され，その翌年にガット体制が発足した。我が国は 1955 年に GATT に加入している。貿易における無差別原則（最恵国待遇；内国民待遇）などの基本的ルールを規定したガットは，多角的貿易体制の基礎を築き，貿易の自由化の促進を通じて世界経済の成長に貢献した。GATT は国際機関ではなく，暫定的な組織として運営されてきたが，1986 年に開始されたウルグアイ・ラウンド交渉において貿易ルールの大幅な拡充が行われ，その運営組織としてより強固な基盤を持つ国際機関を設立すべきであるという声が高まった。

　WTO はそのような要請を受けて，1994 年に設立が合意され，1995 年 1 月 1 日に設立された国際機関であり，貿易に関連する様々な国際ルールを定めている（WTO 設立協定及びその附属協定，略称「WTO 協定」）。加盟国が 164 カ国・地域（2017 年 12 月現在）に達する WTO の任務は次の通りである：(1) WTO 設立協定及び多角的貿易協定の実施・運用など，(2) 多角的貿易関係に関する交渉の場及びその実施の枠組みの提供，(3) 紛争処理・解決制度の運用，(4) 貿易政策検討制度の運用，(5) IMF；世界銀行及びその関連機関との協力など。最近では上級委員会の機能不全などが取り沙汰される WTO だが，本来は，こうした協定の実施・運用を行い，かつまた多角的貿易体制の中核を担うことが期待されていたのである。

● FTA（自由貿易協定）：Free Trade Agreement

　特定の国や地域どうしの間で，工業製品や農産物の関税を下げたりサービス産業の外資規制をなくしたりするなどして貿易自由化を進める枠組みである。2 国間のほかに地域全体の自由化をはかる地域統合型がある。FTA は WTO ルールで例外的に認められており，WTO での交渉より自由化の水準を高められる。国単位でのつながり（二国間協定）が広がっていくと，異なる規制や基準がところどころで乱立状態になる，いわゆる「スパゲティーボウル現象」が起きる。そのために各国は，二国間協定に比較してより広範囲の地域統合型の FTA を志向するようになった。地域統合型としては EU（欧州連合）；NAFTA（北米自由貿易協定）；ASEAN（東南アジア諸国連合）などがある。

● 　EPA（経済連携協定）：Economic Partnership Agreement

　特定の国家間や地域間で，貿易や投資の自由化・人の移動・知的財産の保護・政府調達など，経済全般について連携・協力を深めるために締結する協定である。物品の関税やサービス貿易の障壁などの削減・撤廃を目的とするFTA（自由貿易協定）に対し，EPA（経済連携協定）では投資・人の移動・知的財産の保護など，幅広い分野が対象となる。

● 　TPP（環太平洋連携協定）：Trans‐Pacific Partnership

　環太平洋パートナーシップ（TPP）協定とは，オーストラリア・ブルネイ・カナダ・チリ・日本・マレーシア・メキシコ・ニュージーランド・ペルー・シンガポール・米国及びベトナムの合計 12 カ国で包括的な，バランスの取れた協定を目指し交渉が進められてきた経済連携協定である。2015年 10 月のアトランタ閣僚会合において，大筋合意に至り，2016 年 2 月，ニュージーランドで署名された。日本は 2017 年 1 月に国内手続の完了を寄託国であるニュージーランドに通報し，TPP 協定を締結した。その後，2017 年 1 月に米国が離脱を表明したことを受けて，米国以外の 11 カ国の間で協定の早期発効を目指して協議を行った。2017 年 11 月のダナンでの閣僚会合で 11 カ国による TPP につき大筋合意に至り，2018 年 3 月にチリで「環太平洋パートナーシップに関する包括的及び先進的な協定（TPP11 協定）」が署名された。メキシコ・日本・シンガポール・ニュージーランド・カナダ・オーストラリア・ベトナムの 7 カ国が国内手続を完了し，2018 年12 月 30 日に発効した。域内総生産（GDP）で世界の約 14％，貿易額で世界の約 15％，総人口約 5 億人の巨大経済圏となる TPP は，太平洋をまたぐ初のメガ自由貿易協定（FTA）であり，「アメリカ抜き TPP」「TPP11(イレブン)」と呼ばれることもある。この協定は Comprehensive and Progressive Agreement for Trans-Pacific Partnership（アジア太平洋地域における経済連携協定，略称 CPTPP）とも呼ばれ，域内の関税撤廃によりヒトやモノの移動がより活発化することが期待されている。

第2節 国際商取引の歴史

1. 国際商取引のあけぼのと発展

　国際商取引というものは，自国と外国との間で，商業上の目的をもって交易をするのであるから，国家の意識もなく，また国家の組織もなかった有史以前の人たちの間に行われた交易は，国際商取引の範疇には入らないという意見もある。しかし，取引相手の言語・文化・制度・法律・通貨などがそれぞれ異なるという国際商取引の特徴からいえば，そのような取引は古代から行われていたし，それを国際商取引のあけぼのと呼ぶことに異論はないと思う。以下に国際商取引の歴史をみていくことで物品の交換という取引の諸条件が，如何にして商慣習として生まれ育ってきたのかを考えていく。

　長い間世界の中心であったヨーロッパには，国際商取引の面からみると大変興味深い点がみられる。まず，国際商取引の始まりとなった地中海が南から，バルト海と北海が北から，大西洋が西から，それぞれ陸地に深く入り込んでいる。そのためもあり，ヨーロッパのどの地点をとっても，海から700キロメートル以上のところはないといわれる。したがってヨーロッパにおいて海上路は，はじめから国際商取引の，特に重量物の，すぐれたルートをなしていたわけである。

　次に，ローヌ川，ライン川，ドナウ川，ヴォルガ川などの大河が何世紀もの間，大陸の中における物品の交換あるいは取引での重要な交通路であった点である。ヨーロッパへ行けば，真新しい自動車などの重量貨物を満杯にした大きな船が広く大きな川を上り下りしているのを目の当たりにすることができる。また，陸上では通商の障害物としてヨーロッパの南北間に山岳地域が横たわっているが，そこにも多くの獣道（けものみち）や，陥没でできた隘路，また峠などがあり，早い時期から商人たちによって利用され，ヨーロッパの端からもう一方の端への商取引を可能にしていた点もあげられる。このように海に囲まれた地域であること，河川が重要な交通路であったこと，また山岳地帯でもかなり通行可能であったというヨーロッパの特徴は，

他地域にはみられないものといえよう。そうした事実からヨーロッパは，早い時期から世界における経済や政治の中心になっていったのである。

2．古代から近世までの国際商取引の発達

⑴　古代における交易（先史時代から紀元前 1000 年頃まで）

　紀元前 7 千年ごろに東地中海で発生したといわれる古代の商業活動は，長い時間をかけて西進し，地中海沿岸全体に広がっていった。そのころの交易（財の交換とその取引）には次のようなものがあった。

　地中海の海岸沿いに船を進める商人たちは，ある海岸へ着いて積荷をおろすと，これを波打際に並べて船に帰り，狼煙をあげる。その土地の住民は煙を見ると海岸へ出てきて，品物の代金として黄金を置き，それから品物の並べてある場所から遠くへ下がって物陰から様子をうかがう。船の上の商人たちは船を下りてそれを調べ，黄金の額が自分たちの品物の価値に釣合うと思えば，黄金を取って立ち去り，釣合わないと思う時には，再び乗船して待機する。それを物陰から覗き見ていた住民は，前者の場合にはその品物を持ち帰る。後者の場合には，黄金を追加し，商人たちが納得するまでこういうことを続ける。双方とも相手に不正なことは行なわず，商人たちは黄金の額が品物の価値に等しくなるまでは，黄金に手を触れず，住民も商人が黄金を取るまでは，品物に手をつけなかった。古代における未開の地で，お互いの言語も当然に異なり言語による交換が不可能であった異民族間の取引は，このような無言貿易あるいは沈黙貿易（Silent Trade）が主要なものであった。

　無言貿易には次のようなものもあった。両種族の者たちが広場に集まり，双方が一列横隊になって向き合う。片方にならんでいる種族の中から 1 人の者が前に進み出てきて，自分が交換に出したいものを中央に置き，もとの場所に戻る。すると反対の種族の中から 1 人が出てきて，置いてあるものをよく調べ，自分が欲しいと思えば，自分の品物を置いてから自分の列へ戻る。最初の男は，再び中央へ進み出て，相手が置いていったものをよく調べ，満足できるようなものであれば，それを持ち帰る。もし満足できなければ，そのままにして自分の所へ戻る。後は，上に述べた海岸での取引と同じように

お互いが満足するまでこのような行為が繰り返された。

　この時代の地中海貿易の主役たちは，エジプト人，アッシリア人，ペルシャ人，ヘブライ人，そしてフェニキア人たちであった。しかし植民地をつくったり，航海術を編み出したり，交易を盛んに行ったのは，その後長い間地中海貿易に君臨することになるフェニキア人であった。国際商取引における商慣習の基礎はそのころつくられたのであるという。フェニキアは現在のシリアとレバノンの地域にあった古代都市国家であった。レバノン山地で採れる豊富な材木で何千という船をつくり，漁業と，当時では進んだ工業製品であった金銀や銅の加工品やガラス，また貝からつくる当時では羨望の的であった紫色の染料などを持ち，交易を得意とするフェニキア人たちは，羅針盤もない時代に昼は太陽を，夜には星を観測し，独特の天文学と航海術を身につけて地中海を回り各地で取引を行っていた。

　交易の対価となったのは，象牙，黒檀，織物，道具類，干し魚，果物や奴隷などであった。そうした地中海沿岸での交易をなお盛んにするためにフェニキア人たちは各所に植民地をつくった。その中でも有名なのが，紀元前1000年ごろにフェニキアが没落しても，その後身として長く地中海貿易で栄えることになるカルタゴで，現在の北アフリカにあるチュニジアあたりにあった。また，その頃の交易は，穀物の大生産地であった黒海沿岸とも行われていて，フェニキアは東方の産物やロシアの河川を経てバルト海の品物がもたらされる到着点でもあった。

(2)　ギリシャ時代（紀元前1000年頃から同200年ごろまで）

　フェニキアの没落とともに，地中海貿易の舞台はギリシャへと移っていった。ギリシャもフェニキアと同じように小さな，かつ山の多い国で，耕作に適した農地も限られていた。ただ山が多いということから造船のための材木には事欠くことはなかった。このような国情から，ギリシャ人たちは，船をつくり，人々が生活をしていく上で必要でありながら自国にはないものを求めて航海に出ていったのである。場所的にもギリシャは，フェニキアよりは地中海貿易の中心に位置していた。その上，ギリシャは複雑な沿岸線とすぐれた自然の港湾に恵まれ，羅針盤もなく，貧弱な航海技術しかない当時の船

乗りたちを魅了し，かの地へ彼らをひきつけることになった。当時の主要な輸入品は，穀物，塩漬けの魚，造船材料，奢侈品，奴隷などで，ギリシャが輸出していたものは，オリーブ油，いちじく，蜂蜜，毛織物，ワイン，金属製品，鋳造貨幣の他，大理石や青銅の加工品などであった。

　アクロポリスの丘の上に展開する都市であったアテネから約10キロメートル離れたところに，アテネの最盛期時代には古代ギリシャ人にとって最大の商港であり，地中海第一の交易場であったといわれるピレウス港がある。紀元前5世紀にピレウスは地中海全体の商品集散地であり，キレナイカ（旧リビア），エジプト，シリア，また黒海の沿岸地から，またイタリア，ケルトなど，当時でいう世界のあらゆる方面から商品が輸入されてきたといわれる。そうしたピレウスの繁栄も，紀元前431年から404年にわたりアテネ陣営とスパルタ陣営との間で戦われたペロポネソス戦争，アレクサンドロス大王のマケドニアの台頭，さらには新興勢力であるローマの活躍により，終焉を迎えることになった。

(3)　ローマ時代（紀元前200年頃から西暦500年頃まで）

　ローマは，これまでのケースのように商業の力によってつくられた町ではなく，戦争や武力によってつくられた帝国であった。ローマ人たちは商人ではなく，むしろ征服者であり，行政官の集まりであったといえる。ただ，この戦争集団であったローマ人たちのおかげで商業は大きく発展することになる。なぜならば，当時の海上商人たちにとって最大の敵であった海賊や沿岸地域の盗賊たちはローマの軍事力と厳しい管理体制により駆逐されることになったからである。人々は安心してローマに集まった。自分たちの生活の糧として生産した物品の一部を外国に売りさばき，都市国家であるローマに税金を納めるというシステムが構築され，ローマを中心とした商業が大きく発展した。その後ローマは，エジプトからドイツまで，そしてスペインからペルシャまでという広大な帝国を築き上げ，共通言語（ラテン語），統一法，商慣習，はては良質な道路から橋にいたるまで，域内の平和と秩序をもたらすためにかなりの努力を払い，それらを構築していった。今日のスペイン，フランス，イタリアやその他の旧ローマ帝国の遺産ともいえるところには，

その頃に完成された法制度や慣習が残り，建造物などもその一部が依然として使用されている。

　すべての道はローマに通じるとまでいわれたほど，古代帝国でもっとも大規模かつ組織的な道路網を建設したのはローマ人であった。ローマ帝国の拡張に伴い，統治の必要上から建設されたのである。帝国の最盛時に，ローマと辺境をつなぐ幹線道路網は全長 8 万 5 千キロ以上に達したといわれている。当時の北西ヨーロッパの未開な民族との交易もこうした陸路と，海路の自然の延長線としての河川路が大いに利用された。バルト海沿岸の諸地域を結ぶこうした 2 種類の交通路は，3 世紀以降，地中海の伝統的な海上運送をしのぐような勢いで，通商の流れを独占するようになっていった。ただ皮肉なことに，やがてこのことがゲルマン人の侵入を許し，ローマ帝国にとどめの一撃を与えることになった。強大な勢力を誇ったローマであったが，700 年近くにわたった統治も内部崩壊していくことになる。

⑷　中世時代（西暦 500 年頃から 1500 年頃まで）

　中世の最初の 500 年間ほどは繰り返される戦争と北や東からの侵略で不安定で流動的な時期であった。しかし，ヨーロッパ全域は，商業の流れによって，次第に活気づけられていった。封建的権力の分裂と多元化，またキリスト教教会勢力の伸長も，この発展に力を貸すことになる。封建領主たちや教会勢力には特権や，各種の免除が与えられていたのである。1095 年に始まり 1270 年に終わった合計 6 回あるいは 8 回ともいわれる十字軍の遠征もヨーロッパに大きな影響を与えた。エジプト，シリア，アラビア，インド，また中国から，それまでヨーロッパにはなかったような贅沢な品物が遠征を機にヨーロッパへ入ってくるようになった。レモン，あんず，プラムや西瓜，など数多くの新種の果物や野菜などである。十字軍の遠征は，このような新しい交易の地理的また量的拡大を通してヴェニスなどの商都市を潤しただけではなく，政治的・経済的な変化をヨーロッパにもたらした。遠征から戻ることのなかった十字軍の騎士たちの遺産は王や教会のものになり，一度は分裂し，多元化した封建権力はいくつかの有力な王権国家と教会勢力に集中されていった。

　当時の商人たちの活動の中心地は，北イタリアの諸都市，北海沿岸地域，そしてその中間に位置していたシャンパーニュ地方の市（定期市）であった。ヴェニスやジェノヴァといったイタリアの港町を仲介として北ヨーロッパに入ってきた東方の珍貨と交換されたのは，毛皮や毛皮の服，織物原料や特に毛織物であった。フランスでは，織物以外にもワインが市の重要な品目であったが，これは偶然にそうなったのではなく，当時ぶどう園は港や河川の近くに何よりも優先してつくられていたのである。シルクロードで活躍したマルコ・ポーロの影響もあり，香辛料をはじめとする中国やアジアなど東方との交易も盛んに行われるようになっていった。

　14 世紀まで，これらの交易の流れはシャンパーニュの定期市で合流していたが，中世の混乱はやがてそうした流れを，大西洋ルート，アルプス越えドイツへのルート，という東西 2 つのルートに変えてしまい，やがてそれが有名なハンザ同盟の誕生へとつながっていった。ハンザ同盟とは俗称で，正式の名称はドイツ・ハンザ（Deutsche Hanse）といい，外地における商業権益を守るため団結した貿易商人の組合をさす。ハンザ同盟は，東のバルト海と西の北海の間の通商の必要的通過点であるリューベックを足がかりにし，強力な商業的連帯として出発したが，最盛期の頃にはバルト海東端のレヴァルからライン川沿いのケルンまで約 180 の都市を数えたといわれる。イギリスの各都市も，それまで外国との取引はほとんどハンザ同盟やヴェニスの商人たちに通商権を与えて彼らの差配に任せていたが，中世最後の頃になると自らが活躍の場を求めて交易に力を置くようになり，その後何世紀にわたって栄えることになる重要な地位を占めるようになっていく。

(5)　近世（西暦 1500 年頃から）

　15 世紀末にポルトガル人によって開始された大航海は，ヨーロッパを世界に向けて開放することになった。16 世紀のはじめから，ポルトガルとスペインが競ってアメリカ大陸や西インド諸島へと西進していき，大西洋はやがて商業の中心へと変化していったのである。それと同時にアフリカ大陸の西海岸沿いに南下し，喜望峰を回り，東海岸を北上し，さらにインド，今のインドネシアあたりへも進出していった。その後両国が植民政策に失敗し，

政治的にも衰退し，船隊を維持していくことも難しくなっていくと，それま
でポルトガルとしのぎを削っていたオランダがスペインとポルトガルに代わ
り，東方の香辛料を中心とした貿易を手がけるようになっていった。このオ
ランダの力によって，今日でもみられるような高度な貿易システムの基礎が
つくられたのだという説もある。フランスは少し遅れてこの大西洋貿易に参
加するようになり，いちばん遅く出てきたのがイギリスであった。

　オランダはその後ポルトガルが開拓した喜望峰を回って極東へ行く通商
ルートにおいても成功をおさめ，その成功は 17 世紀前半を通じて絶えず続
き，ポルトガル領の相当な部分がオランダの手に落ちた。オランダ人たちは
「海の運び屋」というあだ名をつけられ，多くの船は不定期貨物運送に同意
したといわれる。積荷を下ろして空になった港で，客が送り出す貨物を目的
地へ届けることを引き受けるのだが，それは海上運送において，当時として
は新しい形のサービスの提供であった。1650 年におけるオランダの船舶は
16,000 艘と推定されている（当時イギリスは 3,000〜4,000 艘，フランスは
500 艘だったといわれる）が，オランダの海運力が群を抜いていたというこ
とが分かる。それらの大規模な海運事業と交易の中心となったのが，有名な
オランダの東インド会社と西インド会社だった。

　オランダとならんで大西洋へ出て，東西に商圏を拡大していったのがイギ
リスである。オランダが，アジア方面へ海外発展の中心を置いたのに対し，
イギリスはインドやオーストラリアへその勢力を拡大していく一方で，新大
陸である北アメリカとの貿易にも力を入れるようになっていった。その後
ヨーロッパ社会は，1760 年代のイギリスに始まった産業革命により大きく
変化していくことになる。そのお膝元であり，最新技術による高度な工業生
産の恩恵をこうむることになったイギリスは，同国の植民政策とともに，世
界の海を支配するようになっていった。やがてフランスやドイツも加わり，
すでに大きな市場に育っていた北アメリカとの通商はさらに大きなものと
なっていったのである。

　中世時代における商業のめざましい発展により，14 世紀頃には国際商取
引の重要な脇役である海上保険，銀行（両替商），また郵便制度が長足の進

歩をとげ，こうした社会制度の発達とともに，15 世紀の終わりごろには，
貿易は飛躍的に伸びていくことになった。貿易が発展するにつれて，その対
象地域は拡大し，貨物量も増加していくため船舶は大型化し，また航海中の
危険も多くなる。そのようなことから当時の貿易には冒険貸借（Bottomry）
が利用されるようになっていった。冒険貸借とは，商人たちが船舶や積荷を
担保にして航海に必要な資金を借り入れ，船や積荷が無事に目的地へ到着す
れば，あるいは海外から多くの珍貨を運んで無事に戻ってくれば，その時点
で借主へ返済をする義務が生じるというものである。この冒険貸借には危険
転嫁の機能があったために，海上運送にはよく利用された。現在の貨物海上
保険はもともとこの冒険貸借から生まれたものであるといわれている。

　外国との取引であれば，交換の対価となる貨幣として，自国のものとは異
なる通貨を必要とする。ある貨幣を他の貨幣に変換できなければならない。
ヨーロッパでは，しばしば同一の場所で異なる王侯によって発行された多数
の貨幣が並存していたといわれる。商人たちは，外国の品物を買うために自
分が所有する貨幣を，他の貨幣と，あるいはもしあれば国際的な証券と交換
できなければならなかった。それらの仕事を手がけていたのが，銀行であ
る。銀行は，一定の手数料をとり別の貨幣にかえてくれる両替商であり，各
地の定期市における商人たちの補助者として為替手形の決済も行ったといわ
れる。彼らが扱う貨幣や秤や試金天秤はバンクと呼ばれるテーブルの上にお
かれていた。これが銀行（バンク）の由来であるといわれる。

　郵便制度は，紀元前 6 世紀にペルシャにおいて整備された駅伝制度にその
もとをたどるといわれている。その後，ローマ帝国が帝国の秩序を維持する
ためにこの駅伝制度を採用することになり中世における通信制度が発達し
た。さらに商業の発達が，取引上での通信を盛んにした。特に腐敗しやすい
肉類を運ぶ肉屋は，機能のすぐれた車や馬を使用したために，やがて信書を
も運ぶようになった。これは肉屋郵便と呼ばれ，到着を知らせるラッパは，
現代に至るまで郵便のマークとして用いられている。16 世紀初めにローマ
皇帝から郵便事業の独占権を与えられたタキシス家が，ヨーロッパの各地を
結ぶ郵便業務を発達させることになった。国際郵便を含む近代郵便制度は

1840 年にイギリスが郵便料金前納のための郵便切手を発行したときに確立されたといわれる。その後各国もイギリスの例にならい，近代郵便の制度が整備され今日に至っている。

3. 産業革命後の国際商取引略史

　海上保険や銀行，そして郵便制度の発達など，こうした新しい国際商取引のシステムに加えて，産業革命による社会構造の変化が世界の貿易に影響を与えることになった。その影響としては，各種産業の生産力の増強，鉄鋼船や蒸気船の登場，海底電線の敷設などが挙げられる。生産力の増強は国際商取引の対象である商品など貨物の増加，市場の拡大，取引に従事する直接また間接の商人たちの増加をもたらし，その結果は商人たちの分業という形になった。

　貿易商人たちは取引のために多額の資金を必要とするようになり，船舶への投資は困難となった。また外国との貿易業務は，それまでに確立されてきた慣習や自国また相手国の法律もからみ，広範な専門知識を必要とするようになり，自らが運送業務をも行うというような余裕がなくなっていった。商人たちは，輸出あるいは輸入の一方のみでも企業として成り立つようになり，船主は，海上貨物運送が量的・場所的・時間的にも増大したために，独立した事業として海上運送に専念できるようになっただけではなく，船舶が帆船から鉄鋼船や蒸気船に構造上大きく変化したために莫大な資金を必要とするようになった。貿易と海上運送が分岐し，輸出と輸入はそれぞれ単独の取引として行われるようになっていった。このような時代の変化が新しい商慣習を生むことになった。

　19 世紀半ばまで続いた帆船貿易の時代には，商人たちは自ら費用と危険を負担して，交易品を船に積込み，各地の港を巡りながら交易を行っていた。船が無事に着いた異国の港や浜辺で，その積荷を初期のころは現地の品物や金銀，後期には貨幣と交換するという有償交易が行われ，揚地売買に属する到着条件が主流であった。これは，売主が運送中のいっさいの費用と危険を負担するもので，交易品が到着しなければ取引は成立せず，商人たちに

とっては成功も不成功も運次第というまさに冒険事業であった。

　19 世紀に入り，汽船が大西洋航路や，中国またオーストラリア航路に就航するようになると，イギリスを中心とする海運業は大きな進歩を遂げるようになる。船会社各社のスピード競争や，国家から補助を受けての郵便汽船会社の台頭である。イギリスの郵便汽船会社が 19 世紀中頃に保有していた船舶の量は，イギリスの登録汽船合計 223 万トン（1831 年）の半分以上にも達し，各社はお互いに航海日数の短縮化を競い合っていた。コロンブスの時代には 69 日もかかっていた大西洋横断航海だが，アメリカの外輪蒸気船サバンナ号が 1819 年に 29 日 11 時間を記録し，最初の本格的大西洋定期船であるといわれるグレート・ウエスタンが 15 日間を，1856 年にペルシャ号が 9 日間を，そして 1936 年に就航したクイーン・メリー号が 3 日 23 時間57 分を記録した。このような船舶の高速化は，当然のことながら，それまでの帆船から蒸気機関を搭載した蒸気船への交代とその日進月歩の技術改善によるものであった。

　このような蒸気機関の発達と，船舶の建造技術の進歩，そして外洋航路の整備により世界の海に定期航路が開かれていった。航海の安全が確保され，船舶の航海日数がほぼ一定するようになり，さらに船会社間の競争もあって同一航路上を同じ目的地に向かう船舶の数も増え，その結果，売主が船積みの船舶を自由に選択できる「不特定船舶による着船売買」の形態が生まれてきた。さらには，買主が契約物品のある輸出地の港まで船を回航させて，その港における本船上で物品の引渡しを受けるという積地売買である輸出港本船渡し条件（FOB 型）を誕生させることにもなった。ところが，この FOB条件での積地売買では，着船渡し条件による揚地売買とは逆に，買主の負担が重くなる。そこから危険負担を分散させ，それを他に転嫁することができる海上保険の利用が普及するようになった。さらには，船積貨物の権利を証券化した船荷証券（Bill of Lading）が利用されるようになり，物品の引渡しにも，また代金の決済にもそれを利用することのメリットが貿易業界の中で認められるようになってきた。そのようなことから，イギリスでは FOB条件の普及とともに，契約により売主に海上保険証券と船荷証券を調達さ

せ，その費用を負担させるようにした CIF 条件の原型となる慣習が発生したといわれる。

　このように 19 世紀に入り，それまで長い間にわたって用いられてきた着船渡し条件から FOB や CIF のような積地売買条件の慣習が生まれてきたのは，ヨーロッパやアメリカにおける経済的発展による貿易の地域的また量的拡大が原因であったといえよう。ちなみに，判例としては FOB については 19 世紀の初頭にみられるようになり，CIF については同世紀の中ごろにみられるようになったといわれる。

　しかし，そのような商圏の拡大や，貿易量の拡大が可能になったのは，高速船による国際郵便を含み，通信手段のめざましい進歩のおかげであるともいえる。1793 年にパリとリール間 230 キロメートルに及ぶ遠距離高速通信に成功したセマホールと呼ばれる腕木通信（高い塔の先端に設けた腕木の形の変化を望遠鏡で観測しメッセージを中継する遠距離高速通信），モールス信号，各国の間での通信を可能にした海底ケーブル，マルコーニによる無線電信など 18 世紀から 19 世紀にかけて考案され実用化された通信手段の発達や国際郵便制度の確立がなければ，遠距離間にいる売主と買主の間の商取引交渉も，契約の締結も，さらにはまたその履行もできなかったはずである。

　国際商取引の対象となる貨物の運送量も，そして地域的な広がりも拡大し，その主役も貿易商人から商社などの企業へと変わり，その交渉の相手は，船会社，海貨業者，銀行，保険業者やそれらの代理店と多岐にわたるようになった。しかも，その相手は同じ国内あるいは近在の地にいるだけではない。そのような取引相手との各種の交渉を可能にしたのは，国際通信手段の発達であり，それがなかったとしたならば，現在あるような諸種の貿易取引条件（トレード・タームズ）も生まれなかったといえるのではないだろうか。

第1編
国際商取引のあらまし

第1章
取引の流れ

第1節　予備的交渉

1．市場調査と取引先の発見

　国際商取引において，特定の商品の輸出先を新規に開拓しようとする場合，先ず市場調査（Marketing Research）とそれに基づく有望取引見込み先の開拓が必要である。市場調査は，緻密で具体的な商品戦略，地域戦略等に基づいて行われ，対象とするターゲットを絞ってゆき，有望見込み客を発見する。

　具体的な取引先の発見方法としては，次のような方法が考えられる。

①　外国主要都市の商業会議所，日本の主要都市の商工会議所の貿易相談窓口・資料の活用

②　日本貿易振興機構（JETRO ジェトロ）の相談窓口・資料の活用

③　在日外国大使館・公使館の貿易相談窓口・資料の活用

④　地方公共団体，外国州政府の在日事務所の資料の活用

⑤　国内外の国際見本市への出展・視察

⑥　海外の新聞・雑誌への広告の掲載

⑦　現地出張による調査・新規取引先開拓ワーク

⑧　海外から来る新規取引申込みへの対応

⑨　商社の活用（商社経由の輸出入）

　特に，日本の総合商社は世界の主要都市に駐在員・現地社員を配置しているので，本社経由で取引先開拓の依頼が可能である場合が多い。現地情報を早く効率的に入手できるメリットがある。

2．信用調査と取引先の選定

(1)　信用調査の必要性

　国際商取引は，異なった国（通常，遠隔地となる）にある者同士の取引である。商習慣，文化，宗教，言語等が異なった輸出者と輸入者との取引ゆえ，さまざまな点に関する価値観の相違等，国内取引以上にリスクを含んだ取引と言える。

　リスク判断の観点から，輸出者としては，注文を受けて製造，船積みを行う商品に関して，相手が契約金額に見合う支払い能力のある会社かどうか等を判断するために，会社の規模，財務内容，業界における評判等を知りたいところである。一方，輸入者としては，発注した相手が，輸出競争力があり，契約通りの仕様・品質の商品を納期通り船積みしてくれるかどうか，安定した継続供給が期待できる輸出者かどうか，即ち，相手が契約内容を順守してくれる信頼のおける会社かどうか等を判断するために，会社の規模，財務内容，業界における評判等を知りたいところである。取引開始に当たっては，これらのリスクを判断するために，互いに相手先に関する信用調査をすることが不可欠である。

(2)　信用調査のポイント

　信用調査の基本的ポイントとして重要とされているのは，一般的に下記の3Cである。

　① Capital（資本）：会社の財務状態（Financial Condition）を意味する。

　② Capacity（営業能力）：会社の取引能力，取引量，営業力等を意味する。

　③ Character（商道徳・誠実性）：社風，履行性などの企業の品格・商道徳，コンプライアンス（Compliance），経営者の人柄などを意味する。

(3)　信用調査の方法

　実際に信用調査を行う方法として，下記信用照会先（Credit Reference）に調査を依頼または信用照会するのが一般的である。

　①　銀行照会（Bank Reference）

　自社の取引銀行に信用調査依頼書を提出して依頼し，取引銀行から Credit Report（信用調査報告書）を入手する。通常，銀行から入手できる Credit Report は内容が簡単すぎてこれだけでは不十分である。そのため，下記②で述べる大手信用調査会社の信用調査報告書との併用が不可欠な場合が多い。なお，相手の取引銀行は自社の直接の取引銀行ではないので，取引相手の取引銀行に対して直接信用照会を行うことはしない。自社の取引銀行を通じての海外の取引相手の取引銀行への銀行照会となる。

　②　信用調査会社（商業興信所 Credit Agency ）への信用照会

　Dun and Bradstreet Corp.社はアメリカに本社のある世界最大の信用調査会社である。世界中に事務所・代理店を有し，信用照会に対してグローバルな情報サービスを提供しているので，最も頼りになる信用調査会社と言える。通常，詳細な英文信用調査報告書を多くの国において入手可能である。東京にも事務所を有しており，また日本の大手信用調査会社である東京商工リサーチ（株）が同社の代理店をしているので，日本でも英文信用調査報告書を常時入手可能である。

　その他，相手国の最も信頼のおける信用調査機関に信用調査を依頼する手もある。

　③　同業者照会（Trade Reference）

　相手会社と取引のある相手国の取引業者や同業者に直接信用照会する方法である。情報提供を依頼する以上，別の機会に逆にその会社から情報提供の依頼があった場合は情報提供に応じて返礼する互恵的（reciprocal）な業界エチケットを守ることが重要である。

　④　現地出張による信用調査

　相手国に出張して，直接相手先と面談して聴取したり，相手国の業界から評判を聴く等の方法もあるが，全ての情報を開示してくれるわけではないので，情報は完全ではない。

　実際の信用調査においては，上記 ①〜④ の内，複数の先から情報を入手するのが，より正確な情報が得られて望ましい。会社は経済情勢等により日々変化するので，相手の信用状況も日々変化していると考えておく必要が

ある。従って，継続取引の場合は，継続して信用調査を行っていく必要がある。

3．予備的交渉と本交渉への移行

(1)　信用調査が先か取引開始の提案（Proposal）が先か

取引相手として有望な会社が見つかれば，信用調査と実際の取引申込み（取引開始の提案）を行うことになる。理論上は信用調査を先に行って相手の信用状態の安全性を確認してから具体的な取引開始の提案をするべきであるが，迅速性を重んじるビジネスの現場では，取引の提案と信用調査を同時並行的に行って，一日も早く具体的な契約交渉に入ることを目指す場合が多い。

(2)　取引開始の提案（Proposal）

取引開始の提案には，下記のような，相手が知りたいと思うであろう情報をできるだけ多く提供して，当方の積極的な姿勢を相手に示すことが重要である。

① 相手方を知るに至った経緯と当方が取引を開始したい理由

② 当方が PR したい会社の特徴・長所

③ 取引条件（決済条件等）

④ 自社の信用照会先（Credit Reference）

⑤ 会社案内（または総合カタログ）

⑥ 年次報告書（Annual Report）

⑦ 特定の商品カタログ

⑧ 見本（Sample）（必要に応じ）

⑨ 価格表（Price List）（必要に応じ）

第 2 節　売買契約

1．売買契約の成立

　ある商品の売買取引をめぐって，売主と買主との間の予備的交渉（商談）が行われた結果，お互いに相手の意向（例えば，売主から見た「この程度の値段と納期を提示すれば相手方は買ってくれるだろう」などといった感触）が大体つかめるようになるだろう。そうすると，一方当事者（売主・買主いずれでもよい）は，相手方に対して，自分が練った売買取引条件であって相手方が応じそうなものを提示する（契約の申込み：offer）。それは，相当程度，具体的・確定的なものでなければならない（あいまいであれば相手方が応じるとは期待できない）。その売買取引条件は，申込当事者にとって，相手方が応じるなら自分側もその条件に拘束されてもよいと納得している取引条件であるはずである。

　また，交渉の余地が少ない場合や相手の意向が予測できる場合，例えば，過去に同種の取引をしたことがある当事者間の場合では，予備的交渉がなくとも，一方当事者からいきなり契約の申込みが示されることもあるだろう。

　一方当事者からの契約の申込みを受けて，相手方がその売買取引条件に納得せず，逆提案（反対申込み：counter offer）をすることもありえる（その場合，交渉が繰り返される）。一方，相手方がその売買取引条件をそのまま受け入れる意思を表示したならば（契約の承諾：acceptance），契約（contract）が成立する。契約は，申込みと承諾という当事者間の合意（agreement）によって成立するのである。ときには，申込みを受けた相手方が履行に着手する（承諾を意味する）ことで契約が成立することもある。

　契約の成立をめぐっては，申込みと承諾がまったく同一条件でなければならないか，それとも若干の修正を伴っていてもその成立を許すかどうか，書面の契約書の作成が必須であるかどうかなど，注意すべき問題が多く見られる。

2．契約書の締結

　契約の成立をめぐっては，法的に，契約書（書面）の作成が必須条件である場合とそうでない場合とがあるが（それはどこの国の法が契約関係を支配するかによる），いずれにしても，実務の上では，契約の成立を確認するために，契約書を両当事者の間で作成するのが普通である。契約書の作成（execution）は，各当事者の代表者が契約書に署名をすることによって行われる。

　パターン化された単純な売買であって繰り返し頻繁に行われる取引の場合，一方当事者が，その代表者（必ずしも社長や代表取締役である必要はなく，契約締結権限のある役職者でよい）による署名を施した定型の契約書フォーマット（書式：form）を，他方当事者に対して送付し，署名とその副本の返送を求めることが多い。

　この契約書の表面には，対象となる個別の取引の内容データ（例えば，商品名や商品番号といった商品を特定する記載，単価，数量，納期，引渡場所，輸送方法，貿易条件等）が記入され，裏面にはあらかじめ決まった取引条件が印刷されているのが普通である。売主側は，"Sales Contract"などと呼ばれる，売主の立場でドラフトされたフォーマットを用いるし，買主側も買主の立場でドラフトされたフォーマットを用いる。売主・買主両当事者それぞれが自己に有利な取引条件の印刷された契約書を送りあうことで，取引条件に食い違いが生じることになるが，それにもかかわらず，多くの場合，当事者は契約履行（取引の実行）に向かう。このため，後日当事者間に紛争が生じて，この取引条件の食い違いが問題となることもある。「いずれの当事者の書式に示された取引条件が，法的に有効なものとして認められるか」という問題（書式の闘い：battle of the forms）は，契約の成立をどのようにとらえるかという法解釈と絡んで，国際的な民事訴訟や国際商事仲裁（訴訟に替わる紛争解決手段で仲裁人と呼ばれる民間人が裁定を下すもの）にまで発展することもある。

　なお，以上は1つの売買取引をめぐる想定であるが，売主・買主両当事者間の取引が，1回だけの単純な売買取引（スポット取引）で収まらず，反復

継続的な関係に発展する場合，個々の取引契約（個別売買契約：individual sales contract）をコントロールする継続的基本契約が締結されることもある。例えば，販売店契約（distributorship agreement）などであるが，これらの基本契約は，両当事者間の信頼関係に根差した継続的取引を規律するものである。基本契約には通常，契約期間が設定され，「個別売買契約裏面の一般取引条件と継続的基本契約の取引条件との間に食い違いがある場合は継続的基本契約の条件が優先して売買取引条件を規律する」ものと規定される。

　また，継続的基本契約には，両当事者の間の長期的目標に関わる事項や売買取引関係のサポートとなる別の取引（例えば，宣伝・販売促進活動の支援やアフターサービスの委託）に関わる事項が規定される場合も多い。このような継続的基本契約は重要であるので，契約書の締結にあたっては，両当事者の代表者が揃って署名を行う調印式が催される場合もある。

第3節　代金決済

1．伝統的な3つの代金決済の方法

　貿易取引における売買代金の決済方法は売主と買主の売買契約で取り決められるが，伝統的なものとして，送金，信用状なし荷為替手形および信用状付荷為替手形の3つの方法がある。

2．送金による代金決済

　送金による決済方法とは，その名のとおり買主が売買代金を売主の銀行口座への送金の方法により支払うものである。送金による決済方法には，代金を支払う買主の側から見て，貨物を受け取るよりも前に送金する前払送金（売主の側は，貨物を積み出す前に送金を受け取るので前受送金になる），および貨物を受け取った後で代金を送金する後払送金（売主の側は，貨物を積み出した後に送金を受け取るので後受送金になる）の2つがある。

　前払送金による方法では，売主が代金回収のリスクおよび資金負担を回避

することができるのに対し，買主は貨物入手のリスクを負うとともに資金を負担することになる。また，後払送金による方法では，売主が代金回収のリスクを負うとともに資金を負担するのに対し，買主は貨物の入手リスクおよび資金負担を回避することができる。このように，送金による代金決済は，前払いまたは後払いのいずれの方法を利用するかにより売主または買主のいずれかにリスクとメリットが偏在することになる。その理由は，売主による貨物の引渡しと買主による代金の支払いが同時に行われる関係（同時履行の関係）にないからである。

3．信用状なし荷為替手形による代金決済

　信用状なし荷為替手形による決済方法とは，売主が荷為替手形を利用して輸入者から売買代金を取り立てることにより決済する方法である。具体的には，売主が買主を支払人とする為替手形を振り出し，それに船荷証券などの船積書類を添付して荷為替手形を取り組み，その取立てを輸出地にある自己の銀行（仕向銀行）に依頼し，仕向銀行がさらに輸入地の買主の取引銀行（取立銀行）に取立てを依頼することにより，買主から売買代金を取り立てる方法である。

　信用状なし荷為替手形取引では，取立銀行による船積書類の引渡条件として，買主の手形金の支払いと引換えに船積書類を引き渡す支払渡（(Deliver) Documents against Payment ＝ D/P）条件および買主による期限付為替手形の引受けと引換えに船積書類を引き渡す引受渡（(Deliver) Documents against Acceptance ＝ D/A）条件がある。

　さらに，信用状なし荷為替手形においては，D/P条件およびD/A条件のいずれであっても，売主は買主の代金支払前における倒産などの場合には代金を回収できなくなるという買主の支払能力喪失のリスク即ち信用（クレジット）リスクを負っている。

4．信用状付荷為替手形による代金決済

　信用状付荷為替手形による決済方法は，売主が信用状（credit または

letter of credit（L/C という）に基づき振り出した為替手形および／または船積書類により荷為替手形を取り組み，これを利用して貿易代金を取り立てる方法である。

　信用状とは，信用状を発行した銀行（発行銀行）が信用状条件を充足する書類が呈示されることを条件に代金の支払いを売主または買取銀行に対して確約するものである。発行銀行は，買主が支払能力を喪失した場合であっても，信用状条件を充足する書類が呈示されれば，売主または買取銀行に対する代金の支払いを免れることはできない。したがって，信用状は，後払送金および信用状なし荷為替手形による決済方法には不可避的に存在した，買主の信用リスクを補完する機能（信用補完機能）を有している。このように，信用状には信用補完機能があることから，売主は，信用力に不安がある買主との取引においては，代金の回収を確実なものにするために，信用状取引を利用しているのが実情である。また，信用状の信用補完機能により，買主は，新たな売主との取引を開拓しまたはすでに取引のある売主との取引を維持・拡大できることから，その利用ニーズには根強いものがある。

第4節　国際運送

　国際運送は，それが行われる場所によって陸上運送，海上運送そして航空運送に分けられる。中でも，四方を海に囲まれた日本では，これまで国際運送といえば海上運送であった。しかし，近年では，日本をめぐる国際運送にも大きな変化が見られるようになった。それは，航空機のジェット化や大型化によって，航空運賃が低下し，航空運送のシェアが着実に増加してきたことである。金額ベースでみると3割前後になっている。航空貨物で運送される製品は軽量で高価なものが多く，金額的な面での航空運送の伸びは著しいものがある。

　航空輸送は，船舶，鉄道，トラック輸送などに比べて，輸送コストがきわめて高いという特徴がある。それでも航空輸送を運送手段に選ぶ理由は，貨物が迅速に輸送され相手方に到着するというスピードにある。2〜3日あれ

ば，世界の主要都市に貨物を送ることが可能である。したがって，国際物流
で重要度が高いジャストインタイム・デリバリーにも，航空運送は対応して
いる。航空運送の増加傾向は，今後も続くことが予想され，国際取引におけ
る航空運送の重要性はますます大きくなるであろう。

　また，海上運送では，1960年代に就航したコンテナ船が国際物流に効率
性と迅速性をもたらした。このコンテナ船で使用されるコンテナが普及する
ことによって，船舶のみならず，列車，トレーラー，航空機のように異なる
運送手段を用いて一貫して運送を請け負う国際複合運送（International
Combined Transport）が実現され，めざましい発展を遂げつつある。こ
の国際複合運送を請け負う運送人は，フレイト・フォワーダー（Freight
Forwarder）と呼ばれ，活躍の場を広げている。具体的に，日本の国際航
空貨物運送では，日本通運，近鉄エクスプレス，郵船航空などのフレイト・
フォワーダーがすでに9割以上の貨物を取り扱っているといわれている。最
近では，コンテナ運送の拡大により，日本／アメリカ間の複合輸送であるミ
ニ・ランドブリッジ（Mini Land Bridge），日本／ヨーロッパ間の複合輸
送であるシベリア・ランドブリッジ（Siberian Land Bridge）をはじめと
して，道路／鉄道／船舶／航空輸送を組み合わせた様々な国際複合運送が行
われている。

第5節　国際取引に必要な保険

　国際取引はさまざまなリスクを伴うため，それらのリスクが原因となって
貿易取引当事者が被るかもしれない予期せぬ損害をカバーする保険が必要で
ある。物的損害などを取り扱う民間の保険は総称して損害保険と呼ばれ，日
本の損害保険会社は，海上保険，火災保険，自動車保険，損害賠償責任保険
などの保険を引き受けて英文，和文の保険証券（Insurance Policy）を発
行している。

　日本では，貿易取引に関係する保険は，外航貨物海上保険，貿易保険，
P/L（Product Liability）保険の3種類に大別できる。

保険の種類	保険者	保険てん補の対象
外航貨物海上保険	損害保険会社	輸送中の貨物の偶発的事故（危険）に因る物的損害など。 荒天による海水濡れ，破損，盗難不着など。
貿易保険	株式会社日本貿易保険および損害保険会社	・輸入者の責任による信用危険。 輸入者の破産・資金繰り悪化などによる代金回収不能。 ・輸入者の責任によらない不可抗力的な非常危険（カントリーリスク）。 輸入国政府による為替取引制限，戦争勃発による代金回収不能や船積不能等。
P/L 保険（生産物賠償責任保険・製造物賠償責任保険*） 輸出 P/L 保険	損害保険会社	製品等の欠陥が原因の事故による被害者に対し，生産者・輸出者・輸入者・販売者等が負う損害賠償責任（輸入国の P/L 法［製造物責任法］に基づく）。
国内 P/L 保険		輸入品，国産品（原材料，農水産品，工業製品），機械据付作業等の欠陥が原因の事故による被害者に対し，生産者・輸出者，輸入者，販売者，工事業者等が負う損害賠償責任。

*P/L 保険については，日本の主要損保会社は「生産物賠償責任保険」という名称を用いている。

　上記の内，外航貨物海上保険が対象とする危険は，① 海上危険（Marine Risks），② 戦争危険（War Risks），③ ストライキ危険（テロを含む）に大別される。

第6節　通関手続と引渡し

　国際取引の業務の流れの中で，輸出入通関と貨物の引渡し，引取り手続は重要な一連の業務である。

1．輸出手続・輸入手続
　輸出手続を例に取れば，所管官庁から許認可の事前取得（必要な場合）⇒ 税関：輸出申告 ⇒ 保税地域搬入 ⇒ 税関：審査・検査 ⇒ 税関：輸出許可 ⇒ 保税地域搬出 ⇒ 航洋船舶または航空機への積込み という貨物の引渡しを伴った一連の流れが，輸出通関を中心とした輸出手続の流れの基本的原則である。輸入手続は 関税等の納付 が加わるが，基本的には輸出の裏返しと考えれば理解しやすい。
　これらの業務のほとんどは実際には，通称乙仲と呼ばれる専門業者である海貨業者（通関業者等を兼業）に委託して代行してもらうのが通常である。
　上記手続の各段階で，作業依頼書，指図書，貨物受取証，申告書，許可書などの類の必要書類の作成や授受が，荷主，海貨業者，税関，船会社（航空貨物代理店），CY・CFS オペレーター，検数人などの関係者間で行われる。

2．通関手続
　日本は自由貿易を原則とする国であるが，外為法，関税法，各省庁のその他の法令で規定する許認可や確認を所管官庁と税関にて得なければならない。「通関」とは，貨物が法令で定められた手続により，輸出または輸入の許可を得て税関を通過することである。全ての輸出入貨物は，航洋船舶や航空機の発着を許された開港場や空港における税関を通過しなければならない。
　税関が行っている業務は，① 通関（書類審査および必要に応じ現物検査)，② 輸入貨物に賦課される関税と消費税等の徴収，③ 国際条約・協定や法令違反の密輸の監視（知的財産権侵害物品の水際取締りを含む），④ 保税

地域の許認可と保税貨物の管理，⑤ 輸出入貿易統計の作成および発表など
であり，大切な役割を担っている。

　輸出者，輸入者が輸出入手続を円滑に行うためには，税関の通関業務に詳
しい通関士（国家資格）を各営業事務所に設置し，通関業務，貨物の引渡
し，引取り業務を一気通貫で代行する海貨業者の役割は重要である。

第 2 章
国際商取引のルール

第 1 節　国際商取引とさまざまな法

1.「国際取引法」というもの

　国際商取引とは，国境を越えた物品・資金・技術の移転およびサービス（役務）の提供に関する取引である。国際商取引の代表としては，国際物品売買取引が挙げられるだろうし，これに伴う取引，例えば，ある国から別の国へ物品を船舶によって輸送する海上運送も国際商取引の一例である。国際商取引が国内の商取引と異なる大きな点として，取引の相手方との間で，取引を理解するバックグラウンドが相互に異なることが挙げられる。国際商取引では，当事者が相互に異民族・異国民であることが多い。言語，伝統，価値観，習慣，経済事情などが異なるために，当事者間で取引内容をめぐっての理解の一致が難しい。そのため，国際商取引では，国内の商取引の場合に比べ，「法による規律」への期待が一層強いと言えるだろう。国際商取引は，法によって規律されることで安全・円滑に進められるだろうし，法に従って当事者間の紛争が解決されると期待することで国際商取引への信頼・安心が生まれるだろう。

　国際商取引から生じる問題を規律する諸法は，「国際取引法」と総称される。「国際取引法」という名称の単一の法典が存在してそれを見ればすべてが解決するというわけではなく，国際商取引に関わる問題を解決するためには，関連するさまざまな法をいろいろと検討する必要がある（ちなみに，一般に「法」と言う場合，議会が制定する狭義の「法律」だけでなく，法律の基となる「条約」および「憲法」，並びに法律を補完する「規則」，「命令」，

「条例」等も含めて強制力のある社会的規範・ルールを広く指す）。つまり，国際取引法と言っても，それは，「国際商取引に関わるもの」として束ねられた多様な法の集合体としての性格を持つものであり，国際商取引の当事者としては，広範な捉え方をする必要がある。

　国際商取引には，例えば売買であれば，売主の所在する国（輸出国）と買主の所在する国（輸入国）のように，複数の国家が関わる。そして，各国の法体系に属する法それぞれの内容は同一のものではないし，国際取引法は，複数の関係国の国内法（公法および私法）だけでなく国家間の条約・取決めをも考慮しなければならず，「膨大な数の法のうちどの法が目の前の取引に適用されるか」という問題に答えるのは実は容易なことではない。

　本章では，国際取引法の体系を整理しながら，基本的な国際商取引ルールの理解を試みることとする。

２．国際条約や各国公法による規制

　法には私法と公法という分け方がある。私法は一般市民間の関係を規律・調整する法で，日本法の中では民法や商法がその代表例である。公法は行政機関や公権力に関わる法である。国際取引法の捉え方としては，私法（民商法）分野のみに限定して論じる場合もある。しかし，現実問題として，国際商取引においては，私法上の問題だけでなく，さまざまな公法的規制が存在しそれらが関わる。まず，国際社会において，国際商取引への制限が合意され，条約として結実している場合がある。例えば，「絶滅のおそれのある野生動植物の種の国際取引に関する条約」（ワシントン条約）や「通常兵器及び関連汎用品・技術の輸出管理に関するワッセナー・アレンジメント」（単に「ワッセナー・アレンジメント」と略称される）といった諸規制である。また，関税，外国為替，不公正取引禁止（独占・贈収賄・産業スパイ等の禁止），知的財産権保護などに関しては，各国が独自で国内法をもって規制・規律を行っている。これらは各国の政策に関わる事柄に対する公法による規制であり，全体として当該国の「公の秩序（公序）」を形づくることになる。つまり，国際商取引の場合，自国だけでなく，相手国その他関係国の公法的

規制にも配慮する必要がある。国際商取引の当事者は通常，これら各国国内の公法を，属地的なものとして，否応なく遵守しなければならない。さらに，これらの法は，場合によっては，当事者の国外における活動にすら適用されることがある（「域外適用（extraterritorial application）」と呼ばれる）。米国独占禁止法の域外適用の例は著名である。

3．国際商取引の当事者関係に適用される実体法

　法には，大きく分けて「実体法」と「手続法」という分類の仕方がある。私法分野では，当事者の権利・義務を直接規定する法が「実体法」である。例えば，日本法としては，民法やその特別法である商法が実体法の典型であるし，前述のとおり，「法律」という形式でなくとも，例えば，業界・商人間の商慣習や自治規範も当事者間の権利義務を確定させる拠り所となる実体法として働く。

　契約に関する実体法と言えば，各国にはおよそ契約法と呼ばれる法分野があって，契約において一方当事者（例えば，売主）は，他方当事者（例えば，買主）にどのような権利を主張できるかを規定する。例として，日本では民法の第3編第2章に契約に関する規定が見られるし，米国では，日本法とは異なった内容で，米国統一商事法典（Uniform Commercial Code：UCC）の第2編（Article 2）に物品売買契約に関する規定が，第2A編にはリース契約に関する規定が見られる。国際商取引では，関係するどこかの国の実体法が選ばれて当事者の権利義務確定の基準とされることが多い。また，国際的な法としては，「国際物品売買契約に関する国際連合条約（CISG）」（第3節参照）が国際物品売買における売主と買主の権利義務関係を細かく規定している。CISGは，締約国を中心とした限られた範囲ではあるが，諸国に共通の実体法である。

4．国際商取引の紛争解決手続に適用される法（国際民事手続法）

　「実体法」に対して，「手続法」とは，実体法が定める権利義務関係を実現するための手続を定める法のことをいう。日本の民事訴訟法や米国の連邦民

事訴訟規則（Federal Rules of Civil Procedure）のような訴訟による紛争処理手続を定める法が典型である。

国際商取引をめぐる紛争では，しばしば紛争の国際性が問題となって手続面が争点となることがある。そして国際的な民事紛争に適用される手続法を，国内の手続法と区別して「国際民事手続法」と総称することがある。

例えば，複数の国の関わる国際的な民事紛争において，どこの国の裁判所にその紛争を扱う権限（国際裁判管轄）があるのかという手続問題がある。この国際裁判管轄問題を扱う世界レベルの裁定システムは完全な形で存在しないから（なお，局部的であるが EU 加盟国間におけるブラッセル I 規則や航空運送を巡る「国際航空運送についてのある規則の統一に関する条約」〔モントリオール条約〕第 33 条の規定など，国際裁判管轄に関する国際的な合意が無いわけではない），各国が個別に自国の国際民事手続法を適用して，国際民事紛争をめぐる国際裁判管轄の問題を片づけている。このため，国際的な二重訴訟の問題や当事者間における訴訟負担のアンバランスの問題が生じやすい。

訴訟以外の紛争処理手続としての仲裁（第 2 編第 7 章参照）は，そういった問題の解決策の 1 つである。「外国仲裁判断の承認及び執行に関する条約」（ニューヨーク条約）に基づいて国際的な仲裁を規律する各国の仲裁法も，各常設仲裁機関の仲裁規則も手続法の一種である。

国際民事手続法が関わる問題としては，そのほかに，外国裁判所の判決の効力を国内でどのように扱うかという問題や外国にいる当事者に対する訴訟上の文書（典型としては「訴状」）の送達をどのように行うか，国際的な証拠収集をどのように行うかといった，「司法共助」と呼ばれる問題も挙げられる。日本に関しては，前者は民事訴訟法第 118 条に明文の規定があり，後者は「民事又は商事に関する裁判上及び裁判外の文書の外国における送達及び告知に関する条約」（ハーグ送達条約）や米国・英国との二国間領事条約に基づく方法などがある。国際商取引をめぐる紛争の解決のためには国際民事手続法の理解も必要である。

第2節　国際契約法

1.「準拠法」の指定

「本契約は，あらゆる点において，〇〇国法に準拠し解釈されるものとする」というような条項が国際契約書には見られる。これは，国内取引の契約書には見られない特殊な条項で，「準拠法条項」と呼ばれる。この条項の役割を理解するためには「国際私法（抵触法）」という法分野に関する理解が欠かせない。

国際的な民事トラブル（契約だけでなく製造物責任・交通事故のような不法行為や国際離婚などのトラブルも含む）がどこかの国の裁判所で提訴された場合，その裁判所では，判定の基準となる実体法をどこの国の法にするか，即ち「準拠法」を決定しなければならない。尺度次第で結果が変化するからである。この場合，裁判所が所属している国（法廷地国）自体の法をそのまま適用すれば簡便だろうという考えもあろうが，実際にはそうではない。手続法としては，法廷地国の訴訟法はそのまま適用されるが（「手続は法廷地法による」の原則が世界的に認められている），権利義務の根拠として紛争解決の基準となる実体法については，法廷地国法は必ずしも準拠法とはならない。なぜならトラブルには複数の国が関わっている訳であり，法廷地国は，判決の国際的調和ということも配慮して紛争の解決に最も適切な実体法を，それら複数の選択肢の中から選択すべく迫られるからである。そのため各国には，「準拠法を決めるための法」（法分野として「国際私法」〔Private International Law〕または「抵触法」〔Conflict of Laws〕と呼ばれる）が存在する。各国の裁判所は自国の国際私法を適用して準拠法を決定するという処理を行っている。日本の国際私法としては，従前の「法例」という名の法律に替わって，2007年に施行された「法の適用に関する通則法」（「法適用通則法」や「通則法」とも略称される）が中心的な役割を担っている。

さてそこで，契約中の準拠法条項はどのような役割を果たすのだろうか。

実は，多くの国の国際私法で，契約分野の準拠法決定については「契約当事者間で指定をしてもかまわない」ということ（いわゆる「当事者自治」）が認められている。例えば，日本の「法の適用に関する通則法」第 7 条では，法律行為（契約がその典型である）の成立および効力は，「当事者が当該法律行為の当時に選択した地の法による」とされ，契約当事者による準拠法の選択が容認されている。このように各国国際私法がお墨付きを与えることによって，国際契約に見られる準拠法条項は，その規定内容通りの意義を発揮できるわけである。

　準拠法条項が意味を持つのは，裁判（訴訟）の場合だけでなく，仲裁という紛争解決の枠組でも同様である。例えば，日本の仲裁法（第 36 条第 1 項）やそのモデルとなった UNCITRAL 国際商事仲裁模範法（第 28 条第 1 項）でも当事者自治が認められていて，準拠法条項が意味を持つわけである。

2．国際契約法としての「英国法／米国州法」vs.「統一私法条約」

　国際契約中に準拠法条項が置かれている場合はそれに従って，置かれていない場合も，法廷地となる各国の国際私法の規定に従って，契約トラブルに適用される実体法（準拠法）は，複数の関係国法の中から選ばれ指定される。つまり，多くの場合，準拠法となるのはどこかの国の国内法（例えば，日本の民法・商法）である。

　世界の法体系は，大きく分けて，① 判例法を中心とする英米法系（common law：コモン・ロー）と，② ローマ法に由来し法典に依拠する大陸法系（civil law：シビル・ロー）の 2 つに分類される（なお，異種としてさらにイスラム法などがある）。英国またはフランスやスペインの植民地支配などを通じて，これらの法体系は世界の各国に継受されている。世界の国々の国内法はこれら 2 つのいずれかに属しているので契約の準拠法もいずれかに属することになると考えてよいが，各国の国内法は，それぞれの社会の発達や価値観の変遷に伴って個々に変化を遂げ，個性を有していることも理解しなければならない。例えば，日本は近代に入ってドイツの民法典を模範とした民法を採用したため大陸法系に属しているが，第 2 次大戦後，会社法や

経済法といった分野で米国法の影響を受けている。

　準拠法条項によって準拠法を指定する場合，日本企業は自国法たる日本法を指定しようとすることも多いが，日本法は，それを解説する外国語文献が少なく把握しにくいこと（例えば，日本の裁判例はほとんど英訳されていない）などが理由で，取引相手に受け容れられないことも多い。その一方で，日本企業は準拠法として，英国法またはニューヨーク州法もしくはカリフォルニア州法といった米国のいずれかの州法を指定することに合意することも多い。その理由としては，①日本人の外国語教育は英語中心であり，英米の法は英語を通じて理解できること，②国際商取引の中心が英米にあること，③国際契約のインフラが英米中心に整備されていること，④英米に判例が集積していて裁判・仲裁の結果を予測しやすいこと，⑤国際的に活動する巨大法律事務所は英米に集中しており，国際商取引に関してそれらを代理人として利用するのが容易であること，⑥留学を通じて英米法を知る日本のスタッフ・弁護士が増えていることなどが挙げられよう。

　ところで米国では，契約分野の法は連邦法でなく，各州法が規律する。米国は判例を重視するコモン・ローの国であるが，UCC（米国統一商事法典：Uniform Commercial Code）という成文のモデル法が存在し，各州がそれを州の制定法として採択することで諸州の法内容の統一を図っている。例えばUCCの第2編（Article 2）は売買法（Sales）を扱っておりルイジアナ州を除く諸州で採択されている（なお，UCC第2編は，2003年に改訂されたが，その後撤回されている）。

　以上では，国際私法と準拠法条項を媒介に，どこかの国の国内法を，国際商取引の紛争解決の基準（準拠法）として用いている現状を示した。そこでは，英国法や米国ニューヨーク州法などが国際的な契約法として，重要な役割を果たしていると言えそうである。しかし，「どこかの国の国内法」というのでは，それはもともと国際商取引に適するように起草されたものではないし，それが一方当事者の本国法であるならば，他方当事者にとっては，法に対する理解が乏しい分不利だとも言え，不満が生じそうである。そこで，国際社会の中で世界共通の基準，いわゆる「統一私法」を作り，いずれの国

の法が準拠法となるかという議論から脱しようという動きがある。

　例えば，後述の「国際物品売買契約に関する国際連合条約」（CISG）は，物品売買の範囲に限られるが，国際契約法の統一私法条約として，多くの締約国を集め，成功を収めている。この条約は，締約国の実体法として適用されるのみならず，世界の物品売買のスタンダードとして認知度を増し，諸国の立法モデルの役割も果たしている。今後この統一私法条約によって，国際売買取引の多くがコントロールされることが期待される。

3．統一規則／標準書式／商慣習

　私法統一条約や各国国内の法律・規則が準拠法としてそれぞれの国際商取引に適用されたり契約書の解釈を規律したりする以外に，商取引の当事者である商人（企業）の世界で独自のルールが築かれていて，それが自治的な紛争予防を果たしている場合がある。契約書の規定自体が，取引当事者間固有の，法的拘束力のある具体的取決めであるわけだが，それだけではなく，その中から普遍性のありそうな要素を取り出して，それを取引のルールとして同種の商人間で共有すれば何かと便利である。サッカーや野球のルールが国際的に共通であることで国際試合が可能であるように，民間の機関や業界団体が，国家の枠組みを超えて国際的に共通な商取引の標準契約書式や統一規則（ルールブックのようなもの）を提供している。そしてこれら便利なフォーマットやルールブックを，国際的な商人（企業）が頻繁に，当り前のように利用し遵守することによって，それらは国家法を超越した自治的ルールとして認知され，その結果，国家法を統一したかのような効果がもたらされる。

　まず「民間統一規則」と呼ばれるものは，国際的な民間機関が作成した国際取引に関する統一規則である。代表的なのは，国際商業会議所（ICC：International Chamber of Commerce）が定める「インコタームズ（Incoterms）」（最新版は 2020 年発効の後述「Incoterms 2020」）や「荷為替信用状に関する統一規則および慣例」（最新版は 2007 年発効の「UCP 600」）である。民間統一規則は国家が定めた法ではないので，当事者がそれ

を活用する（「援用する」という言葉が用いられる）旨を契約中などで明らかにすることによってはじめて，拘束力を発揮する。

標準契約書式は，業界団体が標準的な契約条項を統一的に定めた書式である。標準契約書式もそれ自体は法ではなく，当事者が必要事項を書き込む形で使用することで契約書として拘束力を有することになる。代表的なのは，穀物飼料貿易協会（GAFTA：Grain and Feed Trade Association）の標準契約書式やロンドン保険業者協会(Institute of London Underwriters)の協会貨物約款である。一定の書式が統一的に使用されることでルールの統一に役立つわけである。

商人（企業・業界）の間で慣習として定着しているルールも無視できない。商慣習については，各国法もその拘束力を肯定し，一種の法としての地位を認めている。例えば，日本の商法第1条第2項は「商事に関し，この法律に定めがない事項については商慣習に従い，商慣習がないときは，民法の定めるところによる」と定めているし，民法第92条も慣習が任意法規の機能を果たすことを認めている。法の適用に関する通則法第3条も慣習が法律と同一の効力を有すると規定する。米国のUCCも商慣習法の補充的適用を容認しているし（第1編第1-103条），前述のCISGも当事者間の慣行や国際取引上の商慣習の拘束性を容認している（第9条）。

ときに信義誠実の原則その他の契約の一般原則が取り上げられることもある（例えばCISGの第7条第1項および第2項）。契約に関する一般原則をまとめ，規範化したものとして，政府間組織である私法統一国際協会（ユニドロワ：UNIDROIT）が明文化した「ユニドロワ国際商事契約原則(UNIDROIT Principles of International Commercial Contracts)」が有名（1994年作成，2004年と2010年の改訂を経て，2016年第4版が最新）である。これは条約でも国家法でもないが，世界の契約法のリステイトメント（restatement：エッセンスを集めたもの，集大成）とも称され，各国家の立法や国際商取引契約の解釈にあたって影響力のある存在である。

民間統一規則，標準契約書式や商慣習といったルールはビジネスの世界において国家を超越して築かれた，言わば商人の自治的法規範である。こう

いった商人の法はレクス・メルカトリア（lex mercatoria）と呼ばれている。商人法は，裁判においてそれ自体は直接，準拠法とはならないが，準拠法とされる各国家法がその援用を容認するのが普通であるから，その範囲で適用される（ただし，逆に言うと強行法規に反すれば排除されることもありうる）。また，国際商事仲裁の場合は，裁判における場合よりももっと実務に沿った解決が期待されるために，紛争解決の準則として，商人の法が占める重要性も大きい。

　結局，国際商取引に適用されるルールと言っても，私法統一条約や準拠法たる国家法のほか，民間統一規則や業界の商慣習等の商人の自治的規範，取引当事者の慣行や個別の契約書の諸条項といったものが階層を作りながら上下に並んで相互補完しあっている。個々の国際商取引を履行しその紛争を予防・解決するに当っては，それらの総合的検討が必要となるわけである。

第 3 節　国際物品売買契約に関する国際連合条約（CISG）

1．条約の概要

　異なる国に営業所を有する企業間の物品売買は国際商取引の典型である。「国際物品売買契約に関する国際連合条約」（United Nations Convention on Contracts for the International Sale of Goods：1980 年にウィーンで採択されたため「ウィーン売買条約」とも通称される）は，このような国際物品売買に適用され，それを支配する条約である。一般に「CISG」と略称されるので，以下「CISG」と表記することとする（口頭では「シスグ」とも「シーアイエスジー」とも呼ばれる）。

　「中国の会社と日本の会社が契約をした場合に適用される法はどこの国の法か」といったやっかいな準拠法決定の問題は，世界各国の契約法が同一の内容に統一されれば発生しない。統一私法条約が実現すれば便利である。各国の国内秩序もすべて含めて法内容を統一してしまうのが理想であるが，各国国内の事情のせいで，国内法秩序にまで影響を及ぼして法を統一することは難しい。そこで国際ステージだけを対象にするタイプの統一私法が，最近

は成功を収めている。これは「万民法型統一私法」と呼ばれ，CISG はこれに該当する。

　もともと国際物品売買に関する私法統一については，国際連盟の下で私法統一国際協会（UNIDROIT：ユニドロワ）が取り組み，一旦，1964 年にハーグ統一売買法条約が成立したが，それは国際的に広く受け容れられはしなかった。その後国際連合に設けられた国際商取引法委員会（UNCITRAL：アンシトラル）が，ハーグ統一売買法条約の改訂に取り組み，CISG が 1980 年に採択され，1986 年に米国・中国・イタリアが批准することで 1988 年に発効した。日本は 1990 年代に加入を検討したものの結局加入しなかった。しかし，時間経過とともに CISG の成功が評価され，加入が再検討されるに至り，2008 年 7 月に日本はようやく加入書を国際連合に寄託した。日本は 71 番目に締約国となったのである（2009 年 8 月 1 日から日本について発効）。2024 年 4 月 1 日現在の CISG の締約国数は 97 カ国（未発効の国を含む）となっていて，米国，カナダ，ドイツ，フランス，イタリア，オランダ，スイス，ベルギー，中国，オーストラリア，シンガポール，韓国，ロシア，メキシコ，チリ，ブラジルなど日本の主要貿易相手国は加入済みである。他方，日本と取引の多い国の中で，英国，パナマが未加入であるし，そのほか，インド，マレーシア，インドネシア，タイ，フィリピンなどアジア諸国と，クウェート，UAE，イラン，カタールなど中東諸国とに未加入の国が多い。

2．CISG の重要性

　CISG は，日本の主要貿易相手国が加入している，締約国数が多いという点だけでなく，物品売買取引の国際標準ルールとなりつつあるという点に意味がある。インコタームズでも CISG の用語表現が参照されているし，ICC 仲裁など国際商事仲裁においても準拠法として指定が可能であり，国際取引の慣例・慣行を示すものとしても用いられている。CISG は，その成立後に生まれたユニドロワ国際商事契約原則 の模範でもあり，また各国の国内契約法の立法時にも参照される（例えば，2020 年 4 月施行の日本民法（債権

法）改正）など，国際契約の基本ルールとしての地位を固めつつある。今後，世界各地で判例・仲裁例が集積し，締約国が CISG に習熟することを想定すると，CISG は世界共通の使いよい法となりうる。わが国においても，加入を契機に，判例紹介や条約に精通した実務家の増加などインフラが拡充することで，徐々に CISG はその重要性を増していくだろう。

3．適用範囲とオプトアウト

　CISG は，その性格として，公法的な条約ではなく，民間の取引のルールとなる条約である。締約国に国内法立法が義務付けられていないのが特徴で，条約の形のまま国際取引に適用される。

　CISG は，「営業所が異なる国に所在する当事者間」の「物品売買契約」のみをその射程とするから，純国内取引は射程外となるし，売買でない取引（例えば，特許ライセンス契約や不動産賃貸借契約など）は対象とならない（第 1 条第 1 項柱書）。CISG が適用されるのは，営業所所在国がいずれも締約国である場合か（同項(a)号），国際私法によって締約国の法の適用が導かれる場合（同項(b)号）に限られる。

　さらに物品売買であっても，消費者売買や競売，強制執行その他法令による売買，有価証券・通貨・船・航空機・電気の売買といった特殊な売買は適用から除外されている（第 2 条）。一方，条約は売買を広く捉えていて，物品を製造し供給する契約（日本法上の契約分類が「売買」でなく「請負」に当る契約も含む）は，材料供給のある加工の場合を除いて，売買として扱われている（第 3 条第 1 項）。なお，役務提供が主たる目的の契約は売買とはされない（同条第 2 項）。

　CISG は，売買契約の成立，当事者（売主と買主）の権利義務を規律するが，契約の有効性・物の所有権については規律しないし（第 4 条），人身損害（生産物責任）も対象外とされる（第 5 条）。規律外の事項については，前述の国際私法の枠組みによって準拠法が別に決定される。

　CISG の大部分は任意規定であるので，契約の当事者は条約の規定と異なる取決めをすることが許されている。CISG によれば，当事者は，CISG の

適用を排除することが可能である（第6条）。これはオプトアウト（opt-out：離脱する）と呼ばれ，その例は実務では多い。

4．条約解釈の一般原則

CISG の前文は，「異なる社会的，経済的及び法的な制度を考慮した国際物品売買契約を規律する統一的準則を採択することが，国際取引における法的障害の除去に貢献し，及び国際取引の発展を促進する」と述べている。締約国は，この精神を尊重することが求められ，自国流の手前勝手な解釈をすることが許されない。解釈の国際的な調和・統一が求められる（第7条第1項にも規定）。また，条約に明示されていない事柄は，CISG の基礎をなす一般原則に従うものとされる（一般原則が無い場合には国際私法の適用が認められる）（第7条第2項）。

そこで，国際連合国際商取引法委員会（UNCITRAL）は，国際的に統一された解釈を促進するため，自身のウェブサイトでCISG 関連の判例情報を公開している（CLOUT と呼ばれる）。さらに，CISG の解釈を統一する仕組みの1つとして「CISG-AC（CISG-Advisory Council)」いう私的な協議組織がある。CISG-AC は，CISG に精通した学識者で構成され，解釈に関する意見を公表している。例えば，その意見第1号では，電子メールのような電子的通信は「書面」として扱ってよいと意見表明している（第13条は電報とテレックスを書面として扱うが，CISG 成立当時，電子メールは普及していなかった）。

条約解釈の基準としてさらに，契約当事者の言葉や行為を解釈するに当っては，関連状況をすべて考慮するよう，CISG 自身が指示している（第8条第3項）。まず相手方がその意図を知っている（知らないはずがない）場合は，その酌まれるべき意図を基準に解釈し（第8条第1項），そういう場合でなければ，同種の合理的な者が同様の状況下で働かせる理解を基準とするものとされる（第2項）。

当事者は当事者間の慣行に拘束されるし，関係分野で広く知られ遵守されている国際取引慣習にも拘束される（第9条第1項・第2項）。

5．売買契約の成立

　契約は「申込みに対する承諾」によって成立すると CISG は考えているが（第 23 条），それは日本法と同様である。英米法系では契約の成立に書面を要求する "Statute of Frauds"（詐欺防止法と訳される）という法制度が見られるが（例えば，米国の UCC 第 2-201 条），CISG は書面性を要求しない（第 11 条，例外として第 29 条第 2 項）。これも日本法と同じである。

　ちなみに，書面性を重視するかどうかという点に関連して，契約の成立・存在・規定内容の立証をめぐって，英米法系には "Parol Evidence Rule"（口頭証拠排除原則と訳される）が存在する。これによると，契約書作成後は，契約書と矛盾するような（契約書作成前の）口頭または書面の証拠は採用されない。しかし，CISG 下では，Parol Evidence Rule は働かず，契約の成立・存在・規定内容は，証人などを用いて，当事者の事前交渉などから証明可能である。これについては日本法も同様である。

　英米法系は原則として，契約の成立に，当事者相互の約束の対価性（consideration：「約因」と訳される）を要求する。CISG 下ではそれも求められない。

　申入れ（proposal）が契約の申込み（offer）とされるためには，①特定の者に対するもので，②確定的な内容であり，③承諾があれば拘束されるという意思が示されていることが必要である。不特定多数の者に対する申入れは，原則として「申込みの誘引（an invitation to make offers）」であって「申込み」ではない。物品，数量および価格（またはその決定方法）を示していれば，確定的だとされる（第 14 条）。

　申込みは，相手方に到達した時にその効力を生ずる（第 15 条第 1 項：到達主義）。申込みは，到達前であれば取りやめが可能であり，相手方への到達後であっても原則として撤回が可能である（第 15 条第 2 項，第 16 条第 1 項）。しかし，一定の承諾期間が設定されるなど撤回不能であることが示されている場合や相手方が合理的に撤回不能と信じて行動した場合には撤回不能とされる（第 16 条第 2 項）。相手方の拒絶は申込みを失効させる（拒絶通

知が申込者に到達した時点で失効）（第17条）。米国のUCCも同様に撤回を一部制限しているが，撤回不能であるための条件として書面を要求していたり，撤回不能の期間を3カ月に制限していたりするため，撤回の機能する余地が大きい（UCC第2-205条）。

　申込みに対する「承諾」は言葉でなく行為でもよい（第18条第1項前段および第3項）。しかし，沈黙・不作為はそれ自体では承諾とはならない（第18条第1項後段）。相手方への諾否通知義務をCISGは課していない（これに対して，日本商法第509条は，諾否の通知を怠ることを承諾とみなしている）。承諾は，申込者が定めた期間内（定めがない場合は合理的期間内）に限って，それが申込者に到達した時にその効力を生じ（第18条第2項：到達主義），その結果契約が成立する（第23条）。なお，遅延した承諾でも例外的に有効な場合もある（第21条）。

　申込みの内容に変更を加えて承諾の返答をした場合，厄介な議論が持ち上がる。一部について変更を要求したならばもはやその返答は承諾とは言えないのではないかという問題である。契約の成立をめぐって，申込みの内容と承諾の内容は鏡に映った像のようにピタリと一致していなければならないというのが伝統的考えである（ミラーイメージ・ルールまたは鏡像原則と呼ばれる）。日本法もミラーイメージ・ルールを採用している（民法第528条。しかし現実には以下のCISGやUCCと比較し，厳密な規定が欠けているともみえる）。

　ところが，ミラーイメージ・ルールは杓子定規で効率的でないため，CISGもUCCも現実的な修正を図っている。ただし，その修正のやり方は異なっている。

　UCCは，承諾が，申込みと異なる条件を提示していても，一定の例外を除き承諾として扱い，契約を成立させるという立場を採る。そのうえで，追加条件が重要なものであれば，その部分は契約に当然に含まれるのではなく，追加の申し出として扱われる（UCC第2-207条(1)および(2)(b)）。

　一方，CISGは，申込みに変更を加えた承諾は拒絶であるとともに反対申込みである（第19条第1項）という立場を採る。つまり，CISGはミラー

イメージ・ルールを維持しているのであるが，例外を設けている。申込みに加えられた変更が「実質的変更」でない場合，申込者がすぐに異議を唱えないのであれば，その返答は承諾として扱われるものとする（この場合「拒絶・反対申込み」であるとは扱わない）。さらに，その契約内容は当該変更を加えたものとなる（第19条第2項：ラストショット・ルール）。ここで重要なのは「実質的変更」の意味であるが，CISGは，代金，支払，品質と数量，引渡しの場所と時期，当事者の責任限度，紛争解決に関する条件の追加・変更を，「実質的変更」であるとしている（第3項）。

　UCCとCISGの間の違いが分かりにくいが，例えば，紛争解決条項（第2編第7章参照）を採り上げるとはっきりする。一方当事者（仮に買主）からの申込みには，「買主所在国の裁判所を管轄裁判所として指定する合意管轄条項」があったと仮定しよう。他方当事者（ここでは売主）がこれを，「ICC（国際商業会議所）による国際商事仲裁を指定する仲裁条項」に変更するという条件を付けて，取引承諾の返事をした場合，CISGの下では，上述の「実質的変更」に該当し，理論上，契約は成立しない。一方，同じケースでも，UCCの下では，原則として承諾としての効果を有するので，買主からの申込みの条件のままで契約は成立し，そのうえでこの仲裁条項（重要な変更）は，売主からの付加の申し出として扱われる。

6．売主の義務とその違反

　売主の義務の第一は，物品の引渡し，物品関係書類の交付および物品所有権の移転である（第30条）。売主は，契約所定の期日（定めがない場合は合理的期間内）に物品を引き渡さなければならず（第33条），契約に応じて，物品に関する書類（船荷証券，送り状等）を交付する義務を負う（第34条）。

　引渡しは，特定の場所で物品を引き渡すことが契約上取り決められている場合（インコタームズの援用を含む）でなければ，CISGの指定に従うことになる。例えば，運送を伴う場合は，最初の運送人に交付することが引渡しである（第31条）。日本法が，特定物の引渡しは物の存在場所で，その他の

債務の履行は債権者の営業所で行う（持参債務）と規定するのとは異なる（商法第516条第1項参照）。こういう点で，国際商取引の特性を配慮するCISGは，「運送」を強く意識していることが分かる。この点は，物品を運送人に交付した際の発送通知義務，運送契約の締結義務，保険関連情報の提供義務にも表れている（第32条）。

　売主は，（数量，品質，種類および収納・包装方法の面で）契約に適合した物品を引き渡さなければならない（第35条第1項）。契約に適合するというのはどういうことか。条約によれば，① 通常の使用目的に適すること，② 売主に知らされた特定目的に適すること，③ 売主が示した見本と同品質であること，④通常の方法で収納・包装されていることである（第2項）。これらはUCCの定める明示・黙示の保証と類似し，英米法の考えが反映されている（UCC第2-313条，314条および315条と比較参照）。上記に加え，売主は第三者の知的財産権の対象となっていない物品を引き渡さなければならない。これについては，売主の負担も考慮し一定の免責を認められている（第42条）。

　適合性の判断の基準時点は危険の移転時であるが，不適合が危険の移転前に存在し，移転後明らかになった場合も売主は有責であるし，さらに移転後に生じた不適合であっても売主の義務違反によって生じたものについて売主は有責である（第36条第1項・第2項）。なお，引渡期日前に引渡しがあった場合，売主は，買主に不合理な不便・費用を生じさせない限り，不適合を修補できる（第37条）。

　以上に対して，買主はできる限り短い期間のうちに検査をしなければならない（第38条第1項）。物品の運送を伴う場合は，その目的地到着後まで検査を延ばせる（第38条第2項および第3項）。買主は不適合を発見した時から合理的期間内に，売主に不適合の性質を通知しなければ請求権を失うし，物品引渡しから2年以内（契約上保証の特約がある場合を除く）に不適合の通知を与えない場合も請求権を失う（第39条，第40条および第44条も参照）。これらは，日本商法よりも買主に柔軟であるが（商法第526条第1項および第2項と対比参照），それでもかなり厳しい制限である。

　売主が契約または CISG に基づく義務を履行しない場合，契約違反となる。CISG は，日本民法の債務不履行（民法第 415 条）とは異なり，帰責事由を問わない無過失責任主義を採用する。つまり，売主が義務を履行しないことだけをもってその責任を問う（第 45 条）。原始的不能も契約無効と捉えられるのではなく，契約違反として扱われる（対比：日本民法第 412 条の2）。

　ただし，不履行が，相手方当事者の作為・不作為によって生じた場合は，その限度において不履行を問われない（第 80 条）。また，不可抗力事由（自己の支配を超え，回避不能な障害）による免責は認められる（第 79 条第 1項）。なおこの不可抗力事由による免責は適時の通知を要求し，免責の効果は損害賠償請求に限られる（第 4 項・第 5 項）。

　売主が契約に違反した場合に買主に認められる救済は，損害賠償請求権（第 45 条第 1 項 (b)），履行請求権（第 46 条），代金減額請求権（第 50 条）および契約解除権（第 49 条）である。損害賠償請求権は他の救済と並行し行使できる（第 45 条第 2 項）。まず買主は売主に，物品の不適合に対しては，修補による追完を請求できるし（第 46 条第 3 項），不適合が重大な契約違反である場合に限って「代替品の引渡し」を請求できる（同条第 2 項）。売主は，契約解除に該当する場合でなければ，自己の費用で，自己の契約不履行を追完する権利を有する（第 48 条第 1 項）。物品が不適合なまま引き渡された場合，買主は，引渡し時の価額に応じて代金を減額できる（第 50 条）。

　買主は，① 売主の不履行が重大な契約違反（fundamental breach）となる場合か，または ② 売主が付加期間内に物品を引き渡さない場合もしくは不引渡しを表明した場合に，契約解除をすることができる。ただし，合理的期間内に意思表示をしないと権利を失う（第 49 条）。解除のためには売主に対する通知が必要である（第 26 条）。契約解除によってまず，損害賠償義務を別にして，当事者は契約上の義務を免じられる（第 81 条第 1 項前段）。解除の効果のもう 1 点は原状回復であり，引き渡された物品や物品から得た利益について売主は買主に対して返還請求が可能である（第 81 条第 2 項および第 84 条第 2 項）。買主が受け取った時と実質的に同じ状態で物品を返還

することができないなら，解除権および代替品の引渡請求権を失う（第82条第1項，例外につき第2項）。

7．買主の義務とその違反

買主の義務の主要なものは，代金の支払および物品の引渡しの受領である（第53条）。「代金支払」に関して，買主は支払のために必要な措置をとらなければならない（第54条）。代金が定まっていない場合（CISG は代金が未定の契約でも有効であると仮定している），その確定にあたっては，関係分野の同状況下の同種物品についての契約時の相場が黙示的に適用される（第55条）。「引渡しの受領」に関して，買主は引渡しを受けるために必要な措置を執らねばならず，物品を受領しなければならない（第60条）。

買主は催告がなくとも期日に代金を支払わねばならない（第59条）。特に取決めがなければ，支払場所は，① 売主の営業所，または ②（物品・書類の交付と代金支払が引換えの場合）物品・書類の交付場所である（第57条第1項）。また，期日が特定されていなければ，支払時期は物品（または物品の処分を支配する書類）を買主の処分に委ねたときである（第58条第1項前段）。売主は，支払いを物品・書類の交付の条件とすることで，その同時履行を求めることができる（同項後段および「運送を伴う場合」につき第2項）。しかし，買主は検査の機会を得るまでは代金支払義務を負わない（同条第3項）。

買主が契約または CISG に基づく義務を履行しない場合，契約違反となる。売主の責任と同様，帰責事由は不要である（無過失責任主義）。買主が契約に違反した場合，売主に認められる救済は，損害賠償請求権（第61条第1項 (b)），履行請求権（第62条）と契約解除権（第64条）である。損害賠償請求権は他の救済と並行して行使できる（第61条第2項）。なお，特別に買主が物品の仕様を指定する義務を負う場合において，その指定がないときの措置についての規定がある（第65条）。

売主は，① 買主の不履行が重大な契約違反となる場合か，② 買主が付加期間内に代金支払義務もしくは物品受領義務を怠る場合または買主が当該義

務の不履行を表明した場合に，契約解除できる。買主が代金を支払った場合，所定の時期に意思表示をしないと権利を失う（第 64 条）。なお通知が必要である（第 26 条）。解除した場合，当事者双方は契約上の義務を免じられ，かつ，原状回復義務を負う。支払われた金銭について買主は売主に対して返還請求が可能であり（第 81 条第 2 項），売主が代金返還義務を負う場合，支払われた日から計算した代金の利息も支払わねばならない（第 84 条第 1 項）。

8．危険の移転

　CISG では原則として，物品が最初の運送人に引き渡された時に，危険が買主に移転する（第 67 条第 1 項第 1 文。日本民法第 567 条も参照）。危険の移転とは，売買契約において，引渡対象の物品が両当事者の責任ではない理由によって滅失・毀損した場合に，買主の代金支払債務も消滅するか否か（どちらが損を負担するか）の「境界線」を越えることに当る。

　場所の指定がある場合は，その場所で引き渡された時が危険の移転時期になる（同項第 2 文）。物品の処分を支配する書類を保持すること（所有権の移転に関わる）と，危険の移転とは必ずしも一致していない（同項第 3 文）。以上にかかわらず，物品が契約上の物品として明確に特定されるまで危険は買主に移転しない（同条第 2 項）。

　運送中に売却された物品については，原則として，契約締結時点から，危険が買主に移転する（第 68 条第 1 項本文）。また，運送を伴わない場合については，原則として，買主が物品を受け取った（物品が買主の処分に委ねられた）時点から，危険が買主に移転する（第 69 条）。

　ところで，危険の移転については，インコタームズにも規定があるので，契約上，インコタームズの規定する条件を援用する場合，そちらが優先適用されることになる。

9．履行の停止／履行期前の契約解除

　契約当事者は，相手方の①能力・信用力不足，または②履行準備もしくは

履行の際の行動を理由として，相手方が義務を履行しないという事情が判明した場合，自己の義務履行を停止できる（第71条第1項）。物品がすでに発送されている場合には，物品取得のための書類を買主が有していても，物品交付を妨げることができる（第2項）。履行を停止する場合即時の通知が必要であり，相手方から保証が提供されれば履行を再開しなければならない（同第3項）。

　さらに，契約当事者は，相手方の重大な契約違反が，履行期前に明白である場合，契約の解除ができるが（第72条第1項），そのためには，相手方に適切な保証を提供する機会を与えなければならず，そのために相手方に合理的な通知を与える義務がある（第2項および第3項）。

10.　損害賠償の範囲／損害拡大の抑止

　損害賠償額は，当該契約違反により被害当事者が被った損失額に相当し，逸失利益を含むが，不履行当事者が契約当時に知っていた（知るべきであった）事情に照らして予見可能な範囲を超えない（第74条）。

　契約解除後の損害賠償については，合理的な方法で，合理的な期間内に，代替取引（買主による代替品購入または売主による再売却）がなされた場合はその差額が基準となる（第75条）。代替取引が行われなかった場合で，対象物品に時価がある場合は，解除時における時価との差額が基準となる（第76条第1項本文，時価の定義につき第2項）。物品受領後に契約を解除した場合は，解除時の時価ではなく，物品受領時の時価が基準となる（第1項ただし書）。

　CISGの特徴の1つとして，債権者による損失軽減義務（第77条前段）が規定されていることが挙げられる。契約違反の被害を受けた当事者も，損失軽減のために合理的措置をとらねばならず，不履行当事者との協力関係が求められる。損失軽減措置をとらないと，被害当事者は損害賠償額の減額を請求されることとなる（同条後段）。契約違反が発生しても，損害拡大と当事者間の関係の悪化を防ぐ配慮をCISGはしている。この精神は物品の保存の規定についても見受けられる。

　買主の債務不履行時など，売主が物品を占有しているときは，売主は当該物品の保存のために，合理的な措置をとらねばならず，そのために支出した合理的費用の償還があるまで当該物品を保持できる（第 85 条）。買主も同様に，物品受領後，物品を拒絶する意図を有する場合，買主は当該物品の保存のために，合理的な措置をとらねばならない（第 86 条第 1 項）。買主に対して送付された物品が仕向地で買主の処分に委ねられた場合で，買主が拒絶する権利を行使するときも，買主は売主のために物品の占有を取得しなければならない（同条第 2 項本文）。物品を保存するための措置をとる義務を負う当事者は，合理的費用の範囲で，物品を第三者の倉庫に寄託できる（第 87 条）。物品を保存する義務を負う当事者は，合理的な通知の後，適切な方法で物品を売却することができる（第 88 条第 1 項）。また，物品が急速に劣化しやすい場合や保存に不合理な費用がかかる場合は，物品売却のための合理的措置をとらねばならないとされる（同条第 2 項）。

第2編
国際商取引各論

第1章
売買契約

第1節　契約書の機能

　売買契約に限らず，取引に当たって通常は契約書が作成される。契約書という書面を作成する目的やその機能について考えてみよう。

1．法的保護の条件としての契約書

　取引によっては，書面を作成せずに口頭で済ます場合も考えられる。例えば，親・子会社間の取引の場合や当事者間に強い信頼関係に基づく慣行がある場合などでは取引が行われても契約書を作成しないことがあるだろう。既述の通り，CISG も日本法も，法的な意味での契約の成立に書面の作成を要求していない。

　一方，英米法系の国々では，Statute of Frauds（「詐欺防止法」と訳される。例えば，UCC 第 2-201 条のように，書面による証拠がなければ裁判所は救済を与えられないとする制定法のこと）や Parol Evidence Rule（「口頭証拠排除原則」と訳される。書面化された合意内容と異なることを，他の口頭や文書の証拠を用いて証明することは許されないという準則）という概念が見られるように書面が重視される傾向がある。つまり，当該契約の準拠法によっては，契約が法的保護の対象となるための条件として，契約書という書面が必要となる場合がある。また，手続に関する合意は，書面でなければならないことが多い。「外国仲裁判断の承認及び執行に関する条約」（ニューヨーク条約）第 2 条第 1 項・第 2 項（仲裁付託合意）や日本の民事訴訟法第 3 条の 7 第 1 項・第 2 項（管轄権の合意）がその例である。

2．紛争時の証拠としての契約書

　契約書は，起草時に弁護士や法務部門の審査を受けることが多い。取引内容が第三者から見ても，理路整然と権利・義務の形で描写されている必要がある。その目的としては，当該取引から将来もめごと（典型として契約違反）が発生し，訴訟や仲裁に発展した場合に，責任がいずれの当事者にあるのかを明確にすることが意図されている。また，紛争に備えて，紛争を解決するための手続・基準を契約書中にあらかじめ定めておく意味もある。紛争解決を裁判所や仲裁人に委ねる場合に，当事者の当初の合意内容を予め証拠として記録しておくということである。「動かぬ証拠」があればもめごとは拡大しにくいといえる（弱みのある方が折れるからである）。

　なお，契約書を裁判などの証拠だと意識することは重要だが，争いを想定する意識が強すぎると，交渉がギスギスしてしまい成約に悪影響を及ぼしかねない。契約の目的がビジネスの成功である点を考えると，それは本末転倒である。

3．履行のナビゲーターとしての契約書

　契約書は法的な文書として紛争時を想定して作成されることが多いし，実際に紛争が生じた場合には，契約書は裁判における証拠書類として重要となる。しかし，取引につき紛争が生じそれが訴訟や仲裁に付されるケースは現実にはごくまれである。紛争時という異常時だけでなく，契約書が平時に果たす役割も重要である。

　まず，契約書は，書面による意思疎通を通じて，当事者の「取引についての理解の不一致」を最小限に抑える機能を持つ。契約の当事者となる企業は，契約関係に入るにあたって，共に，自社にとって当該契約取引が何らかの利益をもたらすという判断をしているはずである。しかし，取引の内容について当事者の理解に齟齬があり，一方当事者の履行内容が相手方の予想と違ったものとなるならこの計算は狂うことになる。書面化することによってある程度の齟齬は食い止められる。

　契約書は，各当事者の履行を促し，契約締結時の合意内容に沿ったものへ

と導くナビゲーターとしての役割も果たす。企業は，取引遂行にあたり，①自社側が履行しないとならないことを契約書中に明確に記載することによって，その契約履行を確実にしつつ，②相手方が履行しなければならないことを契約書中に明確に記載することによって相手方に合意通りの履行を促す。そして，そのような契約書の利用の仕方こそが日常的なものである。

４．事業の記録としての契約書

　契約書は事業を記録する役割をも果たす。こちら側だけでなく，取引の相手方も署名をしているという点で客観性・信頼性のある記録となり得る。重要な取引をめぐる契約書は法務部門，秘書室，経営企画部門などで集中して管理されるケースも多く，契約期間満了後も一定期間保管され，その規定内容は後続の事業のための参考データとして役立てられることもある。

第 2 節　契約書の締結

１．国際契約書と国際契約言語としての英語

　日本企業が国際契約書を締結する場合，その大半が英文契約書となる（例外として，例えば，中国企業との契約では，日本語，中国語または両国語で契約書が作られることもあるし，南米では同様にスペイン語が用いられることもある）。英語は国際的言語であるということが理由として挙げられるかもしれないが，フランス語，ドイツ語，スペイン語，中国語なども国際的言語と言ってよいはずである。しかし，日本企業が締結する国際契約書はほとんどが英語である。

　1 つの理由としては，国際取引の法的インフラ（書式やルールなど）を構築してきたのが英米の事業家と法律家であったということが挙げられる。英国は歴史的に交易で世界をリードしてきたし，米国は，現代において国際取引の中心であり，巨大市場を有すると同時に，人種のるつぼと呼ばれ契約書が果たす役割の大きい社会でもある。また，今日，世界中の国際的企業に法的サポートを提供して活躍する巨大法律事務所は，英国と米国にばかり集中

して存在する点からも，英語が国際取引契約のインフラを形作っていることも頷けよう。

　もう1つの理由は，日本の外国語教育にある。前述の通り，契約を履行する当事者として，日本企業は取引を理解しなければならない。社内の関係者全員が一様に取引内容を理解できるためには日本語が最善であるが，日本語だとおそらく相手側当事者が理解できない。結果として，「リンガフランカ」としての英語（第3編第1章第2節参照）が契約書の言語とならざるを得ない。

　長い歴史を経て今日の形に至ったという経緯から，英文契約書には，学校教育で学ぶ英語とは違う，契約書特有の用語や言い回しが見られる。以下がその例である。

①　「……するものとする」「……しなければならない」と訳すべき義務・責任・法的拘束力を表わす規定には，助動詞の"shall"が多用される。"should"はほとんど用いられない。"must"が用いられることも稀である。"shall"については，中学・高校では"Shall we dance?"（踊りませんか）といった用法を中心に教えられるが，ずいぶんと意味が異なる。なお，権利（……することができる，……してもかまわない）を示す意味で助動詞"may"が用いられる。

②　普段みかけない"hereto"，"hereby"，"hereunder"といった語幹に"here-"を持つ単語が，契約中には，頻出する。この語幹"here-"は「本契約書・本書」の意味を持つ。"hereto"は"to this agreement"という意味である。

③　動詞の"provide A with B"は「AにBを付与する・供給する」，"provide for …"は「規定する」の意味を持つが，"provided, however, that …"は，「ただし，……」と，接続詞的に用いられ，ただし書条件を示す。

④　現代英文法では"Redundancy"（重複表現・冗長性）として忌み嫌われる2つ以上の類似語を重ねる用法が契約書では多用される。例えば，契約書は"This Agreement made … by and between A … and B …（A社とB社との間で締結された本契約書は……）で書き出され

ることが多い。前置詞 by と between はいずれか1つで用が足りるはずであるが，このような冗長な言回しが用いられる。

⑤　ラテン語が文中に用いられる。例えば，"bona fide"（誠実に，真正な。英語の"in good faith"に当る），"mutatis mutandis"（必要な修正を加えて），vice versa（逆も同様に）などである。

⑥　通常の意味とは異なる訴訟用語・法律用語が用いられる。例えば，"damages"（損害賠償，損害賠償金），"action"（訴訟，訴訟手続），"title"（所有権，権利），"party"（当事者），"consideration"（「約因」と訳されるが契約の持つ対価性のこと）などである。

したがって，英文契約書を理解するために辞書を用いる場合は，法律用語を専門に集めた辞書を併用するか，1単語につき語義を豊富に集録する辞書を丹念に調べる必要がある。

2．個別売買契約書：スポット契約とその書式

例えば，売主であるメーカーや商社が自社の扱う製品を他国のバイヤーに売り込むか，輸入販売卸売業者や大規模小売店が自国のマーケットで販売する製品の買付けを他国において行い，国際売買取引が始まるものである。最初はお互いに試しに取引してみようという訳だから，将来の関係まで約束をするものではない。成果が上がらなければ次の取引は無いが，良ければさらに増量した取引が再度，発注・受注されるかもしれない。このように継続的取引を前提とせず，まず1回の取引を単発の取引として理解し，取引をスタートするのが普通である。そのような単発の契約を，「スポット契約」あるいは「個別売買契約」と呼ぶ（「スポット」といえば，市場における現物取引や為替市場における直物取引を指す場合もあるが，ここではそれとは区別される）。1回限りの小口の国際物品売買契約を基本とするのがスポット取引であるので，この場合，両当事者は，長期間にわたって契約交渉を行ったりするわけではない。電話や電子メールを用いた通信を経て，その主要内容のみにつき合意し，その内容確認のためには，あらかじめ印刷物として用意した定型の契約書書式（個別売買契約書）を利用することが多い。それ

は，いかなる相手先や対象物品にも対応可能な，ある程度の普遍性・共通性を備えた書式である。売主発行の書式であれば "Sales Contract" や "Sales Note" といった表題，買主発行の書式であれば "Purchase Contract" や "Purchase Sheet" といった表題が付いている。その裏面には小さな字で細かく，"General Terms and Conditions"（一般取引条件）という契約約款が印刷されているのが通常であり「裏面約款」と呼ばれる。裏面記載の条件は発行側から押し付けられるだけであるが，このように交渉の余地がない約款を「附合約款」という。

　一方，取引毎に変化するはずの条件，例えば，取引相手，物品（品種，モデル名など），数量，納期，貿易条件（インコタームズの規則の特定〔例えば，FCA〕や引渡地の指定）や特約といった契約にとって主要な内容は，裏面ではなく書式の表面に，発行側企業の担当者によって記入・印字される。そうして出来上がった契約書は，代表者の署名を付され，相手側企業の署名を求めて送付される（なお，次項で詳述するが，署名後返送するよう要求されるものの，必ずしも署名や返送はされない）。

3．「書式の闘い」

　特定の得意先との大規模取引であれば，両当事者が交渉を行って，きちんと代表者が共に署名を施した特別の契約書が作成されることもあるが，スポット契約の締結に際しては，互いに自社の約款を送りつけることで済ませようとすることもある。この場合，スポット契約に用いられる売主・買主それぞれの印刷書式に示された裏面約款は，当然ながら自社に有利な内容となっているため，条件としては食い違っていて一致を見ない（同一商社の用いている印刷書式でも，商社の立場が売主側なのか買主側なのかによって，書式記載の条件は極端に異なる）。一方，1回限りの小口の国際物品売買契約には余計な手間をかけるわけにはいかない。2つの定型書式に含まれる条件が一致しないのであれば，当事者は取引について合意に達したのか（契約は有効に成立したのか），仮に有効だとしてもその条件は何なのかについて疑問が生じる。

伝統的な "mirror image rule"（鏡像原則）という考え方によれば，厳密に意思が合致しなければ契約は無効とされたが，その様な処置が現実的ではないことは明らかである。というのも，当事者は細かなことはともかく取引は行いたい訳であるし，実際に履行に着手してしまうのが常である。この場合どのように取り扱うかについては，法によって方針が異なる。各当事者の示す条件のうち共通部分のみを合意として認め，後は法によって補充するという "Knock-out Rule"（ノックアウトルール。例として米国の UCC 第2-207 条 (3)）もあるが，後から付加した条件を有効な契約条件として容認する "Last Shot Rule"（ラストショットルール。例として CISG 第 19 条(2)）という考え方もある。後から書式を送りつける方が有利であると考えれば，互いに書式を送りつけ合うことに意味があることになる。これが"battle of the forms"（書式の闘い）である。

4．継続的取引基本契約

個別の取引が反復的に行われ，互いに重要な取引相手だということになると，スポット契約の書式（個別売買契約書）を送り合うだけでなく契約条件をきちんと合意しておく重要性も増してくる。継続的な取引を前提とした取り決めも必要となってくる。このため，両当事者の間で，その取引固有の継続的な取引基本契約が締結されることになることが多い。

例えば，売主（販売元メーカーや商社）から見て買主が販売元ブランドの特約店としてふさわしければ，売主が買主を，買主が本拠を置く市場における，売主商品の販売店，つまり，"Distributor"（ディストリビューター）として指名する場合が考えられる。この場合は，"Distributorship Agreement"（「販売店契約」）が結ばれる。販売店契約も，一種の物品売買契約であるが，その性質は，販売元と販売店との間の連続する複数の個別売買契約の上位に位置する基本契約であり，その条件は個別売買契約書の裏面に優先し，また，特約が合意される。

また別の継続的取引基本契約の例としては，OEM 販売基本契約がある。「OEM」とは，"Original Equipment Manufacturer (Manufacturing)"

のことで，他社ブランド製品を製造販売する企業，または他社ブランドの製品を製造することを指す。メーカーにはそれぞれ得意な製品というものがある。ここでいう「得意」とは，製造関連特許ノウハウ等知的財産権を多く保有している，生産設備が充実している，熟練技術者が多い，良質の材料の調達網があるなどさまざまな点が考えられる。不得意な製品を少量製造するよりも得意な製品を大量生産する方が，廉価で良質な製品を製造できる。そこで，例えば，空気清浄器の製造ラインを持たない家電メーカー A 社が，空気清浄器の製造を得意とする家電メーカー B 社に，A 社ブランドを付した空気清浄器を製造卸売してくれるよう注文する場合がある（内容によっては，売買でなく生産請負の契約に分類されることもある）。スポット契約の場合もあるが，大掛かりな継続的取引（例えば，数年間，B 社から空気清浄器の供給が続く場合）としての OEM 販売基本契約が結ばれることも考えられる。

　また，メーカーがある製品を製造するため必要とする特定部品の供給は，継続的なものとなりがちなので，継続的な部品供給基本契約もありうる。

　ちなみに，継続的取引基本契約をめぐって日本で作成された契約書は，印紙税（収入印紙を貼付し割印を施すことで納税する方式の税）の対象となる場合があるので注意する必要がある。一般の継続的取引基本契約は 1 通 4 千円の印紙貼付が必要だが（印紙税額一覧表の 7 号文書に該当），契約類型に応じて納税額は異なりうる（例えば，運送契約〔1 号文書〕や請負契約〔2号文書〕などに注意）。なお，外国で作成された契約書には，印紙税は課税されない。

第3節　取引一般条件概説

1．個別売買契約書表面に記載される事項

　それでは，単純なスポット取引に用いられる個別売買契約書書式に記載されるべき事項を確認しよう。表面には，個別の取引固有の事項が記載される。個別の取引の成約に当たっては，以下の事項をそれぞれ特定する必要が

あると当事者は考えるだろう。それは当事者の利益計算にも関わる事項であり，契約にとって主要な要素である。そのような事柄が契約書の表面に記載される。それは良く言われる5W1Hに似て比較的に端的に捉えられる。

① Who（誰）：契約当事者である売主と買主の身元の記載と代表者の署名。

② Why（何故）：当事者双方が裏面約款を含む売買条件に合意し契約関係を結んだという文言。

③ When（いつ）：契約締結日（成立日）と履行期限（支払期限・引渡期限〔船積時期〕）。

④ Where（どこで）：引渡場所・仕向先〔船積港・仕向港〕，（危険の移転地点などを含む）貿易条件。

⑤ What（何を）：対象商品の特定とその仕様（スペック：Specifications）。

⑥ How/How many/How much（どのように，いくつ，いくら）：輸送手段や梱包・荷印（貨物の外側に貨物を特定できるように表記する印で，荷主または荷受人を表す略語や積地，仕向地，貨物番号，原産地などの情報を含む）・検査方法，支払手段，契約数量，単価／通貨／契約金額（インコタームズ2020が規定する貿易条件を援用することによって輸送コスト・保険コストの負担も示される）。

そこで具体的に，サンプル2-1-1を確認してみよう。次の事項があらかじめプリントされていたり，記入が予定されたりしている：① 発行者（このケースでは売主）の社名・ロゴ，② 発行者の所在地と連絡先，③「販売契約書」という表題，④ 相手当事者の宛名，⑤ 相手方（買主）にとってのリファレンス・ナンバー，⑥ 発行者（売主）のリファレンス・ナンバー，⑦ 契約番号，⑧ 発行日，⑨ 担当部門，⑩ 契約申込みの承諾の文言：「弊社は，本書をもちまして，下記の商品に対する貴社の購入注文を，**本書の表裏両面に記載の規定を条件として**，承諾致します。本書にご署名のうえ，その副本を弊社宛てにすぐご返送賜りたく存じます」，⑪ 商品記号および番号，⑫ 商品，⑬ 数量，⑭ 単価，⑮ 合計金額，⑯（支払いを条件とする）船積の

サンプル 2-1-1　　個別売買契約書の定型書式例（表面）

KAMEDEGAWA

KAMEDEGAWA CORPORATION ←①

123-5-6 Kamedegawa-cho,

Karasuma Imadegawa,

Kamigyo-ku, Kyoto, 602-xxxx, Japan,

Telephone: xx-xx-xxxx-xxxx　←②

SALES CONTRACT ←③

Messrs.	_____ ←④	No.:_____ ←⑦
Your Ref.	_____ ←⑤	Date:_____ ←⑧
Our Ref.	_____ ←⑥	Dept:_____ ←⑨

We hereby accept your purchase order for the merchandise specified below upon and subject to the terms and conditions set forth on BOTH FACE AND REVERSE SIDE OF THIS CONTRACT.

Please immediately sign and return the duplicate copy hereof to us. ←⑩

Marks & Nos.	Description of Merchandise	Quantity	Unit Price	Amount
⑪	⑫	⑬	⑭	⑮

SHIPMENT:_____ subject to PAYMENT terms stated below.

　　From _____ to _____ via _____ by Sea/Sea-Air/Air. ←⑯

PAYMENT:

Irrevocable L/C/　at___days after sight/B/L date to be opened/ sent to reach SELLER by _____(date) ←⑰

INSURANCE: To be effected by BUYER/SELLER ←⑱

INSPECTION: ←⑲

PACKING: ←⑳

OTHER CONDITIONS:

KAMEDEGAWA CORPORATION

_____ 　　_____
　　　　　　(BUYER)　　　　　　　　　　　　　　　(SELLER)

GENERAL TERMS & CONDITIONS set forth on reverse side hereof are part of this SALES CONTRACT.

　＊上例は，講学の便宜上，実例を参考に作成した架空サンプルであり，具体的使用に適していることを保証するものではありません。

サンプル 2-1-2

GENERAL TERMS AND CONDITIONS
個別売買契約（裏面約款）　一般取引条件例

GENERAL TERMS AND CONDITIONS

1. DELIVERY AND SHIPMENT

a) Unless otherwise agreed in writing, the shipment shall be effected, in one shipment or installments, at any port by any carrier (either liner or tramper) of any flag (nationality), subject to the carrier's space being available and with or without transshipment as the circumstances may require.

b) If Buyer is responsible to make a contract of carriage, unless otherwise agreed in writing, Buyer shall appoint the carrier acceptable to Seller for shipment. Seller shall not be responsible for late shipment due to delay or cancellation of such carrier.

c) The date of the bill of lading or of similar document(s) shall be deemed to be conclusive evidence of the date of such shipment. In case the Goods for one order is shipped in more than one lot, each lot shall be deemed to be a separate sale.

2. IMPORT AND EXPORT PERMIT, ETC.

a) Buyer shall be responsible for obtaining an import license and other governmental approval or permit required in Buyer's country, and failure in procuring such requirement for whatever reason shall not constitute force majeure, unless otherwise agreed in writing.

b) This contract shall be subject to acquisition of any necessary export license or permit from the Japanese government or its agency, or the government or its agency of any other country where the Goods is produced. Should such export license or permit be refused Seller shall have the right to cancel, without incurring any liability on its part, this contract in whole or in part, provided, however, that such cancellation shall be effective only with respect to the Goods to which such refusal of the export license or permit extends.

c) If Seller should not be able to export the Goods specially manufactured for Buyer under either Buyer's or Seller's brand to the destination specified on the face hereof because of import or export restrictions or regulations of whatsoever nature imposed against the Goods, Seller shall have the right to sell the Goods elsewhere without creating any liability on the part of Seller and Buyer shall pay to Seller any expenses incurred by Seller as a result of selling the Goods elsewhere.

d) Buyer shall represent and warrant that the Goods is to be imported for consumption or use in the country to which the destination indicated on the face hereof belongs. Buyer shall be responsible for all losses, damages, expenses or other liabilities incurred or sustained by Seller arising out of resale or re-export of the Goods made directly or indirectly by Buyer or its distributor(s) in or to any place outside the said country.

3. INSPECTION

Inspection performed under the laws and regulations of exporting country and/or Seller's inspection shall be final and conclusive in respect of the quality, quantity and condition of the Goods.

4. PRICE

a) Exchange required for the currency specified on the face hereof shall be made for Buyer's risk and account.

b) Any amount stated on the face hereof ("Amount") in the currency other than Japanese Yen ("Payment Currency") are based on the exchange rate of yen to the Payment Currency designated on the face hereof ("Original Rate").

In the absence of designation of the Original Rate on the face hereof, this paragraph b), shall not apply.

c) If, in the Seller's judgment, there should have occurred a material change in i) direct or indirect cost of the prices of the Goods unshipped, including without limitation, costs for raw and subsidiary materials, machinery and equipment, labor, freight, gas, electricity and oil , or ii) exchange rate of yen to the Payment Currency between the time of execution of this contract and the time of actual shipment of the Goods, Seller shall have the right to negotiate with Buyer for a revision of the prices of such Goods unshipped at any time prior to the actual shipment date. If the parties fail to reach an agreement concerning such revision of the prices by such shipment date, Seller shall have the right to cancel, without incurring any liability on its part, any part of this contract applicable to the Goods unshipped.

5. PAYMENT

a) The payment for the Goods shall be made by a letter of credit ("L/C"). Irrevocable L/C (not restricted and without recourse) in the currency stated on the face hereof, conforming to the terms of this contract and available against Seller's draft at sight to be drawn on the establishing bank, shall be established by Buyer at its own expense through leading and first class prime bank satisfactory to Seller by the time specified on the face hereof.

b) The L/C shall provide for partial shipments and also shall cover the full contract amount and shall remain valid for not less than fifteen (15) days after the last day of the period specified for shipment.

c) The statement "this credit is subject to Uniform Customs and Practice for Documentary Credits, 2007 Revision, International Chamber of Commerce Publication No. 600" shall be contained in the L/C.

d) If Buyer should fail to provide such L/C as prescribed above, Seller, without any notice to Buyer, may exercise the right to cancel this contract and resell or hold the involved Goods for Buyer's account and risk. Buyer shall be responsible for any other loss and/or damage to Seller caused by such cancellation or failure to provide L/C as prescribed above. Without limiting the generality of the foregoing, Buyer shall pay to Seller interest at the rate of ten per cent (10%) per annum on the amount of the price of the Goods for the period to which delay in establishment of said L/C and /or in due payment of the draft extends plus storage charge on relevant Goods incurred by Seller therefrom.

6. INSURANCE, ETC.

a) If this contract is made on trade terms which require Seller to arrange the insurance, insurance shall be effected for the amount of Seller's invoice plus ten per cent (10%). Any additional insurance required by Buyer shall be at its own expense. Unless otherwise stated, insurance is to be covered for marine insurance Institute Cargo Clauses (A). Seller may, at its discretion, insure against War and S.R.C.C. Risks at Buyer's expense. Unless this contract is made on trade terms which require Seller to arrange the insurance, L/C shall provide that insurance will be covered by Buyer.

b) In case the relevant freight, insurance premium and/or export duties or taxes, export surcharges and the like to be levied or charged, in connection with the export of the Goods, by the Japanese government or its agency or by the government or its agency of any other country from which the Goods is shipped should be increased, raised, added or newly charged after the execution of this contract, such increase, raise, addition or new charge shall be borne by Buyer.

7. PATENT, TRADEMARK, ETC.

a) Buyer acknowledges that all patents, utility model rights, trademarks, designs, copyrights or any other intellectual property rights (including any rights which Seller has as a licensee, exclusive or nonexclusive, of any intellectual property right) in or in connection with the Goods are the sole property or title of Seller, and Buyer shall not in any manner whatsoever by legal action or otherwise dispute or challenge the validity thereof.

b) Buyer shall not have any right to apply in any name whatsoever for registration of Seller's trademarks or trade-names or such other marks, logos, symbols or emblems as are or will be owned, controlled or used by Seller in any country.

c) Seller does not warrant that the import, sale or use of the Goods will not infringe patents, utility model rights, trademarks, designs, copyrights or any other intellectual property rights of any third party. Seller shall not be responsible to Buyer in respect of any such claim of infringement; provided, however, that if Seller deems it necessary, Seller will, at Buyer's costs, render Buyer all possible assistance in connection with defense against such claim of infringement.

8. WARRANTY AND CLAIM

a) The Seller shall warrant that the Goods shall be as per the contract specifications.

b) Buyer's sole and exclusive remedy for damages arising from defective Goods supplied by Seller, whether contractual, tortious or statutory, including, but not limited to, damages arising from the mistake in design and engineering, the faulty workmanship of the Goods, the defects in materials or packaging of the Goods, or the negligence of failure in finding defective Goods in the course of inspection as provided in Article 3 hereof shall be limited to the supply of replacement component parts for the component parts found to be defective and the provision of such technical assistance or advice to Buyer in repairing the defective Goods as may be decided by Seller on a case-by-case basis. Buyer's sole and exclusive remedy for damages arising from shortage in the quantity of the Goods or delivery of Goods different from the Goods agreed hereunder shall be limited to the supply of the quantity in shortage or the replacement of the different Goods with the Goods agreed hereunder respectively. THE WARRANTY SET FORTH IN THIS CONTRACT SHALL BE IN LIEU OF, AND EXCLUSIVE OF, ANY AND ALL OTHER WARRANTIES, EXPRESS OR IMPLIED. ALL IMPLIED WARRANTIES OF MERCHANTABILITY AND OF FITNESS FOR A PARTICULAR PURPOSE ARE SPECIFICALLY EXCLUDED. IN NO EVENT SHALL SELLER BE LIABLE FOR ANY INCIDENTAL, INDIRECT OR CONSEQUENTIAL DAMAGES.

c) Any claim by Buyer to Seller arising in connection with this contract, whether contractual, tortious or statutory, shall be made by E-mail or letter within one (1) month after the arrival of the Goods at the destination specified in the bill of lading. Such claim shall be accompanied by full description of the claim such as the alleged shortage in the quantity or defects of the Goods or any other Seller's breach of this contract, and, if required by Seller, survey report issued by leading and first-class sworn authorized surveyor(s), within two (2) weeks after such notification. If Buyer fails to notify Seller of such claim and/or to forward full details to Seller within the period specified above, Buyer shall be deemed to have waived its rights to assert any claim. Buyer's claim of whatever nature shall not be entertained before the relative payment is completely made or the draft is duly honored.

d) In case of the foregoing paragraph b), the Goods shall be retained intact for inspection by such authorized surveyor(s) or by Seller's own representative or both, and shall not be used or resold until such inspection has been completed.

e) Seller may at any time set-off any debts payable to Buyer with credits receivable from Buyer

9. FORCE MAJEURE

Neither party shall be held responsible for failure or delay to perform all or any part of this contract if the performance of any part of this contract shall be interfered with for any length of time by riots, war, acts of God, fire, storm, flood, earthquake, strikes or any other similar or dissimilar causes which are beyond the control of the parties hereto, for such length of time. If such delay or failure shall continue for a period of more than one (1) month, either party hereto may terminate this contract with a written notice to the other party, without any liability being attached to any of the party hereto.

10. CANCELLATION

If Buyer fails to perform any of the terms and conditions of this or any other contract with Seller, or in the event of bankruptcy or insolvency, dissolution, appointment of receiver or trustee, discontinuance of business, merger, reorganization or any other modification of Buyer or non-payment for any shipment, Seller, without any notice to Buyer, shall have the right to cancel this and/or any other contract with Buyer or to postpone the shipment, or to stop the Goods in transit and/or to demand immediate payment due to Seller, and Buyer is bound to reimburse Seller for any loss or damage sustained therefrom.

11. ENTIRE AGREEMENT AND MODIFICATION

This contract constitutes the entire agreement between the Buyer and the Seller with respect to the subject matter of this contract and to such extent supersedes all relating prior commitments or agreements. Provided, however, that Seller reserves the right to make, in its sole discretion, any change in specification of the Goods which does not seriously affect quality, performance or price thereof. This contract may not be modified except by a written agreement between the Buyer and the Seller.

12. ARBITRATION

a) Unless otherwise amicably settled, all disputes, controversies or differences which may arise between the parties hereto out of, in relation to or in connection with this contract shall be finally settled by arbitration in Osaka, Japan, in accordance with the Commercial Arbitration Rules of The Japan Commercial Arbitration Association. Any award made in such arbitration shall be final and binding on the parties and may be enforced in any court having jurisdiction thereof.

b) Notwithstanding the preceding paragraph a) hereof, if any part of the arbitration award should not be enforced without any review on the facts found by the arbitrator(s), his/her or their interpretation of the contract terms or application or interpretation of the governing law in the country where the substantial part of the assets or properties of either party exists, the other party may institute legal action at any court having competent jurisdiction.

13. ASSIGNMENT

The Buyer shall not assign this contract or any part hereof without the Seller's prior written consent.

14. SEVERABILITY

Any provision of this contract found to be prohibited or unenforceable under any applicable law shall not invalidate the rest of this contract.

15. NO WAIVER

The failure of either party to enforce any provision of this contract shall in no way be construed to be a waiver of such provision nor affect the validity of this contract.

16. TRADE TERMS, GOVERNING LAW, ETC.

a) Unless otherwise stipulated in this contract, the trade terms in this contract shall be governed and interpreted in accordance with the "ICC Rules for The Use of Domestic and International Trade Terms" (INCOTERMS ® 2020) provided by International Chamber of Commerce.

b) Unless otherwise agreed in writing, this contract shall be governed and interpreted by and under the domestic and substantive laws of Japan in all respects. The parties hereto expressly agree that the United Nations Convention on Contracts for the International Sale of Goods (CISG: Vienna Convention of 1980) shall not apply to this contract.

＊上例は，講学の便宜上，実例を参考に作成した架空サンプルであり，具体的使用に適していることを保証するものではありません。

条件（積地，仕向地，経由地，海路か空路か），⑰ 支払条件（信用状の開設または到着の期限および船荷証券日付後または一覧後の期日の指定），⑱ 運送保険（売主による付保か買主による付保か），⑲ 検査の条件，⑳ 梱包の条件。なお，署名欄の下，最下部に「本書裏面に記載の**一般取引条件**は**本販売契約書の一部です**」との念押しの規定が見られる。

２．個別売買契約書裏面に記載される事項

契約書表面には，個別の取引の主要な要素が記入されるのに対して，裏面には，物品売買契約に固有で，かつ全個別取引に共通の事項と，物品売買契約に限らずどのような類型の契約書にも共通して見られる一般条項（後述）とが記載される。サンプル 2-1-2 参照（サンプル 2-1-2 は実例をもとに添削を加えて，作成したものである。なお，サンプル 2-1-1 の裏面を示している訳ではない）。サンプル 2-1-2 の和訳を以下に掲げたうえで補足説明する。

(1)　物品売買契約に固有で，全個別取引に共通の条項

①　引渡しに関する条項

第1条　引渡し・船積

a)　別途書面で合意されない限り，船積の実行は次の通りとする。一括でも分割でもよく，いかなる港で，いかなる旗国（船籍）の運送用キャリア（定期船でも不定期船でも）を利用してもよく，キャリアの船腹が確保できることを条件とするが，それには，状況次第で，積換えを伴うかどうかも問わない。

b)　買主が運送契約を手配する責任を負う場合，書面で別途合意しない限り，船積について売主が受け容れ可能な運送用キャリアを選ぶものとする。売主は，かかるキャリアの遅れや解約に起因する船積遅れに対して責任を負わない。

c)　船荷証券や同種の文書の日付をもって船積日の確定的証拠とみなす。1 つの注文に基づく商品が数回のロットに分けて船積される場合，各ロットは別の売買とみなされる。

サンプル 2-1-2 の第 1 条においては，引渡しの条件が扱われている。商品の引渡しは，売買契約において売主側の最大の義務である。サンプル 2-1-2 は売主側発行の個別売買契約であるので，売主に対する制約を極小にすべく規定している一方，買主手配の場合の問題に対する免責を確保している。

②　輸出入の許認可に関する条項

第 2 条　輸入許可および輸出許可等

a)　買主には，買主の国において必要とされる輸入許可その他行政機関の許認可を取得する責任があり，理由の如何を問わず，本要件の履行の不達成は不可抗力を構成しないものとする。ただし，別途書面で合意する場合はこの限りでない。

b)　本契約は，日本政府もしくはその機関，または商品が製造されるその他の国の政府もしくはその機関から，必要な輸出許認可が得られることを条件とするものとする。万が一，かかる輸出許認可が得られない場合，売主は，自身が責任を負うことなく，本契約を，全部または部分的に，解約する権利を有するものとする。ただし，かかる解約は，当該輸出許認可の不許可処分が及ぶ範囲の商品に関してのみ有効とする。

c)　万が一売主が，買主ブランドを付されたものか売主ブランドを付されたものかを問わず，買主のために特に製造された商品について，当該商品に課せられた輸出入制限・規制（性質を問わない）のために，本契約書表面に特記された仕向地へ当該商品を輸出することができない場合，売主は，売主側に責任を発生させずに，当該商品をどこかに売却する権利を持つものとし，買主は，当該売却の結果売主に生じた費用を，売主に支払うものとする。

d)　買主は，商品が，本契約書表面記載の仕向地が属する国の国内での消費・使用を目的として，輸入されることになっている旨，表明し保証するものとする。直接間接を問わず，当該国の域外で，買主またはそのディストリビューターが商品の再販売または再輸出をなした場合，そこから生じ，売主が被ることとなったあらゆる損失，損害，費

用，その他の責任については，買主がその責めを負うものとする。

サンプル 2-1-2 の第2条においては，輸出入許認可の取得の責任と取得できない場合の問題処理などが規定されている。輸入許認可の取得は，買主の本拠国の問題であるから買主にその責任を負わせる一方，輸出許認可の取得は，契約発効の条件としている。例えば，日本の「外国為替および外国貿易法」上の輸出規制に抵触することが判明した場合，売主側から解約可能となっていて，商品の引渡し義務の不履行を問われない内容となっている。また，特に買主に向けた製品の場合は処分が難しいため，単に解約するだけでは売主に大きな被害が残るので，転売の自由と費用償還を規定している。さらには，安全規格や知的財産権侵害，市場秩序維持のため，域外への転売を牽制する条項が置かれている。

③　検査に関する条項

第3条　検査
　輸出国の法令上実施される検査および／または売主の検査は，商品の品質，数量および状態に関して，最終的で確定的なものとする。

検査に関し，売主の負担を低く抑える規定が置かれている。

④　価格に関する条項

第4条　価格
a)　本契約書表面記載の通貨への両替が必要な場合，それは買主のリスクと勘定で行われるものとする。
b)　日本円以外の通貨（「支払通貨」）で本契約書表面に記載の金額（「金額」）は，本契約書表面に指定されている，円の対支払通貨交換レート（「オリジナルレート」）に基づくものとする。表面にオリジナルレートの指定が無い場合は，本b)項は適用されない。
c)　売主の判断で，i)　未出荷の商品の（直接・間接を問わない）原価（原材料および補助材料，機械・設備，労働，運送，ガス，電気並び

に石油の原価を含むが，これに限らない）について，または，ii）本契約締結時点と商品の実際の出荷時点との間において，円の対支払通貨交換レートについて，重大な変化が万が一発生した場合，売主は，現実の出荷日に先立つ日であればいつでも，未出荷の商品の価格の改定について，買主と交渉する権利を有するものとする。当該出荷日までに両当事者が価格改定について合意に達しない場合は，売主は，未出荷の商品に適用されうる部分であれば本契約のいかなる部分でも，自身に責任を発生させずに，解約する権利を有するものとする。

　価格を表す通貨と為替レートに関して規定を置き，トラブルの予防を計ると共に，事情変更に伴う売主のリスクを，売主に解約権を与えることで抑制している。

　⑤　支払いに関する条項

第5条　支払い
a）　商品代金の支払いは，信用状（L/C）によってなされるものとする。本契約書表面記載の通貨表示のもので，本契約書の条件に適合し，かつ，開設銀行宛てに一覧払いで振り出される売主の手形に対して有効な，取消不能L/C（買取銀行指定が無く，償還請求権を伴わないもの）が，本契約書表面に記載の時までに，売主の満足する主要一級銀行を通じ，買主によって，その費用負担で開設されるものとする。

b）　このL/Cは分割船積を規定するものとし，また，契約価額満額をカバーするものとし，出荷期間の最終日の後15日以上の有効期間を有するものとする。

c）　このL/Cには，「本信用状は，国際商業会議所発行番号600荷為替信用状に関する統一規則および慣例2007年改訂版に服する」という文言が含まれているものとする。

d）　万が一買主が上述のL/Cを提供できない場合，売主は，買主に通知をすることなく，本契約を解約する権利を行使することができるし，買主の勘定とリスクで対象商品を再販売したり，留置したりする

こともできる。買主は，上述の解約またはL/Cの不提供によって売主に生じたその他の損失・損害について責任を負うものとする。上述の規定が一般に適用されることを損なうことなく，買主は，当該L/Cの開設に対する遅滞および／または手形の満期支払いに対する遅滞が及ぶ期間に対応して，商品価額をもとに，売主に対し年利10%の利率で利息を支払うものとし，また，上記事情から売主に発生した，関連商品に関する保管料も加算するものとする。

　サンプル 2-1-2　の第5条においては，一流銀行の発行した信用状による支払いが謳われている。売主にとって都合のよい条件が指定されている。また，信用状に関する援用可能統一規則として，国際商業会議所（ICC）が設ける「荷為替信用状に関する統一規則および慣例」（「信用状統一規則」と略称される）の最新2007年改訂版（UCP600）の援用が規定されている。さらに，信用状の不開設は，売主にとっては代金回収の命運に関わる事項であるので，契約解除の理由となることも規定されている。その他，支払不履行の場合のペナルティとしての利息が規定されている。

⑥　保険に関する条項

第6条　保険等
a)　本契約が，売主に保険を手配させる貿易条件に基づいている場合，保険は，売主のインボイス価額に10%を上乗せして契約されるものとする。買主によって要求される追加の保険は買主自身の費用によるものとする。別途規定されない限り，保険は，海上保険のICC（A）の内容とする。売主は，自己の裁量で，戦争危険およびストライキ危険に対して，買主の費用で付保することができる。本契約が，売主に保険を手配させる貿易条件に基づいていない場合，L/Cには，保険は買主によってカバーされる旨規定されるものとする。
b)　万が一，関連運送費，保険料，並びに／または，商品の輸出に関連して日本政府やその機関もしくは商品の出荷元であるその他の国の

> 政府やその機関によって課される輸出関税，輸出サーチャージおよび
> 類似のものが，本契約締結後に増額，付加または新設された場合，か
> かる増額，付加または新設の部分は買主の負担とする。

サンプル 2-1-2 の第6条においては，付保に関する条件が規定されている。また，運賃，保険料，関税の臨時増額の負担は買主の負担とされている。

⑦　知的財産権に関する条項

> 第7条　特許権，商標権等
> a)　買主は，商品に用いられ，あるいは商品に関わる全ての特許権，
> 　　実用新案権，商標権，意匠権，著作権またはその他の知的財産権（売
> 　　主が，独占的か非独占的かを問わず，なんらかの知的財産権のライセ
> 　　ンシーとして保持する権利をも含む）が，売主専有の財産権であると
> 　　いうことを認識しており，そして，買主は，法的手続その他如何なる
> 　　方法でも，当該財産権の有効性を争ったり，異議の申立てをしたりし
> 　　ないものとする。
> b)　売主の商標もしくは商号，またはどこかの国で売主によって所有
> 　　され，管理されもしくは使用されるか，その予定のある他のマーク，
> 　　ロゴ，表象記号もしくは紋章を登録することについて，買主は，いか
> 　　なる名の下でも，申請をする権利を有しないものとする。
> c)　売主は，商品の輸入，販売または使用が第三者の特許権，実用新案
> 　　権，商標権，意匠権，著作権またはその他の知的財産権を侵害しない
> 　　ということを保証するものではない。売主は，そのような侵害のク
> 　　レームについて，買主に対して責任を負うものではない。ただし，売
> 　　主が必要と認める場合は，売主は，買主のコスト負担で，買主に対
> 　　し，かかる侵害クレームに対する防禦をめぐって可能なあらゆる支援
> 　　を提供するものとする。

サンプル 2-1-2 の第7条は，知的財産権をめぐる争いの発生を抑えるための規定である。売主の持つ知的財産権について，争わないことを買主に約

させる（不争条項）と同時に，買主の本拠地において，商品の取引を契機に知的財産権を横取りされないよう注意を払っている。一方，c項では，第三者の知的財産権の不侵害の保証を否定する一方で，権利者からのクレームに対する防禦について買主に協力することは約束するという点で，売主は，リスク回避と顧客からの信頼のバランスを図ろうとしている。なお，CISGは第42条において，一定の条件下で，第三者の知的財産権を侵害しない物品を引渡すことを，売主に要求しているから，本個別売買契約は，それよりも，売主に有利な内容となっている。

⑧　保証責任に関する条項

第8条　保証とクレーム

a)　売主は商品が契約仕様通りであることを保証するものとする。

b)　契約法上か，不法行為法上か，または制定法上かは問わず，売主によって供給された欠陥品から生じる損害（デザイン・設計の際の過誤，商品に対する不完全な作業，商品の原材料や梱包の欠陥，または本契約第3条規定の検査の過程において欠陥品を見つけられないという過失から生じる損害を含むが，これに限らない）について，買主にとっての，唯一無二の救済は，欠陥があると認定される部品に対する交換用部品の支給と，ケースバイケースで売主が判定する，欠陥品の修理のための技術的な支援または助言の，買主に対する提供とに限定されるものとする。商品の数量不足または本契約上合意した商品と異なる商品の引渡しから生じる損害について，買主にとっての，唯一無二の救済は，それぞれ，不足数量の補給，または相違した商品を本契約上合意された商品と交換することに限定されるものとする。本契約中に規定された保証は，明示，黙示を問わず，あらゆるその他の保証に代替し，あらゆるその他の保証を排除するものとする。あらゆる商品性の黙示的保証および特定目的への適合性の黙示的保証はとりわけ排除される。売主はいかなる場合も付随的損害，間接損害，派生的損害について責任を負わない。

c)　契約法上か，不法行為法上か，または制定法上かは問わず，本契約に関連して生じる買主から売主に対する請求は，船荷証券記載の仕向地への商品到着の後 1 カ月以内に，電子メールまたは書簡でなされなければならない。かかる請求は，数量の不足，商品の欠陥またはその他本契約の売主の違反の主張というように，請求内容の完全な陳述を伴っていなければならず，また売主が求める場合には，かかる請求の通知の後 2 週間以内に，主要な第 1 級の，宣誓認定済み検査官によって発行された調査レポートを伴わなければならない。買主が，上述の期間内に売主に請求を通知すること，および／または詳細を売主に回付することを怠った場合には，買主は，いかなる請求であっても，主張する権利を放棄したものとみなされるものとする。どのような性質のものであれ，買主の請求は，関連する支払いが完了するか，手形が適正に決済されるかするまでは，顧慮されないものとする。

d)　前 b)項の規定する場合において，商品は，かかる認定済み検査官もしくは売主自身の代表者またはその両方による検査のために，手を付けない状態で留置されるものとし，そしてかかる検査が完了するまで，使用も再売却もされないものとする。

e)　売主はいつでも，買主から回収可能な債権をもって，買主に弁済すべきいかなる債務についても，相殺することができる。

サンプル 2-1-2 の第 8 条は，保証の範囲と責任の取り方に関する規定である。商品保証に関する規定も物品売買契約に固有の重要な条項と言える。目的物が契約内容に不適合である場合の保証（Warranty）は，日本ではかつて「瑕疵担保責任」として商品引渡しとは別の責任として理解されていたが（民法旧 570 条），債権法改正後は，英米法や CISG と同様，引渡義務と一体的に理解すべきものとなった（民法新 562 条追完請求権参照）。

サンプル 2-1-2 の第 8 条は，売主の保証の範囲を明示的に限定し，保証違反の場合の売主の責任の範囲も，修理用部品の提供や不足商品の補給に限定している。契約法上認められるはずのその他の保証については，明示に排除することで，その免責を規定し，さらに，売主が付随的損害・派生的損害

について責任を負わないという宣言も付けている。保証免責の規定は英米法に由来するもので，例えば，米国 UCC 第2編（売買法）は商品について種々の明示的保証や黙示的保証を法定している。明示的保証としては，事実の明言や見本による保証が（UCC 第 2-313 条），黙示的保証としては，当該物品が商品として通用するという商品性の保証（UCC 第 2-314 条；merchantability）や買主の特定目的を売主が知っているはずで買主が売主の技能に依拠している場合は特定目的に適合するという保証（UCC 第 2-315 条；fitness for particular purpose）が良く知られている。ただし，これらの法定の保証は排除することが可能であるとされ，その場合は書面で，顕著な形で排除を示さなくてはならないとされる（UCC 第 2-316 条）。したがって，サンプル 2-1-2 の第8条は一部の文章がすべて大文字で記載されている訳である。本契約第 16 条（後述）に見られる準拠法条項で準拠法を日本法と指定すると，第8条が米国の法の概念をベースとしてドラフティングされているので，ケース次第で奇妙なことになるおそれはあるが，実務ではそのような契約例が良くみられる。UCC の規定する商品性の黙示的保証や特定目的適合性の黙示的保証は，CISG にも採り入れられており（CISG 第 35 条第2項参照），世界共通の概念になりつつあると言えるかもしれない。これらも英語が国際契約のインフラを支えていることから生じる効果であろう。

(2)　一般条項

　一般条項は，さまざまな契約類型の契約書においても，ある程度共通してあらわれる条項である。ボイラープレート条項とも呼ばれる（語源としては，ボイラーの銘板に型式・出力・製造日など所定事項が記されていること，ボイラーに警告文が示されていることのほか，新聞印刷が鉄板を用いて定型文を印刷するのをボイラー工場のように例えたことなど諸説ある）。したがって，契約書に示された取引の内容と直接関係しない事柄を定めていることが多い。だから，この部分の起草・審査は，営業部門よりはむしろ法務部門が中心となるだろう。サンプル 2-1-2 では第9条以下がおよそ一般条項である。

① 不可抗力（Force Majeure）条項

第 9 条　不可抗力

　本契約の一部の履行が，期間の長短に関わらず，暴動，戦争，天災，火災，暴風雨，洪水，地震，スト，その他契約当事者のコントロールし得ない原因によって，妨げられた場合，いずれの当事者も，本契約の全部または一部の不履行または履行遅滞について責任を負わない。かかる遅滞・不履行が 1 カ月を超える期間続いた場合，いずれの当事者も，他方当事者に対する書面の通知をもって，いかなる責任も負うこと無く，本契約を終了することができる。

　サンプル 2-1-2　の第 9 条では天変地異や争乱等当事者のコントロールできない原因によって履行が妨げられた場合の免責を定めている。英米法では，約束したことの履行を厳格に求める傾向があるが，まったく免責を許さないのは余りに過酷であるので，契約書によって緩めている訳であり，この不可抗力条項はほとんどの契約に見られる。

② 終了（Cancellation/Termination）条項

第 10 条　解約

　買主が本契約または売主との間の他の契約の諸条件の一部について履行を怠った場合，または，買主の破産や支払不能，解散，財産保全管理人や管財人の選任，事業の停止，合併，再編，もしくはその他の変容，またはいかなる出荷に対する代金不払いが生じた場合，売主は，買主に何ら通知をすることなく，本契約および／または買主との他の契約を解約する権利，または出荷を延期する権利，または輸送途上の商品を留める権利，および／または売主に対する未払金の即時支払いを要求する権利を持つものとする。買主は，そのせいで売主に生じた損失・損害について，売主に補償する義務を負う。

　サンプル 2-1-2　の第 10 条は，代金弁済義務のある買主側において，契約不履行や代金弁済に影響が及ぶような経済上・組織上の事由が生じた場合

に，売主に利益を守るための権利を付与する一方的規定となっている。権利行使には通知も不要とされている点は厳しい。このような条項例以外に，一方の債務不履行時に，他方からの催告を経て，治癒が無ければ，書面をもって解約を認めるというマイルドな条項も実例には見られ，他にもバリエーションは多い。

③　完全合意（Entire Agreement）条項

> 第11条　完全な合意と修正
>
> 　本契約の主題に関して，本契約は，買主と売主との間の完全な合意を構成し，その範囲で，従前の，関連するすべての約束または合意に優先する。ただし，売主は，商品の品質，性能または価格に深刻な影響を及ぼさない程度の商品仕様の変更を，自己の裁量によって行う権利を留保するものとする。本契約は，買主と売主との間の書面の合意によらなくては修正し得ない。

完全合意条項は，本契約書が当事者間唯一の合意であることを契約中で明示し，当事者間の合意について争いの種を除去する効果がある。既述の"Statute of Frauds"（詐欺防止法）や"Parol Evidence Rule"（口頭証拠排除原則）とともに，契約書を書面として作成する意義を強化する。修正のためには，書面による確認が必要である旨を示した"Modification"（修正）条項を置くことで，契約書による合意の重要性が増す。なお，この個別売買契約書では，商品仕様の軽微な変更ができるよう，売主に実務上の便宜が図られている。

④　仲裁（Arbitration）条項

> 第12条　仲裁
> a）　本契約からまたは本契約に関連して，本契約当事者の間に生ずることがあるすべての紛争，論争または意見の相違は，別途友好的に解決されない限り，一般社団法人日本商事仲裁協会の商事仲裁規則に従って，（日本国，大阪市）において仲裁により最終的に解決される

　　ものとする。かかる仲裁で示された判断は最終的で当事者を拘束する
　　ものとし，管轄権を有する裁判所において執行されうるものとする。
　b)　本条前 a 項の規定に関わらず，万が一，仲裁判断の一部が，いず
　　れかの当事者の資産・財産の実質部分が所在する国において，仲裁人
　　認定の事実や仲裁人による契約条件の解釈または準拠法の適用・解釈
　　について，再審査を経なければ執行されない場合は，他方当事者は適
　　正な管轄権を有する裁判所において訴訟手続を開始できる。

　仲裁条項は，紛争解決条項の一種である。仲裁条項の代わりに，裁判管轄
条項が挿入されることもある。紛争解決条項については，第 7 章において詳
述する。 サンプル 2-1-2 の第 12 条 b 項は典型的に見られる例ではない。
相手方の財産がニューヨーク条約加盟国に無い場合などで，仲裁のメリット
が得られないような場合に，仲裁ではなく裁判を利用することを可能にして
いる。

⑤　譲渡禁止（Assignment）条項

第 13 条　譲渡
　　買主は，売主の書面による事前同意なく，本契約またはその一部を譲
渡してはならない。

　契約当事者としての立場を別の者に譲ることを禁止する条項である。
サンプル 2-1-2 の第 13 条では，買主が一方的に禁じられているが，双方を
互いに拘束するバリエーションも見られる。

⑥　分離可能性（Severability）条項

第 14 条　分離可能性
　　本契約書のいかなる規定が，なんらかの適用可能な法によって禁止さ
れたり，執行不能であると認定されたとしても，それは本契約書の残り
の部分の有効性を阻害するものではないものとする。

契約中の一部が執行不能となっても，そのことは，契約の残りの部分の効力に影響を与えないとする条項である。

⑦　放棄（Waiver）条項

第15条　放棄の否定

　いずれかの当事者が本契約書の何らかの規定を執行しなかったとしても，それは当該規定の放棄であるとは解釈されないものとし，また，本契約書の有効性に何らかの影響を及ぼすものでもないものとする。

契約中の一部が執行されないでいても権利放棄であると解釈されたり，契約の効力を損なったりしないとする条項である。

⑧　貿易条件（Trade Terms）ルールおよび準拠法（Governing Law）条項

第16条　貿易条件，準拠法等

a)　本契約中に別の定めが無い限り，本契約上の貿易条件は国際商業会議所が提供する「国内および国際取引条件の使用に関する ICC 規則」（インコタームズ®2020）に従って支配され，解釈されるものとする。

b)　書面で別の合意がされない限り，本契約は，全面的に，日本の国内実質法によって支配され，解釈されるものとする。国際物品売買契約に関する国際連合条約（CISG：1980 年ウィーン条約）は本契約に適用されないものとすることを，本契約当事者は明示に合意する。

サンプル 2-1-2 の第 16 条 a 項は，貿易条件のルールとしてインコタームズ®2020 を援用する条項である。FOB や CIF といった国際物品売買契約で通常用いられる貿易条件はどのルールを援用するかによって定義が変わり得る。ICC のインコタームズ（Incoterms）の援用が通常であるが，米国UCC（2003 年改正前）にも定義があるし，ICC のインコタームズと言えども，改訂を繰り返し，複数のバージョンが存在する。最新版は Incoterms®

2020 である。

　第 16 条 b 項は，準拠法条項と CISG 排除条項を兼ねている。第 1 編第 2 章で説明したように，紛争解決の基準となる法（準拠法）はどこの国の法かということをあらかじめ決めておくものである（決めておかなくても良いが，決めておく方が後でもめなくて望ましい）。 サンプル 2-1-2 の第 16 条 b 項では準拠法所属国が日本法になっている。後段は，CISG の適用を排除している。第 1 編第 2 章で述べたように，CISG は条約自身がこのような排除を容認している（CISG 第 6 条）。この CISG 排除条項を欠けば，相手先の営業所所在地はどこかによって適用法規が変化することになる。CISG 締約国なら CISG が適用されそうであるし（CISG 第 1 条 (1)(a)），また，非締約国であっても上記準拠法条項が単なる日本法指定であれば CISG 適用の可能性がある（CISG 第 1 条 (1)(b)）。準拠法条項がわざわざ日本の国内実質法を指定しているのは，後段の CISG 排除と平仄を合わせて，CISG ではなく日本の国内法（民商法）を準拠法とする方針を徹底しているためである。このように，日本が CISG の締約国になった現在，物品売買契約の準拠法条項については十分な検討が必要である。

3．継続的取引基本契約に見られる条項

⑴　エスカレーション条項（契約期間中の価格調整）

　商品によっては，価格が諸要因によって変動しやすいものもある（例えば，天然ガス）。この場合，売買取引が長期間継続的に行われるならば，期間途中で価格調整を行うことを想定するのが，両当事者にとって合理的である。契約期間中に，契約価格を一定の条件の下，一定の算式で，あるいは協議によって調整する旨規定する場合には，このような規定をエスカレーション条項（Escalation Clause/Escalator Clause）と呼ぶ。

⑵　協力関係から生じる副次的活動や拘束を規定する条項

　売買取引が一定期間継続的に行われる場合，両当事者にとってその取引が安定的に成長するように，相互協力の拡大と売買の環境を整える内容が追加される傾向がある。

　例えば，販売店契約は，ある市場に対する継続的な商品の供給を前提とし
て，当該商品ブランドの信頼を増すような施策が必要となる。販売店の広告
宣伝・販売促進活動の義務付けと販売元（メーカー）側の販促支援策が契約
中に盛り込まれる場合があるだろう。

　販売店に指定地域（テリトリー）内の専売店という地位（exclusive dis-
tributorship/sole distributorship）を付与する場合は，その代わりに，販
売店には，一層の忠実義務，一定数量購入義務，アフターサービスの義務，
市場動向の調査義務，在庫状況・販売活動状況の調査報告義務なども規定さ
れるだろう。これは協力関係の強化策であると共に，契約不履行・目標未達
成を理由として，販売元による販売店契約の解除を容易にする伏線としても
働く。

　販売元側から競業避止やテリトリー外への販売制限など活動制限の要求が
販売店に示されるかもしれない。テリトリー内からメーカーへ直接の引き合
いがある場合は，メーカーは販売店を支援するために，その引き合いを販売
店に紹介するが，テリトリー外からの販売店への引き合いは，メーカーの方
に回付するよう要求するといった内容もありうる。

　販売店支援のために，秘密情報やノウハウをメーカー側が提供したりする
場合も生じよう。このような秘密情報の受け渡しを伴う場合は，秘密情報の
管理の方法と秘密保持義務が規定されることになるだろう。

4．売買契約以外の契約類型

　物品売買に関して，スポット契約や継続的取引を基本とする販売店契約を
紹介したが，売買以外には，次のような契約類型が国際取引では多くみられ
る。

① 秘密保持契約（Non-disclosure Agreement/ Secrecy Agreement/
Confidentiality Agreement）：一方が秘密情報を開示することを約し，
他方の情報受領側はその秘密を守ることを約する契約。秘密情報の定義
や範囲，秘密情報の授受の方法・期間，秘密性の表示，秘密情報の管
理，秘密情報にアクセスできる者の範囲，秘密保持期間，秘密保持義務

の及ばない事項（例外事項），有償の場合は対価とその支払方法などが
規定される。

② 合弁契約 (Joint Venture Agreement/ Shareholders Agreement)：
各当事者が出資をし，合弁会社を設立するという契約で，合弁会社から
見れば株主間契約ということになる。合弁事業の目的，出資額（比率）
および株式の譲渡性，合弁会社の機関，株主が決すべき事項（事前協議
事項・特別決議事項），各株主が派遣する取締役（directors）／役員（of-
ficers），配当方針，技術援助・商標ライセンス・競業避止等の株主に
よる合弁会社への支援，合弁解消手続などが規定される。

③ （特許）ライセンス契約（〔Patent〕License Agreement）：知的財産
権（例えば，特許権）の権利者がその使用を他方当事者に許諾（ライセ
ンス）する契約。使用ライセンス（使用許諾）の対象となる知的財産権
の特定，ライセンスの範囲（地域・用途の指定），ライセンスの対価
（一括金および／またはランニングロイヤルティ），改良成果の取扱い
（グラントバック条項など），侵害に対する補償などが規定される。

④ 共同開発契約 (Joint Development Agreement)：当事者が保有す
る財（知的財産，施設，人材，資金等）を持ち寄って，共同で技術・新
製品等を開発する契約であり，特に知的財産権の創出が目的となる。共
同開発契約の目的，当事者の開発分担（タスク），タスク達成の期限・
途中のステップ（マイルストーン），タスク達成の判断基準，費用負担，
成果物（主に知的財産権）の帰属，中途で頓挫した場合の処置（共同開
発解消手続）などが規定される。

⑤ 生産委託契約 (Manufacturing Agreement)：一方当事者が他方当
事者に製品や部品の生産を委託する契約。契約類型としては，物品売買
とも請負とも見える。生産する製品の仕様，生産量と生産日程（随時生
産をオーダーする場合はその手続），材料の調達，生産手数料，引渡条
件，検品手続，品質保証，第三者の特許を侵害した場合の補償などが規
定される。

⑥ 委託販売契約 (Consignment Agreement)：受託者 (consignee)

が委託者（consignor）から渡された商品を，委託者のために，保管し販売する契約。受託者は委託者の代理人として行動し，商品の所有権は委託者から第三者である買手に直接に移転し，商品が売れない場合には委託者に返品されるし，商品滅失についての危険負担は委託者が負う。

⑦　企業買収（営業譲渡・株式譲渡）契約

国際的な企業買収（M&A）において，買主が，買収対象会社の資産や事業の全部または一部を購入する契約が営業譲渡契約であり，買収対象会社の株式を購入する契約が株式譲渡契約である。

⑧　（海上）運送契約

運送人（船会社）が海上における船舶による物品の運送を荷主に対し引き受ける契約。運送契約は，売主または買主のいずれか（どちらになるかは売買契約で合意）が運送人と締結する。

⑨　（貨物海上）保険契約

保険は，偶然の事故（保険事故）によって生じる損失に備え，多数の者が金銭（保険料）を出し合って，事故に遭遇した者に保険金を給付する制度であり，保険をかける契約が保険契約である。貨物海上保険は貨物に対する保険で，輸送中の貨物が何らかの事故によって滅失・毀損した場合の損害が補填される。貨物海上保険の契約は，売主または買主のいずれか（どちらになるかは売買契約で合意）が損害保険会社と締結する。

⑩　賃貸借契約

土地・建物の不動産や，例えば，生産設備である金型・機械類等の動産を対象とする使用収益について，賃借人が賃貸人に対価を支払う契約。

⑪　LOI（Letter of Intent）

契約締結の意図を有する当事者間の予備的な了解を文書にしたものである。長期の契約交渉の中途段階で交わされることが多い。通常は法的拘束力の無いものと位置づけられるが，書面に示された当事者の意思を

斟酌して拘束力のある契約だと認められる場合もある。 MOU
（Memorandum of Understanding）とも呼称される。

第2章

インコタームズ

第1節　標準的取引条件

1．標準的取引条件の意義

　国際商取引は，普通の国内での売買とは違った側面を持っている。その理由は，商品の発送（船積み）から目的地に到着するまでに国境を越え，商品を受取るまでに時間がかかることが多いため，種々のリスクが出てくるからである。例えば，以下の3つのリスクが考えられる。

① 　金融的なリスク：このリスクは，各国で使用されている通貨が異なり，決済方法が異なることによって生じるものである。

② 　物理的なリスク：このリスクは，運送中の商品の滅失，損傷または減価によって生じるものである。

③ 　制度的なリスク：このリスクは輸出入に関する条約や各国の国内規制によって生じるものである。

　国際商取引契約の当事者はこのような国際商取引に特有なリスクに直面して，当事者間でリスクを分配する条項を契約の中に盛込むようになった。これは契約自由の原則によって自由におこなうことができる。しかしながら，契約の都度，細かい条項に至るまで取り決めることは当事者にとって煩雑で堪え難い負担である。そこで，長い年月に亘り商人間の了解ともいうべき標準的取引条件（Standardized Trade Terms）が形成され，一括して略号で表現されるようになった。現在，CIF や FOB と呼ばれているものが，これに当たる。

　このように，貿易売買契約の標準的取引条件は，国際貿易に従事する者の

便宜のために，取引の慣習が自然発生的に定型化されたもので，契約当事者
の共通の基盤となるべきものである。そのため，その解釈について当事者間
に誤解があれば，重大な紛争の原因となるおそれがある。このような誤解と
紛争を避けるために，従来，いくつかの国際機関による国際規則の制定や商
業会議所による規則の発表が行われている。その中でも，現在，広く知られ
ているのはインコタームズ（Incoterms）である。

2．インコタームズ（Incoterms）

　インコタームズ（Incoterms）とは International Commercial Terms
の略称である。1936 年に国際商業会議所（International Chamber of
Commerce；ICC）によって制定された。その後，53 年，67 年，76 年，80
年，90 年，2000 年，2010 年および 2020 年に改訂された。現在使用されて
いる最新版は 2020 年版であり，合計 11 の規則が 2 つのクラスに分類されて
いる。インコタームズ 2020 は 2020 年 1 月 1 日から実施された。

3．その他の標準的取引条件

　インコタームズ以外にも標準的取引条件は存在している。代表的なものと
して，改正米国貿易定義（Revised American Foreign Trade Defini-
tions）とワルソー・オックスフォード規則（Warsaw-Oxford Rules）が
ある。
　改正米国貿易定義は，1919 年にはじめて制定された規則集である。現行
のものは 41 年 7 月 30 日に米国商業会議所，全米輸入者連合会理事会，全米
貿易会議理事会の共同委員会によって採択された改訂版である。やや古く
なっているが，広く各種の貿易契約について，売主と買主の義務を定めてい
るが，この定義の特徴は，米国独特の FOB 契約について定めている点にあ
る。
　ワルソー・オックスフォード規則と呼ばれる標準的取引条件は，1932 年
国際法協会（International Law Association）によって制定された "Rules
for CIF Contract" である。制定に当たっては，国際商業会議所も協力し

た。この規則は，CIF 契約についてかなり詳細に規定しているが，その後改訂の機会を得ていないため，今では内容が時代遅れのものとなっている。

第2節　インコタームズ2020

1．インコタームズ2020の誕生

　国際商業会議所（ICC）はインコタームズについて 2010 年の改訂後さらなる改訂のために起草委員会を設置し，作業を行っていた。2010 年 9 月 16日，パリの本部において理事会が開催され，その席上インコタームズの2010 年版が承認された。新しいインコタームズ，即ち，インコタームズ2020 は，2019 年 9 月 10 日に，公式に発表された。発効は，2020 年 1 月 1日であった[*]。

　インコタームズ 2020 は，アルファベットの 3 文字からなる 11 の取引条件から構成されている。副題は，ICC Rules for the Use of Domestic and International Trade Terms である。従来のインコタームズと同様に，主に売主から買主への物品の引渡しに伴う役割，費用および危険について規定している。

図表 2-2-1　インコタームズの歴史

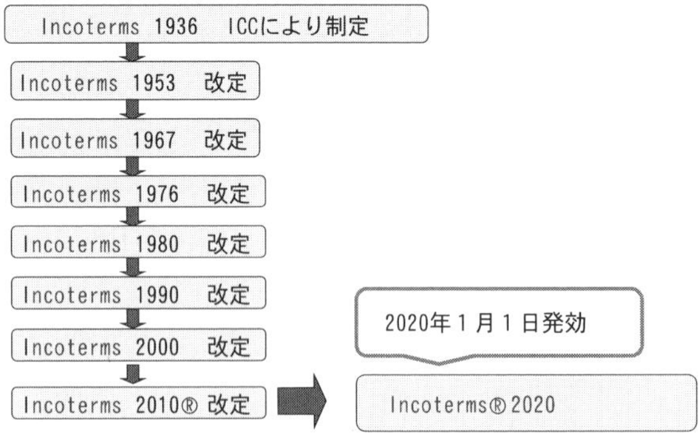

2. インコタームズ 2020 の構成と各規則の概要

インコタームズ 2020 の構成は，下表の通りで，合計 11 の規則が 2 つのクラスに分類されている。まず，第 1 のクラス「いかなる単数または複数の輸送手段にも適した規則」は，輸送手段にかかわりなく，また，1 つまたは複数の輸送手段が用いられるか否かにかかわりなく使用できる 7 つの規則によって構成されている。EXW，FCA，CPT，CIP，DAP，DPU および DDP がこのクラスに属している。これらの規則は，海上輸送が使用されていなくても使うことができるが，輸送の一部に船が使用される場合にも使うことができる。次に，第 2 のクラスでは，引渡地点と物品が買主に輸送される場所は，どちらも港である。「海上および内陸水路のための規則」と名付けられている。FAS，FOB，CFR および CIF がこのクラスに属している。

図表 2-2-2　インコタームズ 2020 の取引条件

Rules for any mode or modes of transport （いかなる単数または複数の輸送手段にも適した規則）		
EXW	Ex Works	工場渡
FCA	Free Carrier	運送人渡
CPT CIP	Carriage Paid To Carriage and Insurance Paid To	輸送費込 輸送費保険料込
DAP DPU DDP	Delivered at Place Delivered at Place Unloaded Delivered Duty Paid	仕向地持込渡 荷卸込持込渡 関税込持込渡
Rules for sea and inland waterway transport （海上および内陸水路輸送のための規則）		
FAS FOB	Free Alongside Ship Free on Board	船側渡 本船渡
CFR CIF	Cost and Freight Cost, Insurance and Freight	運賃込 運賃保険料込

インコタームズ 2020 における当事者の義務の項目は，下記の通りで，インコタームズ 2010 と同様に，左右見開きに印刷されている。

インコタームズ 2020 における売主と買主の義務の各項目

A　売主の義務	B　買主の義務
A1　一般的義務	B1　一般的義務
A2　引渡し	B2　引渡しの受取り
A3　危険の移転	B3　危険の移転
A4　運送	B4　運送
A5　保険契約	B5　保険契約
A6　引渡書類／運送書類	B6　引渡書類／運送書類
A7　輸出通関／輸入通関	B7　輸出通関／輸入通関
A8　照合／包装／荷印	B8　照合／包装／荷印
A9　費用の分担	B9　費用の分担
A10　通知	B10　通知

3．インコタームズ 2020 の構造

⑴　両極端の位置を占める EXW と DDP

11 条件のうち，当事者の義務の内容から見て，両極端に位置するのが EXW と DDP である。

EXW は，売主の工場など売主の施設，または，その他の指定場所（工場，製造所，倉庫など）で，買主に物品を引渡すことを想定した取引条件である。危険は，指定場所で物品が買主の処分に委ねられた時に移転する。11 条件の中で売主の義務が最小で，買主の義務が最大である。売主は，物品を用意して，買主の引き取りを待っていれば良いというのがこの条件である。売主の物品をトラックに積み込むのも買主，輸出通関を行うのも買主である。実際には，引き取りに来た買主側のトラックに，運転手が積み込まなければならないという点や，買主が輸出通関をおこなうという点は（実際には代理人を使うにしても）現実離れした話であるが，インコタームズ 2010 の EXW 規則ではそのように規定されている。

一方，DDP は，売主が買主の工場に物品を届けることを想定した取引条

件である。危険は，輸入国において，到着したトラックの上で物品が買主の処分に委ねられた時に移転する。11条件の中で売主の義務が最大で，買主の義務が最小のものである。買主は，到着したトラックから物品をおろさなければならないが，輸入国内の工場までの輸送も，輸入通関も全て売主が行なう。インコタームズ2010では，この2つの極端な条件の間に，9条件が規定されている。

図表 2-2-3　EXW におけるリスクの移転と費用負担の分岐点

ExWorks：工場渡

- 売主の施設またはその他の指定場所（工場，製造所，倉庫など）において物品を買主の処分に委ねた時，売主の引渡義務が完了する。その際に，危険が買主に移転する。
- 売主に物品を積み込む義務は無い。
- 売主にとって最小の義務を表す条件である。
- 輸出通関は非居住者である買主の義務である。

図表 2-2-4　DDP におけるリスクの移転と費用負担の分岐点

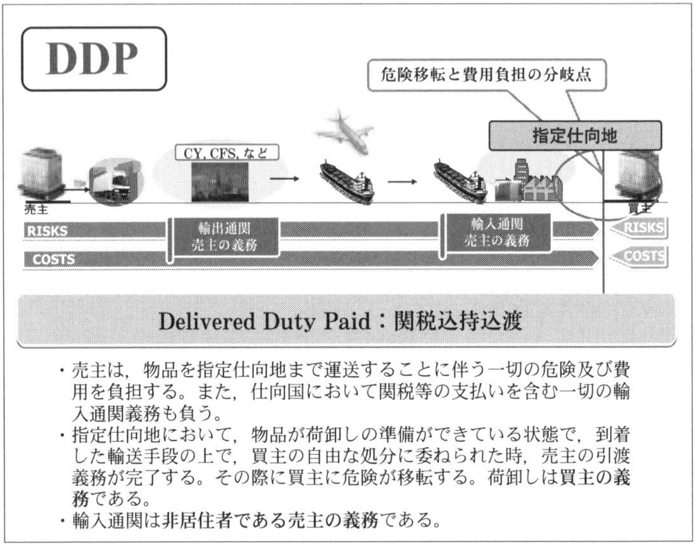

(2)　船による輸送に適した取引条件（FAS・FOB・CFR・CIF，以下「FOB 系」と呼ぶ）

　これらの条件は，船舶による輸送を前提とした取引条件である。今回のインコタームズ 2020 では，「海上および内陸水路輸送のための規則」として最後に記述されている。この中でも，FOB は最も古く，300 年以上商人によって愛用されてきた。CFR は，仕向港までの海上運賃を FOB に加算した取引条件であり，CIF は，仕向港までの海上運賃と海上保険料（最小担保）を FOB に加算した取引条件である。FOB・CFR・CIF における物品の滅失または損傷の危険は，物品が本船の船上に置かれた時，または，調達された時に移転する。今回のインコタームズ 2010 においては，物品を洋上転売により調達する（購入する）ことでも，物品の引渡しが完了するとされている。その場合には，危険も調達時に移転することになる。

　FAS における物品の引渡しは，物品を本船の船側に置くことによって行われ，その時に危険も移転する。FAS は海上運送人が運賃の建値として Berth Terms または Liner Terms を用いる場合に使われることが多い。

この条件も，港から港への船舶による輸送を前提とした取引条件であるから，FOB 系に属するものとして扱われる。

　FOB・CFR・CIF では，物品の引渡しは，本船上に物品を置くことによって行われるので，理論的に，航空貨物，または，コンテナ貨物には使用できない。それにもかかわらず，実務でこれらの条件を航空貨物，または，コンテナ貨物に使用する者が後を絶たないのが日本における現状である。

図表 2-2-5　FAS におけるリスクの移転と費用負担の分岐点

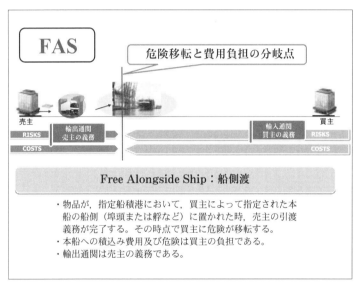

図表 2-2-6　FOB におけるリスクの移転と費用負担の分岐点

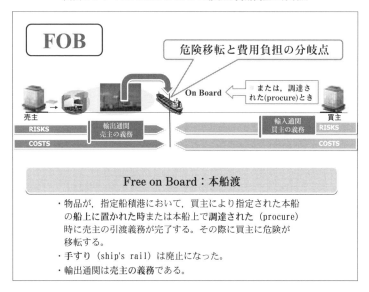

Free on Board：本船渡

・物品が，指定船積港において，買主により指定された本船の船上に置かれた時または本船上で**調達された**（procure）時に売主の引渡義務が完了する。その際に買主に危険が移転する。
・手すり（ship's rail）は廃止になった。
・輸出通関は売主の義務である。

図表 2-2-7　CFR におけるリスクの移転と費用負担の分岐点

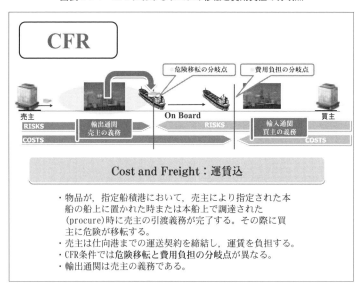

Cost and Freight：運賃込

・物品が，指定船積港において，売主により指定された本船の船上に置かれた時または本船上で調達された（procure）時に売主の引渡義務が完了する。その際に買主に危険が移転する。
・売主は仕向港までの運送契約を締結し，運賃を負担する。
・CFR条件では**危険移転と費用負担の分岐点が異なる**。
・輸出通関は売主の義務である。

図表 2-2-8　CIF におけるリスクの移転と費用負担の分岐点

CIF

危険移転の分岐点　　費用負担の分岐点

On Board

売主　RISKS　輸出通関 売主の義務　COSTS　RISKS　輸入通関 買主の義務　買主　COSTS

Cost, Insurance and Freight：運賃保険料込

・物品が，指定船積港において，売主により指定された本船の船上に置かれた時または本船上で調達された（procure）時に売主の引渡義務が完了する。その際に買主に危険が移転する。
・売主は仕向港までの運送契約を締結し，運賃を負担する。
・売主は貨物保険契約を締結し，保険料を負担する。
・CIF 条件では危険移転と費用負担の分岐点が異なる。
・輸出通関は売主の義務である。

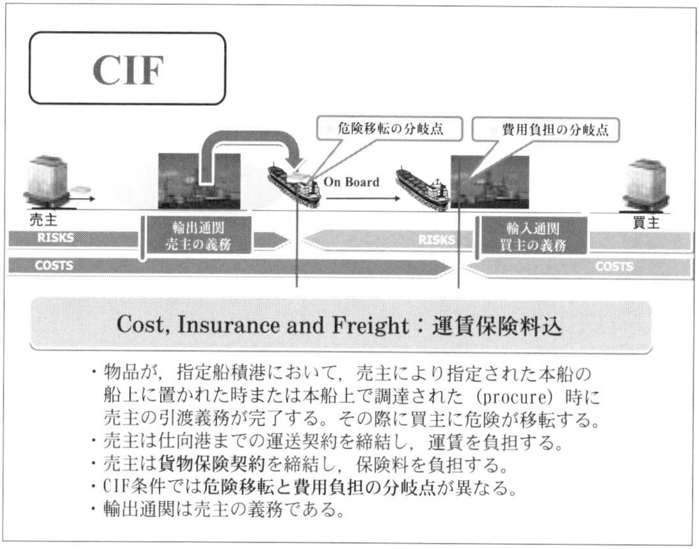

(3)　コンテナ輸送に適した取引条件（FCA・CPT・CIP，以下「FCA 系」と呼ぶ）

　これらの条件は，陸・海・空の輸送手段の如何を問わず，また，複合輸送の場合にも使用できる取引条件である。ICC は，コンテナの普及に伴い，コンテナ貨物に適した取引条件である FCA・CPT・CIP を導入した。これらの条件は，それぞれ伝統的な取引条件の FOB・CFR・CIF に見合った条件であり，コンテナ・ヤードからヤードへの輸送を前提とした取引条件である。航空貨物またはコンテナ貨物の場合には，FOB・CFR・CIF ではなく，FCA・CPT・CIP を使用すべきである。

　なお，FCA 系の取引条件においては，物品の引渡しは，2 つの方法で行われる。第 1 は，売主の施設（工場など）で，売主が輸送手段（トラックなど）に積み込むことによって，引渡しを行う場合である。この場合には，危険は物品が積込まれた時に移転する。この引渡方法は，買主が輸送手段への積込みを行わなければならない EXW 規則と異なっていることに注意が必要である。第 2 は，売主の施設以外の場所（運送人のヤードなど）で，売主が

到着した輸送手段の上で物品を運送人の処分に委ねることによって，引渡しを行う場合である。この場合には，危険は物品が運送人の処分に委ねられた時に移転する。輸送手段からの荷おろしは，買主が行うことになる。

このように，物品の引渡しの方法が2つあるために，危険移転の時期そして引渡方法がどちらになるかによって異なる。しかしながら，この点についてCPT・CIP規則では必ずしも明瞭に述べられていない。CPT・CIPは，FCAにそれぞれ運送費または運送費・保険料（協会貨物約款の(A)条件など）を加えて造られたものであるから，物品の引渡方法および危険移転の時期は，FCA・CPT・CIPの3者においても同一である。

図表 2-2-9　FCA におけるリスクの移転と費用負担の分岐点

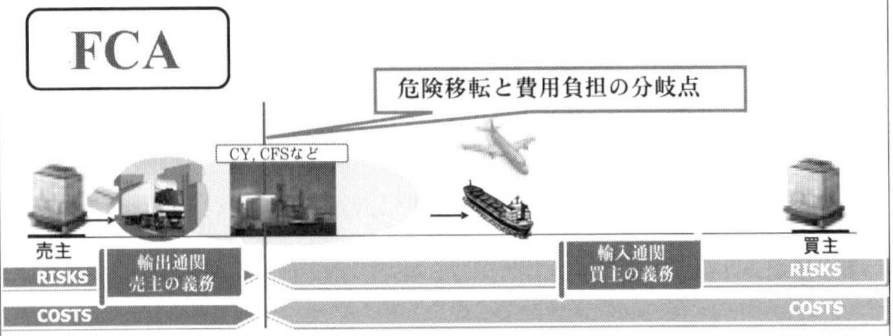

図表 2-2-10　CPT におけるリスクの移転と費用負担の分岐点

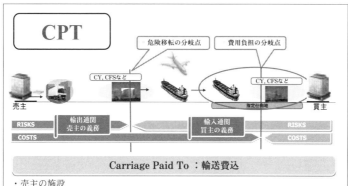

・売主の施設
　・物品が売主によって手配された輸送手段に積み込まれた時に売主の引渡義務
　　が完了し，買主に危険が移転する。積込みは売主の義務である。
・その他の場所（コンテナヤード等）
　・売主の輸送手段の上で，売主の指定した運送人の処分に委ねられた時に売主
　　の引渡義務が完了し，買主に危険が移転する。荷卸は買主の義務である。
・売主は指定仕向地までの運送契約を締結し，運賃を負担する。
・輸出通関は売主の義務である。
・CPT条件では危険移転と費用負担の分岐点が異なることに注意が必要である。

図表 2-2-11　CIP におけるリスクの移転と費用負担の分岐点

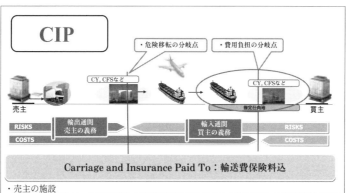

・売主の施設
　・物品が売主によって手配された輸送手段に積み込まれた時に売主の引渡義務が完了
　　し，買主に危険が移転する。積込みは売主の義務である。
・その他の場所（コンテナヤード等）
　・売主の輸送手段の上で，売主の指定した運送人の処分に委ねられた時に売主の引渡
　　義務が完了し，買主に危険が移転する。荷卸は買主の義務である。
・売主は指定仕向地までの運送契約を締結し，運賃を負担する。
・売主は貨物保険契約を締結し，保険料（協会貨物約款の（A）条件など）を負担する。
・輸出通関は売主の義務である。
・CIP条件では危険移転と費用負担の分岐点が異なる。

このように，FCA 系の取引規則と FOB 系の取引規則（FAS を除く）ではリスクの移転時期が異なる。図でまとめると以下の通りである（図表 2-2-12 を参照）。

図表 2-2-12　FCA 系の取引条件と FOB 系の取引条件におけるリスク移転時期の相違

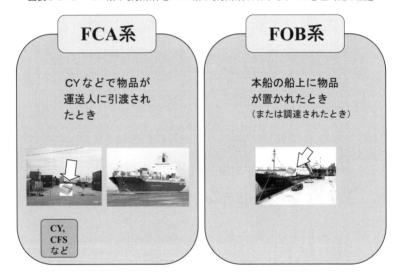

(4)　持込渡条件（DAT・DAP・DDP）

上述した 8 条件（EXW，FCA，CPT，CIP，FAS，FOB，CFR そして CIF）は，いずれも危険が積地（輸出国）側で移転する積地売買である。これに対して，DAP・DPU・DDP の 3 持込渡条件は，危険が揚地（輸入国）側で移転する揚地売買である。このうち DPU は，今回はじめてインコタームズに導入された。

これら 3 条件に共通する注意点は，その地点（指定仕向港，指定仕向地または仕向地における指定ターミナルなど）までの危険が売主の勘定となる点である。当事者は合意された仕向港または仕向地におけるターミナル，および，もし可能なら，それらの特定の地点を，できる限り明瞭に特定することが適当である。また，売主は，この選択に正確に一致する運送契約を結ぶことが重要である。

図表 2-2-13　DAP におけるリスクの移転と費用負担の分岐点

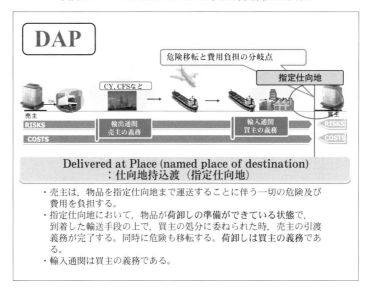

　これら 3 持込渡条件の使い分けは以下の通りである。まず，当事者が，ターミナルから他の場所へ物品を輸送しかつ荷さばきすることに伴う危険と費用を売主が負担することを意図している場合には，DPU ではなく，DAPまたは DDP を使用した方が良いであろう。また，当事者間において，買主が輸入のために物品を通関し，輸入税を支払い，かつ，輸入通関手続を遂行することを望む場合には，DAP を使用することが適当である。最後に，売主が上述した全ての義務や支払いを負担することを望む場合には DDP を使用することが望ましい。

　また，3 者の相違点を簡潔に表示すると，次の通りである。

	荷おろし	輸入通関
DAP	買主	買主
DPU	**売主**	買主
DDP	買主	**売主**

図表 2-2-14　DPU におけるリスクの移転と費用負担の分岐点

・売主は，物品を指定仕向地まで運送し，かつ，そこで荷卸しすることに伴う一切の危険及び費用を負担する。
・指定仕向地で，物品が到着した輸送手段から荷卸しされた後，買主の処分に委ねられた時，売主の引渡義務が完了する。その際に買主に危険が移転する。
・輸入通関は買主の義務である。

図表 2-2-15　DDP におけるリスクの移転と費用負担の分岐点（図表 2-2-4 を再掲）

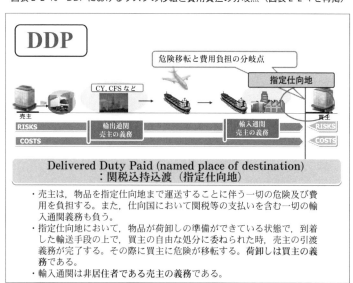

・売主は，物品を指定仕向地まで運送することに伴う一切の危険及び費用を負担する。また，仕向国において関税等の支払いを含む一切の輸入通関義務も負う。
・指定仕向地において，物品が荷卸しの準備ができている状態で，到着した輸送手段の上で，買主の自由な処分に委ねられた時，売主の引渡義務が完了する。その際に買主に危険が移転する。荷卸しは買主の義務である。
・輸入通関は非居住者である売主の義務である。

　以上のように，インコタームズ 2020 には 11 の規則があり，それぞれの規則において危険移転と費用負担の分岐点が規定されている。それらを一覧表にすると以下の通りである（図表 2-2-16 を参照）。

図表 2-2-16　インコタームズ 2020 における危険移転と費用負担の分岐点

			積　　地				船舶航空機トラックなど	揚　地	
グループ	条　　件		工場など	CYなど	船側など	船		船	CY,内陸地など
いかなる単数または複数の輸送手段にも適した規則(Rules for Any Mode of Transport)	Ex Works「工場渡」	運送費／危険							
	Free Carrier「運送人渡」	運送費／危険							
	Carriage Paid To「輸送費込」Carriage and Insurance Paid To「輸送費保険料込」	運送費／危険							
	Delivered at Place「仕向地持込渡」	運送費／危険							
	Delivered at Place Unloaded「荷卸込持込渡」	運送費／危険							
	Delivered Duty Paid「関税込持込渡」	運送費／危険							
海上および内陸水路輸送のための規則(Rules for Sea and Inland Waterway Transport)	Free Alongside Ship「船側渡」	運送費／危険							
	Free on Board「本船渡」	運送費／危険							
	Cost and Freight「運賃込」Cost, Insurance and Freight「運賃保険料込」	運送費／危険							

第 3 節　インコタームズ 2010 からの主な変更点

1．FCA 規則における積込済付記のある船荷証券に関する規定

　現状，依然としてコンテナ貨物に対して FCA ではなく FOB が使用されるケースが多く見受けられる。コンテナ貨物は通常，本船への船積みに先立ち，コンテナ・ターミナル等で運送人に引き渡される。その時点で，売主の引渡義務は完了する。しかしながら，FOB を使用すると，売主はコンテナ貨物を管理する立場ではなくなり，また，船積み自体も運送人によって行われるにもかかわらず，売主は船積みおよび船積みまでの費用（例えば THC）と危険を負担することになる。これは FOB のみならず，CFR も CIF も同

様である。

　そこで，今回の改訂では，当事者が合意した場合，買主は買主の費用と危険で，運送人に対して，例えば積込済付記（on-board notation）のある船荷証券を売主に発行するよう指示しなければならないと規定している。一方，売主は，そのような運送書類を運送人から取得し，買主に提供しなければならない。積込済付記のある船荷証券とは，受取船荷証券（Received B／L）に本船積込日（船積日）を付記した船荷証券であり，いわゆる船積船荷証券（Shipped B／L または Onboard B／L）のことを意味している。ここでの運送書類は，Combined or Multimodal Ttransport B／L などの複合運送書類も対象となっている。

2．保険条件に関する規定

　今回の改訂では，CIF は従来通り協会貨物約款（ICC : Institute Cargo Clauses）の（C）条件であったが，CIP のみ（A）条件に変更された。その理由は，コンテナ貨物には工業製品が多く，実際の保険条件は主に（A）条件が選択されているからである。

　しかしながら，注意が必要なのは，コンテナ貨物に CIF が使用されている場合である。この場合は，従来通り，（C）条件が適用されることになる。なお，CIF における最小担保が伝統的に維持されてきた理由は，CIF 取引では航海中に転売（洋上転売）されることが多く，将来の買主の保険についての要求が事前に分からないためと考えられる。

3．自己の運送手段を用いる場合の規定

　今回の改訂では，新たに FCA，DAP，DPU，DDP に自己の運送手段を用いる場合の規定を明文化した。その理由は，欧州において，運送を第三者の運送人に委託することなく，売主または買主が自己の運送手段（車両）を用いる実態があるからである。そのため，今回の変更に至った。

　なお，運送契約に関しては，「運送契約を締結する」（contract for the carriage of the goods）または「運送契約を調達する」（procure a contract）の 2 種類であった。しかしながら，今回の規定により「運送を手配する」（arrange for the carriage of the goods）の 3 種類となった。

第3章
外国為替と代金決済

第1節　外国為替

1．外国為替の意義

　地理的に離れた土地にいる2当事者間（隔地者間）の金銭債権・債務の決済または資金の移動を現金の輸送によることなく，金融機関を仲介させることにより行う仕組みを，「為替」という。そして，同一国内における金銭の債権・債務の決済を行う為替を「内国為替」といい，異なる国の間の債権・債務の決済を行う為替を「外国為替」という。

2．外国為替の特徴

　内国為替と外国為替の基本的な仕組みは同じであるが，外国為替は，異なる国の間の資金決済であるために，次のように内国為替とはいくつかの点で異なっている。

(1)　外国為替相場の存在

　内国為替は日本国内の取引であるため，そこで用いられる通貨は日本円だけである。しかし，外国為替取引では日本円と他国通貨との交換が必要であり，その交換比率として外国為替相場が存在する。

　例えば，日本の買主が米国の売主との間で売買契約を締結し，代金を米ドル建ての送金により決済することを取り決めたとする。日本の買主は，米ドルで送金しなければならないが，米ドルを持たなければ，銀行で日本円を米ドルに交換して送金する必要がある。そして，日本円を米ドルに交換する際に適用される交換比率のように，異なる通貨間の交換比率を「外国為替相

場」（または単に「為替相場」）という。

　この為替相場は、時々刻々変動するので、当事者はその変動リスク（一般的に「為替リスク」と呼ばれている）を負う。もちろん、日本から米国への支払が日本円建ての場合は、日本側では通貨の交換が不要であるため、為替リスクはないが、米国側では受領した日本円を自国通貨の米ドルに交換する必要があるので、為替リスクが発生する。そして、この為替リスクを回避（ヘッジ）する方法として、後述の為替予約などがある。

(2)　中央決済機関の不存在

　日本における内国為替の場合には、銀行間の金銭の債権・債務の決済は、中央銀行である日本銀行にある各銀行の預け金勘定からの引落しと入金を通じて行なわれている。

　しかし、外国為替取引の場合は、世界中の銀行のために、中央銀行として決済機能を担う銀行は存在せず、また、決済通貨も多くの種類がある。

　したがって、各国の銀行は、他の国の銀行との間で個別に取引契約（これを「コルレス契約」という）を締結し、通貨ごとの決済勘定（預け金勘定）を、それぞれの決済地におけるコルレス契約を締結した銀行（これを「コルレス銀行」という）に保有し、当該勘定からの引落しや当該勘定への入金の方法により、個々の外為取引の決済を行なっているのが実情である。

(3)　国際的な統一規則の存在

　外国為替取引では、当事者間の合意により権利・義務関係を画一的に規律するために、国際商業会議所（ICC）が制定した「信用状統一規則」、「取立統一規則」および「請求払保証統一規則」などが利用されている。

(4)　外国為替管理の存在

　外国為替は、国際間の資金決済の手段として利用されているので、必然的に自国の国際収支や国内経済にも影響する。したがって、程度の差はあるが、自国の国際収支の均衡や国内産業の保護、さらに国際的な観点から、条約の遵守や経済制裁への協力等のために、各種の法律、命令または規則により外国為替取引を管理している。わが国では、外国為替取引を原則自由としているが、「外国為替および外国貿易法」（外為法）等で管理している。

3．外国為替相場

外国為替の特徴の1つとして外国為替相場（Foreign Exchange Rate ; 実務では，一般的に「為替相場」という）が存在することは上述のとおりであるが，ここではその為替相場について詳しく見てみることにする。

(1)　意義

外国為替相場とは，異なる通貨間の交換比率であり，「ある国の通貨の1単位と交換するためには，他の国の通貨が何単位必要か」を表すものである。

(2)　表示方法

為替相場の表示方法には，自国通貨を基準にする方法と外国通貨を基準とする方法の2種類がある。

①　自国通貨建て相場（支払勘定相場）

自国通貨建て相場（Rate in Domestic Currency）または支払勘定相場（Giving Rate）とは，外国通貨を基準として自国通貨で値をつける（建値をする）ものであり，1単位の外国通貨を取得するために何単位の自国通貨を支払えばよいかを示す表示方法である。

例えば，日本で「1米ドル＝100円」という表示は，自国通貨建て相場である。日本やドイツ，フランス等の欧州大陸主要国では，自国通貨建て相場が利用されている。また，アメリカは，通貨により自国通貨建て相場と外国通貨建て相場を使い分けている。

②　外国通貨建て相場（受取勘定相場）

外国通貨建て相場（Rate in Foreign Currency）または受取勘定相場（Receiving Rate）とは，自国通貨を基準として外国通貨で値をつける（建値をする）ものであり，1単位の自国通貨を支払うことにより何単位の外国通貨を受け取ることができるかを示す表示方法である。

例えば，日本で「1円＝0.01米ドル」という表示は，外国通貨建て相場である。現在，イギリス，オーストラリアおよびニュージーランドが外国通貨建て相場を利用している。

⑶　円安と円高

円の価値を基準に，その価値が高くなることを円高，その価値が低くなることを円安という。例えば，仮に自国通貨建て相場で 1 米ドル＝100 円であったものが，1 米ドル＝110 円になれば円安であるといい，1 米ドル＝90 円になれば円高であるという。

⑷　**相場の種類**

①　銀行間相場と対顧客相場

銀行間相場（Interbank Rate）とは，市場相場（Market Rate）と同じであり，外国為替市場の銀行間取引における外国為替の需給関係により，実際に形成される為替相場である。

対顧客相場（Customer's Rate）は，銀行間相場を基準にして相場が建てられるが，わが国では為替相場の変動リスクのほかに，取扱手数料，金利要因を含めて相場を建てる慣行がある。これに対し，欧米では，取扱手数料や金利を別途顧客より受け取るのが通例であり，一般に銀行間相場と区分して対顧客相場を公表していない。

②　売相場と買相場

売相場（Selling Rate）と買相場（Buying Rate）は，銀行の立場を中心として，銀行が顧客に外国為替を売り渡す場合に適用する為替相場を売相場といい，銀行が顧客から外国為替を買い入れる場合に適用する為替相場を買相場という。

③　直物相場と先物相場

直物相場（Spot Rate）は，外国為替の直物取引に適用される為替相場であり，先物相場（Forward Rate）は，外国為替の先物取引に適用される為替相場である。

直物取引は，銀行の対顧客取引では，外国為替の売買契約が成立すると同時に，外国為替の引渡しとその対価の支払が行われる取引である。一方，銀行の対市場取引では，外国為替の売買契約の成立後 2 営業日以内にその引渡しを行う約束で売買され，引渡日に外国為替の引渡しと引換えに対価を引き渡す取引である。

　これに対して，先物取引は，将来の特定の日または一定の期間内に外国為替と対価の受渡しを行う約束で締結される取引である。わが国では，先物取引の契約を行うことを先物予約の締結といい，実際に受渡しをすることを予約の実行または履行と呼んでいる。

　④　直物相場の種類

　各銀行は，銀行間の米ドル直物の中心相場を基準に，当日の市場動向等を勘案して米ドルの直物相場を定めている。具体的には，各銀行が独自に対顧客電信売買相場の仲値を決定し，これを基準として金利要因や手数料要因の数値を加減することにより，米ドルの各種対顧客直物相場を公表している。

　図表 2-3-1 の外国為替相場表を用いて，米ドルの各種対顧客直物相場を解説するが，その他の通貨についても考え方は同じである。

(a)　電信売相場（Telegraphic Transfer Selling Rate ; T.T.S. Rate）

　電信売相場とは，対顧客電信売買相場の「仲値」に銀行の手数料とリスク料（具体的には電信売買幅（図表 2-3-2 を参照）の半分）を加えた相場である。

　外国為替相場表の T.T.S. の欄に記載の 114.37 円は，対顧客電信売買相場の仲値である 113.37 円（（114.37 円＋112.37 円）÷2）に電信売買幅の半分である 1 円（（114.37 円－112.37 円）÷2）を加えたものである。

　電信売相場が適用される典型的な取引は，顧客が電信による仕向送金を行う場合である。

(b)　電信買相場（Telegraphic Transfer Buying Rate ; T.T.B. Rate）

　電信買相場とは，対顧客電信売買相場の仲値から銀行の手数料とリスク料（具体的には電信売買幅の半分）を差し引いた相場である。

　外国為替相場表の T.T.B. の欄に記載の 112.37 円は，対顧客電信売買相場の仲値である 113.37 円（（114.37 円＋112.37 円）÷2）から電信売買幅の半分である 1 円（（114.37 円－112.37 円）÷2）を差し引いたものである。

　電信買相場が適用される典型的な取引は，銀行が顧客に対して電信による被仕向送金を支払う場合である。

(c)　一覧払輸入手形決済相場（Acceptance Rate）

図表 2-3-1　EXCHANGE QUOTATIONS

DATE: FEB. XX. 20XX

	対円単位	CROSS (参考値)	SELLING		BUYING		CASH		D/P・D/A
			T.T.S.	ACCEPT	T.T.B.	CREDIT A/S BUYING	SELLING	BUYING	BUYING RATES
U.S.A. USD	1		114.37	114.55	112.37	112.19	116.37	110.37	111.89
EURO EUR	1	1.1232	128.74	128.93	125.94	125.75	131.34	123.34	125.50
U.K. GBP	1	1.4516	168.57	168.85	160.57	160.29	175.57	153.57	159.59
AUSTRALIA AUD	1	0.7119	83.21	83.40	78.21	78.02	92.21	69.21	77.62
CANADA CAD	1	1.3837	83.53	83.68	80.33	80.18	92.53	71.33	79.88
SWITZERLAND CHF	1	0.9776	116.87	117.04	115.07	114.90	120.87	111.07	114.78
NEW ZEALAND NZD	1	0.6629	77.70	77.89	72.60	72.41	85.70	64.60	72.05
THAILAND THB	100	35.5300	327.00	327.80	311.00	310.20	360.00	278.00	UNQUOTE
SINGAPORE SGD	1	1.3966	82.01	82.22	80.35	80.14	87.01	75.35	80.00
HONG KONG HKD	1	7.7850	14.99	15.02	14.13	14.10	16.99	12.13	14.04
KOREA KRW	100	1208.0000	9.58	UNQUOTE	UNQUOTE	UNQUOTE	10.88	7.88	UNQUOTE
TAIWAN TWD	100	33.1300	354.20	UNQUOTE	UNQUOTE	UNQUOTE	392.20	292.20	UNQUOTE
CHINA CNY	1	6.5100	17.71	UNQUOTE	17.11	UNQUOTE	19.21	15.61	UNQUOTE
PHILIPPINES PHP	1	47.5000	2.53	UNQUOTE	UNQUOTE	UNQUOTE	2.69	2.09	UNQUOTE
INDONESIA IDR	100	13485.0000	0.96	UNQUOTE	UNQUOTE	UNQUOTE	1.09	0.59	UNQUOTE
MALAYSIA MYR	1	UNQUOTE	UNQUOTE	UNQUOTE	UNQUOTE	UNQUOTE	31.32	23.32	UNQUOTE
INDIA INR	1	68.1085	1.81	UNQUOTE	UNQUOTE	UNQUOTE	UNQUOTE	UNQUOTE	UNQUOTE
SWEDEN SEK	1	8.4220	13.86	13.89	13.06	13.03	15.86	11.06	12.96
DENMARK DKK	1	6.6450	17.36	17.39	16.76	16.73	19.36	14.76	16.67
NORWAY NOK	1	8.5960	13.49	13.52	12.89	12.86	15.49	10.89	12.80
CZECH CZK	1	24.0630	4.81	UNQUOTE	4.61	UNQUOTE	5.41	4.01	UNQUOTE
POLAND PLN	1	3.9118	29.58	UNQUOTE	28.38	UNQUOTE	34.38	23.58	UNQUOTE
RUSSIA RUB	1	77.9683	1.70	UNQUOTE	1.20	UNQUOTE	2.05	0.85	UNQUOTE
HUNGARY HUF	1	275.7600	0.43	UNQUOTE	UNQUOTE	UNQUOTE	0.49	0.33	UNQUOTE
ROMANIA RON	1	UNQUOTE	UNQUOTE	UNQUOTE	UNQUOTE	UNQUOTE	UNQUOTE	UNQUOTE	UNQUOTE
BULGARIA BGN	1	UNQUOTE	UNQUOTE	UNQUOTE	UNQUOTE	UNQUOTE	UNQUOTE	UNQUOTE	UNQUOTE
TURKEY TRY	1	2.9330	41.15	UNQUOTE	36.15	UNQUOTE	58.65	18.65	UNQUOTE
SOUTH AFRICA ZAR	1	15.8455	8.15	UNQUOTE	6.15	UNQUOTE	10.25	4.05	UNQUOTE
U.A.E. AED	1	3.6729	31.55	UNQUOTE	30.19	UNQUOTE	35.37	26.37	UNQUOTE
SAUDI ARABIA SAR	1	3.7500	31.03	UNQUOTE	29.43	UNQUOTE	34.73	25.73	UNQUOTE
KUWAIT KWD	1	0.2982	388.18	UNQUOTE	372.18	UNQUOTE	UNQUOTE	UNQUOTE	UNQUOTE
QATAR QAR	1	3.6401	31.82	UNQUOTE	30.46	UNQUOTE	35.64	26.64	UNQUOTE
ISRAEL ILS	1	UNQUOTE	UNQUOTE	UNQUOTE	UNQUOTE	UNQUOTE	33.21	25.21	UNQUOTE
BRAZIL BRL	1	4.0015	30.33	UNQUOTE	26.33	UNQUOTE	36.83	19.83	UNQUOTE
MEXICO MXN	1	18.8950	7.00	UNQUOTE	5.00	UNQUOTE	8.00	4.00	UNQUOTE
BRUNEI BND	1	UNQUOTE	UNQUOTE	UNQUOTE	UNQUOTE	UNQUOTE	87.01	75.35	UNQUOTE
EGYPT EGP	1	UNQUOTE	UNQUOTE	UNQUOTE	UNQUOTE	UNQUOTE	19.48	9.48	UNQUOTE
FIJI FJD	1	UNQUOTE	UNQUOTE	UNQUOTE	UNQUOTE	UNQUOTE	62.99	42.19	UNQUOTE
VIETNAM VND	100	UNQUOTE	UNQUOTE	UNQUOTE	UNQUOTE	UNQUOTE	0.59	0.43	UNQUOTE
CENTRAL PACIFIC XPF	1	UNQUOTE	UNQUOTE	UNQUOTE	UNQUOTE	UNQUOTE	1.24	0.90	UNQUOTE
以下余白									

USANCE BILL BUYING RATES	30DAYS	60DAYS	90DAYS	120DAYS	150DAYS
USD	111.93	111.62	111.31	111.00	110.69
EUR	125.51	125.19	124.88	124.57	124.26
GBP	159.90	159.42	158.94	158.46	157.99

　一覧払輸入手形決済相場とは，信用状付一覧払輸入手形の決済に適用される相場であり，電信売相場にメール期間金利を加えた相場である。

　メール期間金利は，一覧払信用状取引において発行銀行が負担する立替金利である。例えば，わが国の発行銀行が一覧払信用状を発行し，それに基づく書類が買取銀行により買い取られると同時に，買取銀行にある発行銀行の預け金勘定から決済資金が引き落とされた場合には，発行銀行は，自行勘定が引き落とされた後，書類を受領して輸入者から輸入代金の決済を受けるまでの間，資金を立て替えたことになる。この立替期間は，主に書類の郵送期間であることからメール期間と呼ばれ，その間に発生する金利がメール期間金利である。

　外国為替相場表における ACCEPTANCE の欄に一覧払輸入手形決済相場として記載された 114.55 円は，電信売相場の 114.37円にメール期間金利の 0.18 円を加えた相場である。

(d)　信用状付一覧払輸出手形買相場（At Sight Buying Rate under Credit, Credit Sight Buying Rate）

　信用状付一覧払輸出手形買相場とは，信用状付一覧払輸出手形の買取に適用される相場であり，電信買相場からメール期間金利を差し引いた相場である。

　買取銀行は，信用状付一覧払輸出手形買取の場合で，輸出者に買取代り<ruby>金<rt>かわ</rt></ruby>を支払った後，書類を受領した発行銀行から決済を受ける条件のときは，それまで（メール期間）の間，輸出者に資金を立替払いすることになる。

　外国為替相場表における CREDIT A/S BUYING の欄に信用状付一覧払輸出手形買相場として記載された 112.19 円は，電信買相場の 112.37 円からメール期間金利の 0.18 円を差し引いた相場である。

(e)　信用状なし一覧払輸出手形買相場（At Sight Buying Rate Without Credit, Without Credit At Sight Buying Rate）

　信用状なし一覧払輸出手形買相場は，信用状なし一覧払輸出手形の買取に適用される相場であり，電信買相場からメール期間金利およびリスク料

を差し引いた相場である。

　信用状なし一覧払輸出手形は，発行銀行の信用状による支払の確約がないので，買取銀行が不渡り（Unpaid）のリスクを負うことから，それに見合うリスク料を織り込んで買取相場を建てている。

　外国為替相場表における D/P・D/A BUYING RATES の欄に信用状なし一覧払輸出手形買相場として記載された 111.89 円は，電信買相場の 112.37 円からメール期間金利の 0.18 円およびリスク料 0.30 円を差し引いた相場である。

(f)　信用状付期限付輸出手形買相場（Usance Buying Rate under Credit, Credit Buying Rate）

　信用状付期限付輸出手形買相場は，信用状付期限付輸出手形の買取に適用される相場であり，電信買相場からメール期間金利および手形期間金利を差し引いた相場である。

　信用状付期限付輸出手形の場合，買取銀行は，買取代り金支払後，発行銀行から決済資金を受領するまでの間，メール期間および手形期間の金利を立て替えることになるため，これらを電信買相場から差し引いた相場で買い取ることになる。この相場は，通常，手形期間に応じて，30DAYS，60DAYS，90DAYS，120DAYS，150DAYS の相場が公表されている。

　外国為替相場表における USANCE BILL BUYING RATES の欄に信用状付期限付輸出手形買相場として記載された 150DAYS の 110.69 円は，電信買相場の 112.37 円からメール期間金利の 0.18 円および 150 日間の手形期間金利 1.50 円を差し引いた相場である。

(g)　現金売買相場（Cash Selling Rate, Cash Buying Rate）

　現金売買相場は，銀行が顧客との間で外国通貨の現金の売買をする際に適用する相場であり，電信売買相場に現金の取扱いに要するコストであるキャッシング・フィーを加減した相場である。

　外国通貨の現金の売買をする場合，銀行は，それを保有する必要があり，現金の調達には，運送料，保険料および金利などの費用がかかり，また，為替相場の変動リスクがある。

　したがって，銀行は，これらの諸コストをキャッシング・フィーとして顧客に支払ってもらう必要があり，これを織り込んで建てられた為替相場が現金売買相場である。

　外国為替相場表における CASH SELLING の欄に現金売相場として記載された 116.37 円は，電信売相場の 114.37 円にキャッシング・フィーの 2 円を加えた相場である。また，CASH BUYING の欄に現金買相場として記載された 110.37 円は，電信買相場の 112.37 円からキャッシング・フィーの 2 円を差し引いた相場である。

　外国為替相場表における各種の直物為替相場の成り立ちを，その相場の構成要素ごとに表すと図表 2-3-2 のようになる。

⑤　先物相場の種類

　米ドルの対顧客先物相場は，米ドルの銀行間先物相場を基準にして，各銀行の先物先行予想，内外金利差等の要因を勘案して建てられる。

　なお，先物相場は，電信相場のみであり，直物相場と異なり金利要因を加味した種々の相場は存在しない。その理由は，銀行が金利要因を加味した電信相場以外の先物取引を行うためには，複雑な市場取引を行う必要があるからである。

　先物相場には，確定日を引渡期日とする確定日渡条件による相場および特定の期間内であれば任意の日を引渡期日とするオプション渡条件による相場がある。

(a)　確定日渡条件による相場

　確定日渡条件による相場には，順月確定日渡し（Outright Forward）によるものとその他の確定日渡し（Broken Date, Odd Date）によるものがある。

　前者は，例えば，銀行間直物為替の取引日から 1 カ月目または 2 カ月目の応当日（順月応当日）を引渡日とする先物為替に適用される相場である。後者は，前者以外の特定日を引渡日とする先物為替に適用される相場である。

(b)　オプション渡条件による相場

　オプション渡条件による相場には，暦月渡し（Calendar Month）による相場，順月オプション渡しによる相場および特定期間渡し（Broken Periods, Odd Periods）による相場がある。

図表 2-3-2　直物為替相場の構成要素

《20XX年6月XX日の対顧客直物相場の構成要素》

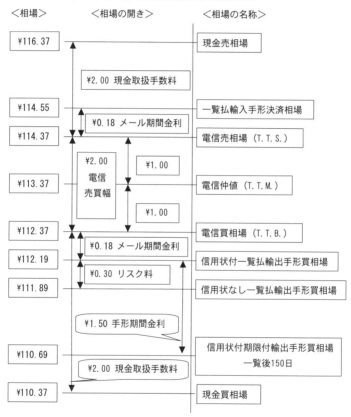

　暦月渡しによる相場は，例えば，1月渡しや2月渡しのように，特定の月を引渡期間とする場合に適用される相場である。

　順月オプション渡しによる相場は，順月確定日を基準として，オプションの期日を順月で定めた場合に適用される相場である。例えば，1月10

日に予約し，4月からの順月オプション渡しである場合，その引渡期間
は，4月12日から5月11日までとなる。

　特定期間渡しによる相場は，ある特定日から他の特定日までの期間を引
渡期間とする場合に適用される相場であり，例えば，1月10日に予約し，
4月1日から4月7日までの間に引き渡す条件の場合に適用される相場で
ある。

4. 為替リスクの回避（ヘッジ）方法

(1) 為替リスクの意義

　為替リスクとは，外国為替相場の変動により収益が圧迫されまたは損失が
発生するリスクをいう。

　周知のように，外国為替相場は，その市場における需給関係により時々
刻々変動している。

　外国為替相場の変動は，外国為替を取り扱う企業の収益に多大なる影響を
及ぼす。例えば，海外から外貨で代金を受領する売主は，円高により円貨で
の受領額が減少し収益が圧迫され，逆に海外へ外貨により代金を支払う買主
は，円安により円貨での支払いが増加し収益が圧迫される。

　このように，外貨が介在する取引を行う企業や個人は，外貨建ての債権即
ち外貨を受け取る権利を有する場合には，受領した外貨を銀行に売却して円
貨を受領するので，円高（例えば，1米ドル＝100円が1米ドル＝90円）に
なると円貨での受領額が減少し，収益が圧迫されるため円高リスクを負う。

　これに対し，外貨建ての債務即ち外貨を支払う義務を負う場合には，銀行
から円貨を対価として受領した外貨により支払いをするので，円安（例え
ば，1米ドル＝100円が1米ドル＝110円）になると円貨での支払額が増加
し，収益が圧迫されるため円安リスクを負う（図表2-3-3参照）。

　したがって，企業や個人は，そのリスクをどのように管理するかにより，
その収益が左右される。

　以下では，企業や個人が為替リスクを回避（hedge）する方法としてどの
ようなものがあるかを見てみることにする。

(2)　各種為替リスクの回避（ヘッジ）方法

①　為替予約

(a)　為替予約の意義

　為替予約とは，顧客が銀行との間で将来の特定の日または特定の期間内における為替相場を約束する取引である。

図表 2-3-3　外貨債権を有する売主と外貨債務を負担する買主の為替リスク

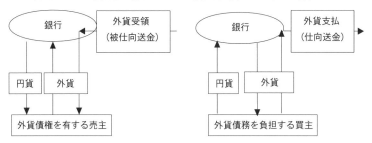

円高→円貨受領額の減少→収益を圧迫→円高リスクを負う。

円安→円貨支払額の増加→収益を圧迫→円安リスクを負う。

(b)　為替予約の利用目的

　顧客が為替予約を利用する目的は，取引による損益を確定させるためである。例えば，わが国の売主が，国内のメーカーからある商品を 1 個 90 円で仕入れ，これを 1 個 1 米ドルで輸出する契約を締結し，3 カ月後に輸出代金を受領するとしよう。この場合，売主は，3 カ月後の輸出予約（顧客の立場から見て，銀行に外貨を売る予約）を 1 米ドル＝100 円の相場で締結することができれば，1 個当りの商品について 10 円の利益を確保することができる（図表 2-3-4 参照）。

　また，わが国の買主が，1 個 1 米ドルで輸入したある商品を国内の販売先へ 1 個 110 円で販売する契約を締結し，3 カ月後輸入代金を支払うとしよう。この場合，3 カ月後の輸入予約（顧客の立場から見て，銀行から外貨を買う予約）を 1 米ドル＝100 円の相場で締結することができれば，買主は，商品 1 個当りについて 10 円の利益を確保することができる（図表

2-3-4 参照)。

　このように，顧客が為替予約を利用する目的は，商取引による利益を確保するという安全策の要素が強い。

図表 2-3-4　売主による為替（輸出）予約と買主による為替（輸入）予約

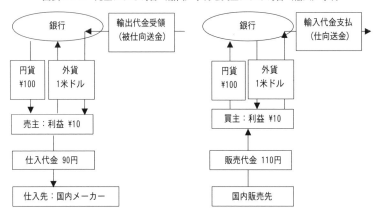

(c)　為替予約の効果

　為替予約をすることにより，顧客は，将来の特定の日または特定の期間内に，銀行との間で約束した為替相場により，外貨を売りまたは買い入れる義務を負い，これに対応して，銀行は，顧客から外貨を買い入れまたは売る義務を負う。

　このように，為替予約は，後述する通貨オプションと異なり，顧客は，市場実勢相場が予約相場よりも有利になった場合でも，予約した相場で必ず実行しなければならない点に特徴がある。

　したがって，顧客がこの義務を履行し（予約相場により外貨を売りまたは買い入れ）なかった場合には，それにより銀行に発生した損害を賠償する義務を負う。

　例えば，銀行が顧客との間で，1 米ドル＝99 円で輸出予約を締結し，これを外為市場に 1 米ドル＝100 円で売りつないだとする（これを「外為市場でカバーを取る」といい，この取引を「カバー取引」という）。しかし，

予約実行日に，顧客が為替予約を実行しなかったので，銀行は，為替予約締結時に外為市場に売りつないだ1米ドルを支払うために，1米ドルを市場から調達しなければならなくなり，顧客との取引（米ドルを買い入れ，円の対価を支払う取引）を外為市場において再構築しようとしたところ，外為市場では円安が進行し，銀行が，1米ドルを買い入れるためには120円を支払わなければならなくなったとする（図表2-3-5参照）。

　この場合，銀行には，再構築コストの20円（120円－100円）の実損と1円（100円－99円）の得られたはずの為替売買益が得られなかったことによる損失（逸失利益）が発生するので，これを顧客に損害金として請求することになる。

図表2-3-5　顧客の為替予約不実行と市場における為替取引の再構築

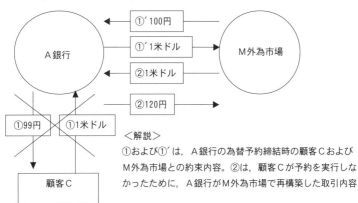

②　通貨スワップ（Swap）

(a)　通貨スワップの意義

　通貨スワップとは，「カレンシー・スワップ」とも呼ばれ，銀行と顧客が債権・債務の元利相当額または想定元本の利息相当額について，一定期間にわたり定期的に一定の為替相場で異なる通貨を交換する取引である。

(b)　通貨スワップの利用目的

　わが国では，顧客が米ドル建て社債を発行し，元本の償還と利息の支払いについて通貨スワップ契約を締結することにより，将来の支払額を円貨

で確定させるといった取引で利用されている。このように，債権・債務の元利相当額を交換するカレンシー・スワップは，顧客が円貨ベースの資金調達コストを確定させる目的で利用されている。

　また，想定元本に対する利息相当額について，将来の一定期間にわたり定期的に一定の為替相場で異なる通貨を交換する取引（クーポン・スワップ）は，ある商品を一定の金額で安定的に輸入しようとする買主が外貨による輸入代金の支払いコストを円貨で長期的に確定させる目的で利用されている。

(c)　通貨スワップの効果

　通貨スワップ取引においては，顧客は，スワップ契約で取り決められた時期，為替相場，通貨および金額により，銀行との間で通貨の交換を行わなければならない。これを行わなかったことにより，銀行に取引の再構築に伴う損害が発生した場合には，顧客は，銀行に対してその損害を賠償する必要がある。

③　通貨オプション（Option）

(a)　通貨オプションの意義

　通貨オプションは，顧客が銀行に一定の手数料（オプション料）を支払うことにより，銀行との間で将来の一定の期日（権利行使期日）または期間（権利行使期間）内に適用される相場（権利行使相場）を約束し，（権利行使期日または権利行使期間内における市場実勢相場が権利行使相場よりも不利な場合には）権利行使相場の適用を選択できるという権利（選択権＝オプション権）を銀行から購入する取引である。

　逆に，市場実勢相場が権利行使相場よりも有利な場合には，顧客は，権利行使相場を放棄し，市場実勢相場の適用を選択することもできる。

　通貨オプション取引の特徴は，市場実勢相場の動向により権利行使相場を適用する権利を行使するか放棄するかについての選択権を顧客が有する点にある。

(b)　通貨オプションの利用目的

　顧客が通貨オプションを利用する目的は，オプション料を支払うことに

よりコストは増加するが，権利行使相場の適用を確保するとともに，市場実勢相場の動向いかんにより自己に有利な相場となった場合には，権利行使相場を適用する権利を放棄して，市場実勢相場の適用を選択することにより，より高い利益の獲得を狙うことにある。

　例えば，わが国の売主が，国内のメーカーからある商品を 1 個 90 円で仕入れ，これを 1 米ドルで輸出し，3 カ月後に代金を受領する契約を締結したとしよう。その時点における 3 カ月後の先物為替相場が 1 米ドル当たり 100 円前後で推移しており，売主は，銀行との間で，3 カ月後の為替相場について，銀行に 1 米ドルあたり 3 円のオプション料を支払って，1 米ドルを 100 円で売る権利行使相場を約束したとする。

　売主は，3 カ月後の市場実勢相場が，権利行使相場の 100 円よりも円高になれば，選択権を行使して権利行使相場を利用し，権利行使相場の 100 円よりも円安になれば，選択権を放棄して市場実勢相場を利用することができる。

　これにより，売主は，商品 1 個当り最悪でも 7 円の利益を確保しつつ，市場実勢相場が 100 円よりも円安になれば，市場実勢相場を利用することにより 7 円以上の利益を獲得することができる（図表 2-3-6 参照）。

図表 2-3-6　売主がオプション取引を利用した場合の利益

（単位：1 米ドル当り円）

選択権行使／放棄	権利行使					権利放棄				
① 市場実勢相場	96	97	98	99	100	101	102	103	104	105
② 適用相場（売価）	100	100	100	100	100	101	102	103	104	105
③ オプション料	3	3	3	3	3	3	3	3	3	3
④ 原価	90	90	90	90	90	90	90	90	90	90
⑤ 利益＝②−③−④	7	7	7	7	7	8	9	10	11	12

　また，わが国の買主が，国内の販売先へある商品を 1 個 110 円で販売する契約を締結し，これを 3 カ月後に 1 個 1 米ドルで輸入する場合に，3 カ月後の為替相場について，銀行に 1 米ドルあたり 3 円のオプション料を支払って，銀行との間で 1 米ドルを 100 円で買う権利行使相場を約束したと

する。

　買主は，3カ月後の市場実勢相場が，権利行使相場の100円よりも円安になれば，選択権を行使して権利行使相場を利用し，権利行使相場の100円よりも円高になれば，選択権を放棄して市場実勢相場を利用することができる。

　これにより，買主は，商品1個当り最悪でも7円の利益を確保しつつ，市場実勢相場が100円よりも円高になれば，市場実勢相場を利用することにより7円以上の利益を獲得することができる（図表2-3-7参照）。

図表2-3-7　買主がオプション取引を利用した場合の利益

（単位：1米ドル当り円）

選択権行使／放棄	権利放棄					権利行使				
① 市場実勢相場	95	96	97	98	99	100	101	102	103	104
② 適用相場（原価）	95	96	97	98	99	100	100	100	100	100
③ オプション料	3	3	3	3	3	3	3	3	3	3
④ 売価	110	110	110	110	110	110	110	110	110	110
⑤ 利益＝④－②－③	12	11	10	9	8	7	7	7	7	7

(c)　通貨オプションの効果

　オプションは，外貨を権利行使相場で買いまたは売ることができる権利であり，外貨を売りまたは買わなければならない義務を伴うものではない。

　したがって，オプション取引においては，顧客は，市場実勢相場いかんにより，選択権を行使して権利行使相場を選択し，または選択権を放棄して市場実勢相場を選択することができる。そして，顧客は，選択権を放棄した場合であっても，銀行に損害金を払う必要はなく，自由に選択権を行使し，または放棄することができる。

　そして，オプション料（「オプション・プレミアム（option premium）」ということもある）は，実質的に，顧客が銀行からその選択権を購入する対価であるということができる。

　なお，上記の売主のように，米ドルを銀行に売ることができる権利を米

ドルのプット・オプション（put option）といい，売主は，米ドルを売る権利（put option）を銀行から買っていることになる。また，上記の買主のように米ドルを銀行から買うことができる権利を米ドルのコール・オプション（call option）といい，買主は，米ドルを買う権利（call option）を銀行から買っていることになる。

　そして，オプションの売り手をオプション・セラー（option seller），その買い手をオプション・バイヤー（option buyer）という。上の例でいえば，銀行がオプション・セラーであり，売主と買主がオプション・バイヤーということになる。

　なお，顧客がオプション・セラーとなり，銀行がオプション・バイヤーとなることも可能である。

④　マリー（Marry）

(a)　マリーの意義

　マリーとは，同一通貨の外貨債権と外貨債務について，それらを同一の金額，同一の受渡時期とすることにより，異種通貨間の交換が発生しないようにして，為替リスクを回避する方法である。

　例えば，外貨建ての輸出債権と借入債務，外貨建ての輸入債務と預金債権，または外貨建ての輸出債権と外貨建ての輸入債務とを組み合わせるような方法である。

　具体的には，わが国の売主が，国内における仕入（集荷）資金を銀行から米ドル建てで借り入れ，米ドル建ての輸出手形の買取代り金により返済するような場合，買主が，米ドル預金に資金を入金し，これを払い出して米ドル建ての輸入代金の支払いに充てる場合，または，輸出と輸入の両方の取引のある総合商社が，輸出代金を米ドル建ての外貨預金に入金して，それを米ドル建ての輸入代金の支払いに充てるような場合である。

(b)　マリーの利用目的

　為替リスクは，米ドルと円といったような異種通貨間の交換を伴う場合に発生するが，マリーは，受領した外貨を同一の外貨の支払いに充てまたは借り入れた外貨を受領した同一の外貨で返済するので，異種通貨間の交

換が発生しないため（これを「Non-Exchange 取引」という），為替リスクを回避する目的で利用されている。

⑤　ネッティング（Netting）

(a)　ネッティングの意義

　ネッティングとは，同一通貨の債権と債務とを相殺により決済することにより，その決済後の差額まで為替リスクを減少させることである。

　例えば，わが国の総合商社Aが，外国の総合商社Bに 100 万米ドル輸出するとともに，AがBから 70 万米ドル輸入しているような場合において，Aの輸出債権 100 万米ドルと輸入債務 70 万米ドルを相殺し，相殺後の差額である 30 万米ドルのみを，AがBから受領することにより，Aは，輸出債権 100 万米ドルと輸入債務 70 万米ドルの合計額である 170 万米ドルの為替リスクを，30 万米ドルに減少させることができる（図表 2-3-8 参照）。

図表 2-3-8　総合商社のネッティングの具体例

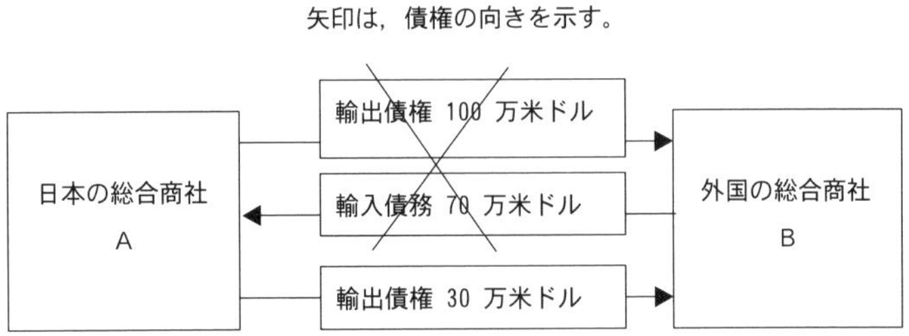

矢印は，債権の向きを示す。

(b)　ネッティングの目的

　ネッティングは，上記のA社のように，為替リスクを減少させるとともに，B社に対する 100 万米ドルのクレジット（与信）リスクを 30 万米ドルに圧縮する目的で利用されている。

　そして，ネッティングは，個別取引ごとに行うこともあるが，通常は一定期間内（例えば，3 カ月間，6 カ月間，12 カ月間）に発生する複数の債権債務を一定の時期に相殺する方法で行なわれている。

　また，ネッティングには，2 当事者間で行うバイラテラル・ネッティン

図表 2-3-9　3 当事者間のネッティング前

（単位：百万米ドル）

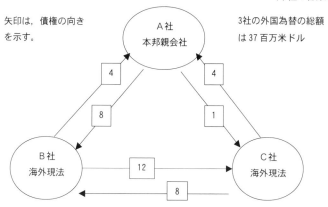

矢印は，債権の向き
を示す。

3社の外国為替の総額
は 37 百万米ドル

図表 2-3-10　3 当事者間のバイラテラル・ネッティング後

（単位：百万米ドル）

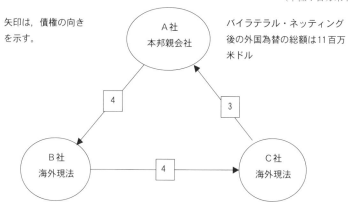

矢印は，債権の向き
を示す。

バイラテラル・ネッティング
後の外国為替の総額は 11 百万
米ドル

グ（図表 2-3-8 および図表 2-3-10 参照）とネッティング・センターを利
用して 3 当事者間以上で行うマルチラテラル・ネッティング（図表 2-3-
11 参照）とがある。

(c)　ネッティングの効果

　　ネッティングは，顧客にとっては為替リスクと与信リスクを減少させる

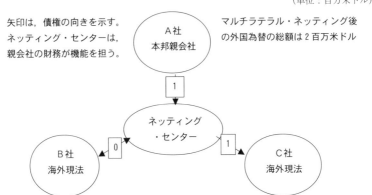

図表 2-3-11　3 当事者間のマルチラテラル・ネッティング後

（単位：百万米ドル）

矢印は，債権の向きを示す。
ネッティング・センターは，
親会社の財務が機能を担う。

マルチラテラル・ネッティング後
の外国為替の総額は 2 百万米ドル

　メリットがある。しかし，金融機関にとっては，取扱外国為替の額が減少する結果となる。

　上記図表 2-3-8 の例では，日本の総合商社Aは合計で 170 万米ドルの外国為替を持っているが，ネッティングを利用し，それを 30 万米ドルに減少させ，為替取引による支払手数料を圧縮することができる。

　特に，図表 2-3-11 のマルチ・ネッティングを利用すると，A社グループの 3 社で合計 37 百万米ドルあった外国為替は（図表 2-3-9 参照）2 百万米ドルまで圧縮されることになる。

　このように，ネッティングは，顧客にとっては為替リスクと与信リスクの圧縮という大きなメリットがあるが，銀行にとっては収益機会の減少につながる。

⑥　リーズ・アンド・ラグズ（Leads & Lags）

　リーズ・アンド・ラグズは，顧客が外国為替相場の動向を予測しながら，外貨の支払時期または受取時期を意識的に早めたり遅らせたりすることにより，為替リスクを回避する方法である。

　リーズ・アンド・ラグズは，本来，時計の針を進めたり遅らせたりすることをいうが，売主が，円高傾向であると予測する場合には，輸出の時期を早め（リーズ），円安傾向であると予測する場合には，輸出の時期を遅らせる

(ラグズ) ことにより，為替リスクを回避する方法である。

　また，買主が，円高傾向であると予測する場合には，輸入の時期を遅らせ (ラグズ)，円安傾向であると予測する場合には，輸入の時期を早める (リーズ) ことにより，為替リスクを回避する方法である。

　⑦　円建て取引

　円建て取引とは，わが国の当事者が取引の決済通貨を外貨ではなく，自国通貨である円貨にすることで，為替リスクを回避する方法である。これは，決済通貨を自国通貨にして，自国通貨と外国通貨との間の交換を不要とすることにより，為替リスクの発生を阻止する方法である。

　しかし，この方法は，外国 (例えば，アメリカ) の当事者にとっては日本の通貨 (円貨) による決済となるので，通貨の交換 (例えば，受領した円貨から米ドルへの交換または米ドルから支払通貨である円貨への交換) が必要となり為替リスクが発生する。したがって，日本の当事者は，売買契約において円建ての決済とする旨の取決めをする必要があるが，相手国の当事者の抵抗により交渉における難航が予想される。

　⑧　為替リスク・マネジメント手法の組合せ

　上述のとおり，為替リスクの回避策には数多くの方法があるが，実際には，取引当事者がこれらの中から1つの方法のみを選択しているわけではなく，為替相場の動向や企業の方針等に基づき，いろいろな組合せにより，リスク・マネジメントを行なっているのが実情である。

　⑨　海外進出

　海外進出は，わが国の企業が海外に進出し，その国の通貨での支払いと回収を行うことにより，異種通貨間の交換の発生を阻止し，為替リスクの発生を回避する方法である。

　例えば，わが国の自動車メーカーが米国に自動車を輸出して回収した米ドル建ての輸出代金を円貨に交換していたが，米国に進出して現地工場を設立し，部品や賃金等の製造コストを米ドル建てで支払い，販売代金を米ドル建てで回収することにより，為替リスクを回避するケースである。

　この方法は，為替リスク回避のためだけではなく，わが国のある製品の輸

出が優勢であるために，輸入国との間で貿易摩擦が発生している場合にも利用されることがある。

第2節　代金決済

貿易取引における代金決済方法は，売主・買主間の売買契約の中で取り決められるが，それは，送金による決済，信用状なし荷為替手形による決済および信用状付荷為替手形による決済の3つに大別される。

1．送金による代金決済

送金による決済方法は，その名のとおり貿易代金の決済を送金の方法により決済するものであり，前払送金と後払送金の2つに分けることができる。

(1)　前払（前受）送金による代金決済

① 意義

前払送金による決済方法とは，買主が貨物を受け取る前に代金を送金により支払う方法である。これを売主の側から見れば，貨物を積み出す前に代金を受け取る前受送金になる。

② 売主のメリット

売主は，貨物を積み出す前に代金を受領するので，代金回収のリスクを負うことなく，輸出貨物の生産，加工および集荷に要する資金負担を回避することができるという収益メリットを享受することができる。

③ 買主のリスク

買主は，貨物を受け取る前に代金を支払わなければならないため，その資金負担により収益が減少してしまうリスクとともに，貨物を入手できなくなるリスクを負う。

(2)　後払（後受）送金による代金決済

① 意義

後払送金は，買主が貨物を受け取った後で代金を送金により支払う方法であり，売主の側から見れば，貨物を積み出した後に代金を受け取ることがで

図表 2-3-12　前払（前受）送金による決済方法

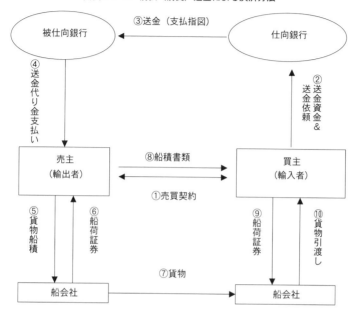

きるので後受送金になる。

②　売主のリスク

　後払送金においては，貨物を積み出した後に代金を受領するので，売主は，代金回収のリスクを負い，また，輸出貨物の生産，加工および集荷に要する資金を代金の受領時まで負担するので，それにより収益が減少するリスクを負う。

③　買主のメリット

　買主は貨物を受け取った後に代金を支払えばよいので，貨物入手リスクの回避および資金負担による収益リスクを回避することができる。

(3)　送金による代金決済の欠点

①　代金支払いと貨物引渡しの異時履行性

　送金による決済方法は，代金の支払いと貨物の引渡しが同時になされないこと，即ち代金の支払いと貨物の引渡しの異時履行性に特徴がある。

図表2-3-13　後払（後受）送金による決済方法

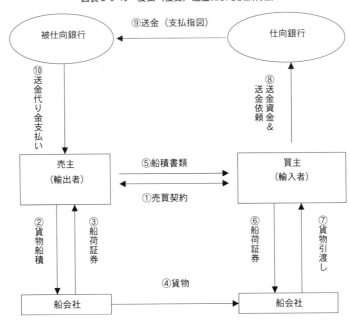

②　メリットとリスクの偏在

　上述のとおり，送金による決済方法は，送金が前払いであるか後払いであるかにより，メリットとリスクが売主または買主のいずれか一方に偏在することになる。

　その理由は，貿易取引が外国との隔地者間の非対面取引であることから，売主と買主が対面して代金の支払いと貨物の引渡しを同時に行うこと（同時履行性の維持）ができないためである。

③　同時履行性の維持

　海外との売買取引即ち貿易取引において，代金の支払いと貨物の引渡しを引換え的に同時に行うという関係，即ち同時履行性を維持するために考えられたのが，次に述べる信用状なし（信用状を利用しない）荷為替手形による決済方法である。

2．信用状なし荷為替手形による代金決済

信用状なし荷為替手形による決済方法は，輸出者が輸入者を支払人とする為替手形を振り出し，それに船荷証券等の船積書類を添付して荷為替を取り組み，その取立てを銀行（この銀行を「仕向銀行」という）に依頼し，この依頼を受けた仕向銀行がさらに輸入者の所在地の銀行（この銀行を「取立銀行」という）に取立てを依頼するものである。

売主・買主間において，代金の支払いと貨物の引渡しとの同時履行性を維持するためには，その引渡しが貨物の引渡しと同一の法的効力を生じる有価証券である船荷証券を船積書類として利用し，取立銀行が買主の貨物代金の支払いと引換えに，船荷証券を含む船積書類を買主に引き渡せばよいことになる。

取立銀行による船積書類の引渡条件は，売主・買主間の売買契約により取り決められ，売主はその取決めに従い仕向銀行に指図し，仕向銀行はその指図に基づき取立銀行に指図する。そして，取立銀行は仕向銀行の書類引渡条件の指図に従って買主に船積書類を引き渡すべき義務を負っている（取立統一規則4条a項i号，9条）。

取立銀行による書類の引渡条件は，D/P（支払渡）条件とD/A（引受渡）条件とに分けられる。そして，この取立銀行による2つの書類の引渡条件には，売主・買主にとり次のようなメリットとデメリット（リスク）がある。

(1)　D/P（支払渡）条件による決済

①　意義

D/P（(Deliver) Documents against Payment ＝ D/P）（支払渡）条件は，買主による手形金の支払と引換えに船積書類を引き渡す条件である（図表2-3-14を参照）。

D/P条件は同時履行性を厳格に維持することができる条件であり，売主と買主の一般的な意思にも合致することから，取立統一規則は，取立指図がD/PまたはD/Aのいずれの条件であるか不明な場合には，D/P条件として取り扱う旨を規定している（同規則7条b項）。

②　売主のメリット

　売主は，買主が手形金を支払うことなく船積書類を引き取り，買主に貨物を引き取られてしまうリスクを回避できるとともに，資金負担も取立銀行から支払いを受けるときまでの負担で済み，収益メリットを享受することができる。

③　買主のメリットとデメリット

　D/P条件では，買主は手形金を支払わなければ船積書類の引渡しを受けることができないので，輸入品の国内販売代金の回収までの資金負担によるデメリット（収益リスク）はあるが，代金支払いと貨物引渡しとの同時履行性は厳格に維持されており，手形金を支払ったにもかかわらず貨物を入手できないリスクを負うことはない。

図表2-3-14　D/P（支払渡）条件の信用状なし荷為替手形による決済

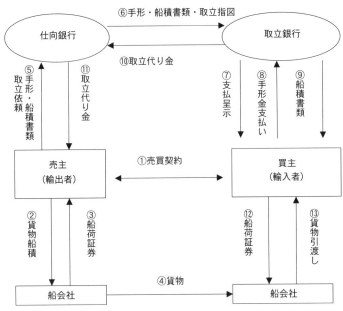

(2)　D/A（引受渡）条件による決済

①　意義

　D/A（(Deliver) Documents against Acceptance）（引受渡）条件は，

買主による期限付為替手形の引受けと引換えに船積書類を引き渡す条件である。

　D/A 条件においては，貨物の引渡しと同様の法的効果を有する船荷証券の引渡しは，買主による為替手形の引受け即ち期日における手形金の支払約束と同時履行の関係には立つが，手形金の支払いと同時履行の関係に立つものではない。

　したがって，D/A 条件は，売主にとってリスクが大きく，買主にとって有利な取引であるということができる。また，売主は，D/A 条件によって手形金の支払いをその期日まで猶予する結果となり，買主に対して金融を与えることになる

　②　売主のデメリットとリスク

　売主は，買主が期限付為替手形の引受けにより受領した船積書類により船

図表 2-3-15　D/A（引受渡）条件の信用状なし荷為替手形による決済

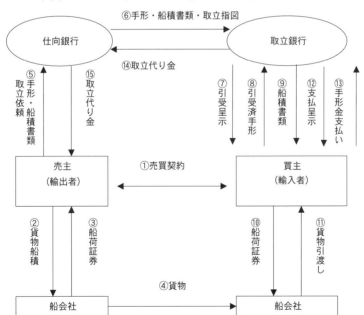

会社から貨物を引き取ることができるので，その後買主が手形期日までに支払能力を喪失した場合には，買主に貨物を引き取られたにもかかわらず，手形金を回収することができないというリスクを負担することになる。

　また，売主にとっては，手形期日までは手形金を回収することができないので，その時までの資金負担によるデメリット（収益リスク）がある。

　③　買主のメリット

　D/A 条件においては，買主は期限付為替手形の引受けにより，船積書類を受領し貨物を船会社から引き取ることができるので，貨物入手リスクの回避および手形期日までの資金負担（収益リスク）の回避というメリットを享受することができる。

　④　信用状なし荷為替手形による決済の問題点

　上述のとおり，信用状なし荷為替手形による決済方法は，書類引渡がD/P 条件または D/A 条件のいずれであっても，売主が買主の支払能力についてのリスク（「信用リスク」または「クレジット・リスク」ということもある）を負担している。

(3)　期限付 D/P（支払渡）条件による決済

　①　意義

　一般的に，信用状なし荷為替手形取引では，D/P 条件の場合は一覧払（at sight）手形が利用されるが，まれに，D/P 条件でありながら，期限付（Usance）手形が利用されることがある。

　期限付 D/P 条件は，期限付為替手形の期日における買主による手形金の支払いと引き換えに船積書類を引き渡す条件である。

　期限付 D/P 手形取引の当事者関係は，図表 2-3-16 のようになる。

　買主は，⑦および⑧手形の引受けにより，船積書類を引き取ることはできないが，⑩手形期日に手形金を支払うことにより，⑪船積書類を引き取ることができる。

　②　D/P 条件と D/A 条件における売主と買主の利害調整

　一覧払手形による D/P 条件の場合，遠隔地との取引であるために航海日数が長いときは，代金支払後，本船入港までの長期間の資金負担が買主に発

図表 2-3-16　期限付 D/P 条件の信用状なし荷為替による決済

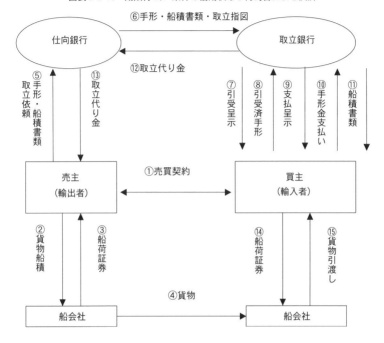

生し，期限付手形による D/A 条件のときは，買主の手形引受後，手形金支払いまでの長期間の代金回収リスクが売主に発生する。

　このように，期限付 D/P 手形は，航海日数が長い場合に，手形期日における買主の代金支払いと船積書類の引渡しの同時履行関係を維持することにより，売主と買主の利害を調整するために利用されている。

　例えば，スウェーデンからの北欧家具や中南米からの原糖の輸入のために，わが国までの標準的な航海日数が 40 日を要し，取立銀行へ船積書類が到着するのが船積後 10 日目であるとする。この場合，売主と買主は，売買契約書において，書類引渡条件を D/P 条件とし，支払期日を 40days after B/L date または船積後 40 日目の確定日を記載した為替手形により決済とする旨を取り決めれば，期限付 D/P 手形とすることができる。これにより，買主は，船積後 10 日目の書類到着時には為替手形を引き受けるのみで足り，

本船の入港予定日である支払期日に手形金を支払えばよいので30日分（航海日数40日－郵送期間10日）の金利負担を回避することができ，売主は，買主が為替手形の引受けのみにより船荷証券を入手して貨物を引き取り，支払期日に代金を回収できなくなるリスクを回避することができる。

(4)　信用状なし荷為替手形による代金決済の欠点

① 買主の信用力への依存

すでに述べたように，信用状なし荷為替手形による決済方法においては，売主は，代金回収を買主の支払能力に依存しており，そのクレジット・リスクを負担している。

② 買主の信用リスクの残存

このように，信用状なし荷為替手形取引においては，買主の支払能力を補完するものがない限り，売主の買主に対するクレジット・リスクが依然として残存する。

③ 買主の信用リスクの回避

信用状なし荷為替手形の決済における売主の買主に対するクレジット・リスクを解決するのが，信用状付（信用状を利用した）荷為替手形による決済方法である。

3．信用状付荷為替手形による決済

(1)　信用状（L/C；Letter of Credit, Credit）

① 意義

信用状（L/C）とは，それを発行した銀行（以下「発行銀行」という）がそこに記載された条件を充足する書類の呈示を条件とする売主（受益者）または買取銀行に対する支払いの確約である。

② 特徴（信用状取引における2つの原則；「独立抽象性の原則」と「書類取引の原則」）

信用状取引には重要な特徴が2つあり，1つは，発行銀行の支払確約が信用状の発行依頼人（買主）と発行銀行との契約関係または買主と信用状による支払いを受ける受益者（売主）との契約関係から切り離されているという

「独立抽象性の原則」であり，もう1つは，発行銀行の確約が信用状条件を充足する書類の呈示を条件に履行されるという「書類取引の原則」である。現行の2007年改訂版信用状統一規則（以下「UCP600」という）はその4条で独立抽象性を，その5条で書類取引の原則を規定している。

　この2つの原則から次の結論が導かれる。

　1つは，信用状条件を充足する書類を呈示された発行銀行は，たとえ，買主の倒産等により輸入代金の支払いを受けることができない場合であっても，または，売主が売買契約と異なる商品を輸出した場合であっても，売主または買取銀行に対する支払いを拒めないことである。

　もう1つは，呈示された書類が信用状条件を充足しない場合には，売主が売買契約で定められた条件どおりの商品を輸出した場合であっても，発行銀行は，売主または買取銀行に対する支払いを拒めることである。

　③　厳密（厳格）一致の原則

　厳密一致の原則（Doctrine of Strict Compliance）は，信用状取引における書類取引の原則との関係で重要な原則であり，厳格一致の原則とも呼ばれている。

　厳密一致の原則とは，発行銀行は，信用状に基づく呈示書類がその外見上信用状条件に厳密に一致している場合にのみ，受益者に対する支払義務を課せられるという原則である。

　この原則については，1927年にEquitable Trust Co. v. Dawson Partners, Ltd事件においてSumner卿が述べた「書類がほとんど同一であるとか，あるいは，ちょうど同じ機能を有するとかいう余地はない（"there is no room for documents which are almost the same, or which will do just as well."）」という言葉が有名である。外国の裁判所は，頻繁にこの言葉を引用しており，米国の統一商事法典第5編（信用状）5-108条a項も，「発行人は，外見上厳密に信用状条件を充足していると見られる呈示書類に対してオナーしなければならない（…, an issuer shall honor a presentation that, …, appears on its face strictly to comply with the terms and conditions of the letter of credit.）」と定め，明白にこの原則を採

用している。この原則は，書類が信用状条件と同じ（same）でなければならず，ほとんど同じ（almost same）では不十分であることを端的に表現している。

　しかしながら，厳密一致の原則は，ミラー・イメージの標準（mirror image standard）ではなく，合目的的に（sensibly）解釈されるべきであり，明らかに重要でない不一致（immaterial variation）があっても，支払は正当とされ，厳密一致の原則と矛盾するものではないとされている。

　UCP600は，「商業送り状における物品，サービスまたは履行の記述（description of the goods, services or performance）については，信用状中に現れている記述と合致（correspond with）していなければならない」と定め（18条c項），厳密一致の原則を厳格に適用している。

　しかし，UCP600は「商業送り状以外の書類においては，物品，サービスまたは履行の記述は，信用状における記述と食い違わない一般的用語によって（in general terms not conflicting with）記載されることができる」と定め（14条e項），厳密一致の原則を緩和して適用している。

　また，ICCは，「書類におけるデータは，信用状，その書類自体および国際標準銀行実務の文脈において読まれた場合には，その書類中のデータ，その他の規定された書類中のデータ，または信用状中のデータとまったく同じである（identical）必要はないが，それと食い違ってはならない（... must not conflict with ...）」と規定するUCP600第14条d項について，この新たな標準がデータのミラー・イメージを要求するものではない，と明確に解説している。

　さらに，信用状の金額，数量または単価に関連してaboutなどの語が用いられた場合には，10%を超えない範囲での過不足が許容されていること（UCP600第30条a項）なども，厳密一致の原則に若干のゆとり（leeway）を持たせたものである，といわれている。

　厳密一致の原則は，信用状取引を迅速で安価なものにする機能を有する。

　書類取引の原則に基づき，銀行が書類の外見上のものを超えて信用状の条件またはUCPの要件を充足しているか否かを確定する義務を負わないもの

とし（UCP600 第 14 条 a 項），厳密一致の原則を上記のように運用することにより，それが信用状の独立抽象性とあいまって，銀行の費用と時間を節減し，結果的に，信用状取引を迅速で安価なものにする機能を担っているといえよう。

④　信用状の機能とリスク

まず，売主は，信用状の独立抽象性により，買主が倒産して支払能力を喪失した場合にも，発行銀行が買主の信用リスクを補完して支払いをしてくれるので（これは信用状の「信用補完機能」とでもいうべきものである），安心して輸出することができる。また，輸出地の銀行も買主の支払能力が不明な場合であっても，発行銀行が支払いを確約しているので，その信用力が十分である場合には，信用状付荷為替手形の割引（買取）依頼に応じやすくなり，売主は輸出為替金融を受けることができる（これは信用状の「輸出為替金融促進機能」とでもいうべきものである）というメリットがある。その結果，売主は迅速な船積書類の現金化という信用状の機能の恩恵にあずかることができる。

しかし，売主は，書類取引の原則により，信用状条件を充足しない書類を呈示した場合には，売買契約どおりの商品を輸出した場合であっても，発行銀行から支払いを拒絶されるリスクを負担することになる。

次に，買主は，発行銀行が自己の信用を補完してくれるので，送金決済や信用状なし荷為替手形による決済方法では，取引をしてくれなかった売主との間での新たな取引を開拓することも可能となる。

しかし，買主は，売主から信用状条件を充足する書類を呈示され，書類取引の原則により，発行銀行が支払いを行った場合には，たとえ輸入品が売買契約と異なる商品であったとしても，発行銀行に対する支払い（これを「償還」という）を行わなければならないので，不誠実な売主の犠牲になるリスクがある。

また，買主には，送金や信用状なし荷為替による決済方法では必要のなかった信用状発行手数料のコスト負担が発生する。

上述のように，信用状は信用補完機能を有することから，売主は，信用力

に不安がある買主との取引においては，代金の回収を確実なものにするために，信用状取引を利用しているのが実情である。

　買主は，信用状を利用すれば，発行銀行に対する信用状付荷為替手形の支払い（償還）をすることにより，船荷証券等の運送書類を受け取ることができるため（図表2-3-17の⑬および⑭を参照），実質的に，輸入代金の支払いと貨物の引渡しを同時履行の関係に立たせることにより，前払送金による決済の場合に内在した貨物入手のリスクを回避することができる。

　さらに，買主は，信用状の信用補完機能により，新規の取引先を開拓し，既存先との取引を維持・拡大できることから，その利用ニーズには根強いものがある。したがって，本社と支社との取引，わが国の親会社とその海外現地法人との取引または長年の取引関係があり信頼関係が確立している場合のように，信用補完機能を利用する必要性がないときは，売主および買主は信用状取引ではなく，送金や信用状なし荷為替手形を利用している。

── Column：信用状に基づく支払義務の生成過程 ──

　発行銀行の信用状に基づく支払義務の生成過程について，簡潔に発行銀行と受益者との関係に限定して説明する。

　信用状統一規則（UCP600）は，一方で「発行銀行は自行が信用状を発行した時点で，オナーすべき取消不能（撤回不能）の義務を負う（…is irrevocably bound to honour…）」（7条b項）と定め，他方で，「規定された書類が…発行銀行に呈示され，かつその書類が充足した呈示となることを条件として（Provided that…），発行銀行は，…オナーしなければならない（…must honour…）」（7条a項）と定めている。

　なお，条文中の「オナー」とは「支払うこと」と理解して差し支えない。

　この2つの条文を整合的に理解するためには，信用状発行時点における発行銀行の義務と充足した呈示がなされた時点における発行銀行の義務を分けて考えればよい。

　まず，信用状発行時点において，発行銀行は信用状を発行することにより，充足した呈示がなされることを条件（この条件が成就するまでは，支払義務の効力の発生が停止しているという意味で，この条件を法律用語で「停止条件」という）として，支払うことを受益者に約束することになる。この時点では，発行銀行は，充足した呈示がなされたら支払うことを停止条件付債務として負担しているのみであり，実際に支払いをしなければならない義務を負担しているわけではない。これが7条b項の規定の意味である。

　次に，充足した呈示がなされると，上記条件はクリアされ（これを法律用語で「条件の成就」という），その時点において，実際に支払義務を履行すべき義務が効力を生じ，発行銀行は支払いをしなければならなくなる。これが 7 条 a 項の規定の意味である。

　つまり，発行銀行は，信用状を発行することにより充足した呈示を停止条件とする支払債務を負担し，充足した呈示がなされると，停止条件の成就により現実に支払義務が効力を生じ，支払わなければならなくなるのである。

　ちなみに，7 条 a 項の「Provided that...」は，法律の契約文書などで「that」以下の文節を停止条件とする場合によく用いられる表現であり，覚えておくと非常に便利である。

(2)　取引の概要

信用状付荷為替取引の時系列的な流れは，次の図表 2-3-17 のようになる。

図表 2-3-17　信用状（L/C）付荷為替による決済

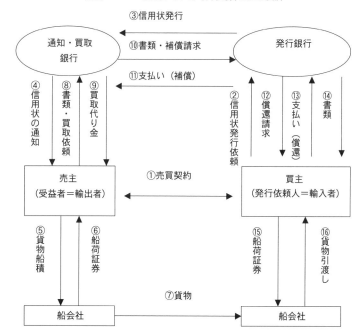

(3)　信用状の記載事項

現在，貿易取引で利用されるほとんどの信用状は，スイフト（SWIFT）

の信用状発行の仕様（メッセージ・タイプ 700，MT700）により発行されている。その電文例は巻末の書類見本のとおりであり，そこには次のような事項が記載される。

①　FORM OF DOC. CREDIT

これは，信用状の形式であり，取消不能信用状の場合は，この欄に IRREVOCABLE が記載される。UCP600 は，信用状を取消不能なものと定義しているので（2 条第 8 フレーズ），REVOCABLE（取消可能）である旨の記載がないかを点検する必要がある。

②　DOC. CREDIT NUMBER

この欄には信用状番号が記載される。

③　DATE OF ISSUE

この欄には信用状の発行日が記載される。

④　APPLICABLE RULES

この欄は適用規則の記載欄であり，最新の信用状統一規則が適用される場合には，UCP LATEST VERSION と記載される。UCP600 は，信用状の本文が UCP600 に従う旨を明示している場合に適用される旨を定めているので（第 1 条第 1 パラグラフ），この準拠文言があることを点検する必要がある。

⑤　EXPIRY DATE / PLACE

この欄には，信用状の有効期限および書類の呈示場所が記載される。

⑥　APPLICANT

この欄は信用状の発行依頼人の記載欄であり，通常は，当該信用状の発行依頼人すなわち輸入者の名前および住所が記載される。

⑦　BENEFICIARY

この欄は信用状の受益者の記載欄であり，通常は，当該信用状の受益者すなわち輸出者の名前および住所が記載される。

⑧　CURRENCY CODE AMOUNT

この欄は信用状の通貨コードおよび金額が記載される。

⑨　AVAILABLE WITH / BY

　この欄は資金化の方法を記載する欄である。

　上の欄には，信用状が特定の銀行で利用可能な場合はその銀行（指定銀行）名が，または，どこの銀行でも利用可能な場合は，ANY BANK と記載される。

　下の欄には信用状がどのような方法により利用可能かについて記載される。具体的には，信用状が一覧払により利用可能な場合は BY PAYMENT，引受により利用可能な場合は BY ACCEPTANCE，買取により利用可能な場合は BY NEGOTIATION，また，後日払により利用可能な場合は BY DEF PAYMENT と記載される。

　⑩　DRAFTS AT...

　この欄は手形のテナーを記載する欄である。一覧払の場合は SIGHT，一覧後定期払いの場合は XX DAYS AFTER SIGHT，また，確定日払の場合には，XX DAYS AFTER B/L DATE のように，手形期日の決定方法が記載される。

　⑪　DRAWEE

この欄は手形の名宛人（支払人）を記載する欄であり，指定銀行や発行銀行などが記載される。

　⑫　PARTIAL SHIPMENTS および TRANSHIPMENT

　この欄は PARTIAL SHIPMENTS（一部船積）と TRANSHIPMENT（積替）の可否を記載する欄であり，許容する場合には ALLOWED，許容しない場合には NOT ALLOWED または PROHIBITED と記載される。

　⑬　PORT OF LOADING, PORT OF DISCHARGE および LATEST DATE OF SHIP.

　この欄には，信用状に基づく貨物の PORT OF LOADING（船積港），PORT OF DISCHARGE（陸揚港）および LATEST DATE OF SHIP（船積期限）が記載される。

　⑭　GOODS / SERVICES

　この欄には，当該信用状に基づき取引される商品の明細，貿易取引条件またはサービス内容が記載される。

⑮　DOCUMENTS REQUIRED

　この欄には，当該信用状に基づき銀行に呈示されるべき必要書類が記載される。例えば，CIF または CIP 条件の場合には，商業送り状，運送書類および保険書類などが必要書類として記載される。

⑯　ADD. CONDITIONS

　この欄は追加条件を記載する欄であり，必要書類に記載すべき事項などが記載される。

⑰　CHARGES

　この欄には，受益者が負担する CHARGES（手数料など）が記載される。

⑱　PERIOD FOR PRESENT.

　この欄は船積後の書類の呈示期間を記載する欄であり，当該信用状に基づく書類の呈示期間が船積日からの日数で表示される。

⑲　CONFIRM. INSTRUCT.

　この欄は信用状の確認の要否を記載する欄であり，当該信用状に確認を求める場合には CONFIRM，任意に確認できる旨を示す場合には MAY ADD，確認が不要である場合は WITHOUT が記載される。

⑳　INSTRUCT. TO BANK

　この欄は，発行銀行の支払／引受／買取銀行に対する指図欄であり，発行銀行への書類の送付方法（ONE LOT にするか TWO LOTS にするかなど）や送付手段（REGISTERED AIRMAIL または COURIER SERVICE のいずれを用いるか，もしくは，そのいずれでもよいか）などに関する指図が記載される。

　また，信用状条件を充足する書類受領後における発行銀行の書類呈示者に対する支払の方法などが記載される。

⑷　**為替手形**

　為替手形とは，振出人が名宛人である支払人に対し，受取人または被裏書人に対する手形金の支払いを委託する有価証券であり，その権利の移転には裏書交付が必要であり，権利の行使にはその呈示が必要である。

　貿易取引においては，手形は，売主が買主から輸入代金を取り立てるため

に振り出されることから，為替手形が利用されている。

　信用状なし荷為替手形取引で利用する為替手形は，売主が買主を支払人として振り出すが，信用状付荷為替手形取引において利用される為替手形は，売主が，発行依頼人たる買主ではなく（UCP600 第 6 条 c 項），発行銀行，指定銀行または補償銀行を支払人として振り出す。

　そして，貿易取引で使用される為替手形は，送付途中の紛失に備えて 2 通振り出されるのが通常であり，いずれか一方の為替手形が支払われるのは，他方の為替手形が支払われないことを条件とする旨の文言が記載される。

　信用状に基づき振り出される為替手形の見本は，図表 2-3-18 のとおりである。同表の ①〜⑬ の箇所には，それぞれ次の事項が記載される。

　① 為替手形であることの文言，② 手形番号，③ 振出地および振出日，④ 算用数字による金額表示，⑤ At と sight の間が XXXXX で抹消されており，at sight 即ち一覧払であること，⑥ 受取人，⑦ 文字による金額表示，⑧ 発行依頼人たる買主の名称と住所，⑨ 発行銀行の名称と住所，⑩ 信用状番号，⑪ 信用状発行日，⑫ 支払人の名称と住所ならびに ⑬ 振出人たる売主の名称および住所である。

図表 2-3-18　信用状に基づき振り出される為替手形

```
                         Bill of Exchange（為替手形である旨の表示）①
No. BOE-12345（手形番号）②            Tokyo（振出地）MAY, 10 20XX（振出日）③
For US$3,600,000.-（手形金額）④
At XXXXXXXXXXXXXX sight（手形期限）⑤ of this FIRST BILL of Exchange
(Second of the same tenor and date being unpaid) pay to THE BANK OF NOZOMI,
LTD（受取人）⑥ or order the sum of SAY US DOLLARS THREE MILLION SIX
HUNDRED THOUSAND ONLY（手形金額）⑦
Value received and charge same to account of X.Y.Z. Co., LTD ONE WORLD CENTER,
NEW YORK, N.Y. USA（買主）⑧
Drawn under THE BANK OF HOPE, LTD NEW YORK, N.Y. USA（L/C 発行銀行）⑨
Letter of Credit No. LC-12345（L/C 番号）⑩ dated MARCH, 31 20XX（L/C 発行日）⑪
To: THE BANK OF HOPE, LTD NEW YORK, N.Y. USA（手形の支払人）⑫


      Revenue        A.B.C CO., LTD.（振出人＝売主）
      Stump          NIHONBASHI, CHUO-KU TOKYO, JAPAN ⑬
     （収入印紙）
      ¥200
                         Signed（振出人の署名）
                         _____
```

このうち⑤は，例えば，一覧後120日後に支払う条件の期限付手形である場合は，At 120 days after sight と表示される。

(5)　信用状の確認

①　意義

信用状の確認とは，発行銀行の支払確約とは別個・独立に，発行銀行以外の銀行が支払確約を付加することである（UCP600第2条第6フレーズ）。

そして，発行銀行の授権または依頼に基づきこの確認を付加する銀行を確認銀行（Confirming Bank）といい（同条第7フレーズ），確認が付加された信用状を確認信用状（Confirmed Credit）という。

②　利用目的

受益者が信用状の確認を利用する目的は，次のとおりである。

(a)　発行銀行のクレジット・リスクの回避

受益者は，発行銀行の支払能力喪失によるリスク即ちそのクレジット・リスクを回避するために，発行銀行の支払確約に加え，それ以外の銀行が支払確約をする確認を利用している。

なぜなら，信用状は，発行銀行が信用状条件を充足する書類の呈示に対する支払確約であるが（UCP600第7条a項），その確約主体である発行銀行が倒産等により支払能力を喪失した場合には，受益者は発行銀行の支払いを受けることができないからである

(b)　発行銀行所在国のカントリー・リスクの回避

受益者は，発行銀行所在国の政治・経済情勢によるリスク即ちカントリー・リスクを回避するために，発行銀行の支払確約に加え，それ以外の国に所在する銀行が支払いを確約する確認を利用している。

なぜなら，発行銀行の支払能力が十分な場合であっても，発行銀行所在国がその政治・経済情勢により対外決済を停止ないし制限したときは，受益者は，発行銀行から支払いを受けることができないからである。

(c)　訴訟上の便宜の享受

受益者は，発行銀行とは別個・独立の債務を負う受益者所在地の銀行に確認をしてもらえば，自己の所在国の裁判所で自国の法律により確認銀行

の責任を追及することができるので，信用状の確認を利用している。

　なぜなら，発行銀行は，輸入者（発行依頼人）の取引銀行であり輸入地に所在しており，信用状条件を充足する書類の呈示に対する支払いを履行しない場合には，受益者は，発行銀行所在国でその国の法律により，発行銀行の責任を追及することになるが，それは多大な費用と労力を要するからである。

③　確認の種類

信用状の確認には，UCP600 が規定する信用状の確認および通知銀行と受益者との契約によるサイレント・コンファメーションがある。

⒜　UCP600 が規定する信用状の確認

　UCP600 が規定する信用状の確認は，発行銀行の授権または依頼に基づき確認銀行が付加する確認である（UCP600 第 2 条第 6 および第 7 フレーズ）。

　この場合の確認銀行の受益者と指定銀行に対する義務および発行銀行に対する権利は，次のとおり UCP600 に規定されている。

　確認銀行の受益者に対する義務は，償還請求無しで（買戻請求無しで)，支払うことである（UCP600 第 8 条 a 項 i 号 a)，ⅱ号)。また，指定銀行が支払わなかった場合には，確認銀行は，受益者に対して支払う義務を負う（UCP600 第 8 条 a 項 i 号 b)〜e))。

　確認銀行は，信用状条件を充足する書類の呈示に対する支払いを行った他の指定銀行であって，かつ書類を確認銀行へ送付した指定銀行に対して補償する義務を負う（UCP600 第 8 条 c 項第 1 文）。

　そして，確認銀行は，信用状条件を充足する書類の呈示に対する支払いを行い，かつ書類を発行銀行へ送付することにより，発行銀行から補償を受け得る権利を取得する（UCP600 第 7 条 c 項第 1 文参照）。

⒝　サイレント・コンファメーション

　サイレント・コンファメーション（silent confirmation）とは，通知銀行が発行銀行から授権または依頼されることなく，受益者の依頼または自行の発意により，信用状に確認を加えることである。

　サイレント・コンファメーションは，UCP が認めるものではないが，特定の地域では広く行き渡った実務慣行として行われている。その背景には，発行銀行が確認信用状の発行依頼を受けても何らかの理由で，それを発行しない場合に，発行銀行のクレジット・リスクおよびその所在国のカントリー・リスクを回避したい受益者のニーズがある。

　サイレント・コンファメーションの法的性質は，受益者の申込みと通知銀行の承諾により成立する契約である。そして，発行銀行の委任に基づかず，かつ，UCP の適用外でサイレント・コンファメーションを加えた通知銀行の主な義務は，受益者に対する償還請求無しで（買戻請求無しで）の支払確約であるが，具体的な内容は通知銀行と受益者との間で取り決められる。

　したがって，サイレント・コンファメーションを行おうとする通知銀行は，受益者との特約による取決めの中で，自行の権利・義務の内容を明確にしておく必要がある。

4．オープン勘定（交互計算）による代金決済

　オープン勘定（交互計算）による代金決済は，売買の当事者の双方が互いに相手方の勘定を保有し，一定期間（例えば，1カ月または3カ月）の経過後に売買代金をまとめて相殺することにより，決済する方法である。この場合，個々の売買取引による債権債務は，有効に相殺されるまで法的に存続する。

　この決済方法は，本支店間，親子会社間または継続的な取引関係にある企業間の決済に利用されている。

5．ネッティングによる代金決済

　ネッティングによる代金決済はペイメント・ネッティング（Payment Netting）とオブリゲーション・ネッティング（Obligation Netting）の2つに大別することができる。

　ペイメント・ネッティングとは，決済日を同じくする債権債務を差引決済

する方式である。当初の個々の債権債務は決済日まで残したままにし，差引決済が完了した時点で当初の債権債務がすべて決済されたことになる。

　オブリゲーション・ネッティングは，当事者間の取引により新たな債権債務が発生するつど既存の未決済の債権債務が消滅し，新たな 1 個の債権債務に置き代わる方式である。このオブリゲーション・ネッティングは，新たな債権債務に置き代わることから，ノベーション・ネッティング（Novation Netting）とも呼ばれている。オブリゲーション・ネッティングは，当事者の双方が正常な事業活動を行っている場合に利用される。

　これとは異なり，当事者の一方が倒産した場合に備えるのがクローズド・アウト・ネッティング（Closed-out Netting）である。クローズド・アウト・ネッティングは，あらかじめ当事者間の契約に基づき，一方の当事者が倒産した場合には，決済日や通貨の種類とは無関係に，当事者間に残った別個の債権債務をすべて現在価値に引き直して相殺し，1 つの債権債務に整理する処理である。

Column：日銀ネットとスイフト（SWIFT）

　日本銀行金融ネットワークシステム（一般的には「日銀ネット」と呼ばれている）は，日本銀行とその取引金融機関との間の資金や国債の決済をオンラインで処理することを目的に構築されたネットワークであり，日本銀行が運営している。日銀ネットの対象となる取引は，内国為替による資金決済が主なものであり，例えば，甲銀行の顧客 A が乙銀行の顧客 B に 100 万円を送金する場合の両銀行間の資金決済は，日本銀行における甲銀行の勘定を引き落とし，乙銀行の勘定に入金することになるが，これをオンラインで処理するものである。

　また，外国為替取引では中央決済機関がないために，外国の銀行との決済はコルレス銀行に保有する決済勘定を通じて行われているが，円建ての外国為替取引に関するわが国内の銀行間の決済（これを「外国為替円決済」という）は，日銀ネットにより行われている。例えば，外国の X 銀行から乙銀行の顧客 B への送金を依頼された甲銀行が X 銀行から資金を受領した後，当該資金を乙銀行へ支払う場合にも日銀ネットが利用されている。

　スイフト（SWIFT）は，"Society for Worldwide Interbank Financial Tele-communication"（日本語では「国際銀行間金融通信協会」と訳されている）の略であり，世界各国の金融機関などに高度に安全化された金融通信メッセージ・サービスを提供する団体である。この団体は 1973 年にベルギーのブリュッセル

に設立され，国際的な取引における銀行間の資金付替，顧客送金，外国為替，証券取引，デリバティブなどの安全性の高い金融通信メッセージ・サービスを提供しており，そのグローバルなネットワークは金融システム（インフラ）的な性格を帯びている。

　しかし，スイフトが提供するのは金融通信メッセージ・サービスであり，それ自体に資金決済機能はなく，資金の決済は，メッセージを受領した銀行がそれに基づいて個別に勘定を引き落としまたは勘定へ入金することにより行われている。

第3節　貿易金融

　貿易金融とは，売主と買主が貿易取引を行うに際して必要となる金融であり，それは，国内金融の分野に属し，輸出金融と輸入金融とに分けることができる。

1．輸出金融

　輸出金融とは，売主が輸出を行うに際して必要となる金融であり，船積前の金融と船積後の金融に大別され，さらに，船積前の金融は，輸出関連保証と輸出前貸しに分けられ，船積後の金融には，輸出手形の買取がある。

(1)　輸出関連保証

　輸出関連保証とは，売主が輸出を行うに際して必要となる保証である。輸出関連保証は，保証の目的が何であるかにより，主要なものとして入札保証（Bid Bond），前受金返還保証（Refundment Bond）および契約履行保証（Performance Bond）がある。また，保証の法的な形態には，保証（Guarantee），請求払保証（Demand Guarantee）およびスタンドバイ信用状（Standby Credit）があるが，国際取引においては，主に請求払保証とスタンドバイ信用状が用いられている。（保証の法的な形態の詳細については，165頁のColumnを参照）

　この輸出関連保証において，銀行は，発行依頼人が支払能力を喪失すると，保証債務を履行したにもかかわらず，発行依頼人から求償債務の履行を

受けることができなくなるリスク即ちその信用リスクを負担している。

①　入札保証（Bid Bond）

入札保証（Bid Bond）は，プラント等の輸出契約が国際入札によって行われる場合に，入札参加者（応札者）が落札したにもかかわらず輸出契約を締結しないときには，応札者の取引銀行が入札金額の一定割合（通常は3%〜5%）の支払いを保証するものである。

海外発注者が入札保証を利用する目的は，国際入札の落札者が正当な理由なく輸出契約の締結を拒絶した場合には不利益を被ることから，応札者の取引銀行から入札金額の一定割合の支払いを保証してもらうことにより，不誠実な入札参加者を排除することにある。したがって，国際入札の場合には，通常，銀行による入札保証の発行が入札参加の条件とされている。

入札保証における当事者関係は，図表 2-3-19 のようになる。

図表 2-3-19　入札保証

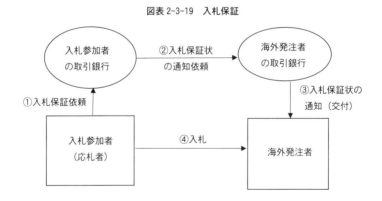

②　契約履行保証（Performance Bond）

契約履行保証（Performance Bond）は，売主が売買契約を履行しなかった場合に，売主の取引銀行が売買契約金額の一定割合（通常は20%〜30%）の支払いを保証するものである。

買主が契約履行保証を利用する目的は，買主が売主の取引銀行から売買契約金額の一定割合の支払いを保証してもらうことにより，売主が正当な理由なく輸出契約を履行しない場合に被る不利益をてん補することにある。した

がって，契約履行保証の提供が，売買契約締結の条件とされるのが通常である。

契約履行保証における当事者関係は，図表 2-3-20 のようになる。

図表 2-3-20　契約履行保証

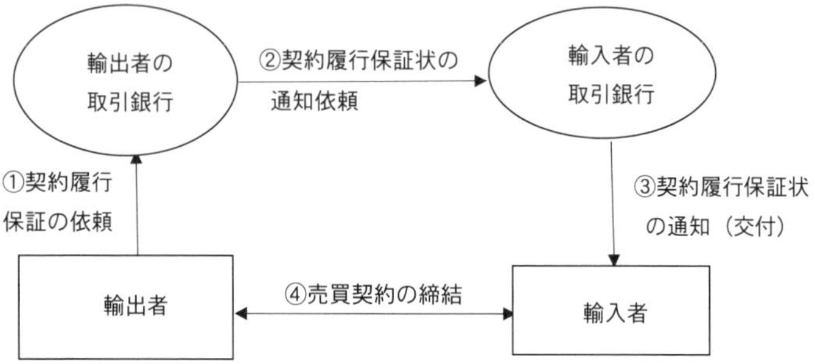

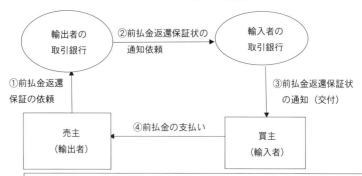

③　前受金返還保証（Refundment Bond）

前受金返還保証（Refundment Bond）は，プラント等の延払輸出のように，引渡しが完全に終了する以前に売主が買主から輸出代金の一部を前受金として受領する場合，売主が売買契約の一部または全部を履行しなかったと

図表 2-3-21　前払金返還保証

この図表は，買主（輸入者）が前払金返還保証の提供を受けてから前払いすることを前提に作成している。
買主（輸入者）が，前払金返還保証の提供を受ける前に買主（輸入者）が前払いする場合には，時系列的な順序は，①前払金の支払い，②前払金返還保証の依頼，③前払金返還保証状の通知依頼，④前払金返還保証状の通知（交付）となる。

きに，売主の銀行が前受金の返還を保証するものである。

　買主が前受金返還保証を利用する目的は，売主が売買契約を履行しなかった場合に，支払った前払金を取り戻すことにある。したがって，買主の前払金は，売主の銀行による前受金返還保証を受領した後に支払われることが多いが，前受金返還保証を受領する前に支払われることもある。

　前払金返還保証における当事者関係は，図表 2-3-21 のようになる。

(2)　輸出前貸し

　輸出前貸しは，売主が輸出品の集荷，加工および生産のために必要な資金を銀行が融資するものである。通常は，売主が振り出した約束手形を銀行が受け取って行う手形貸付であるが，まれに当座貸越が利用されることもある（図表 2-3-22 参照）。

図表 2-3-22　輸出前貸し

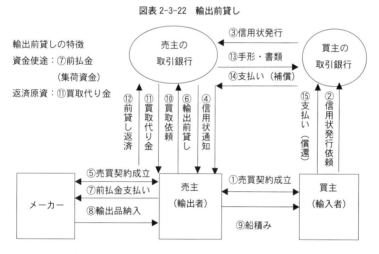

　輸出前貸しの特徴は，資金使途が輸出品の集荷，加工および生産のために必要な資金に限定されることおよび返済原資が輸出手形の買取代り金または取立代り金であることである。

　なお，売主の売買契約成立前の見込生産による在庫リスクおよび信用状発行前の買主による売買契約のキャンセルリスクを勘案すると，輸出前貸しは，売主が信用状を入手した後に実行するのが銀行にとっては安全である。

輸出前貸しにおいて，前貸銀行は，売主が前貸金の返済をできなくなるリスク，即ち売主の信用リスクを負担している。

(3)　輸出手形の買取

輸出手形の買取は，売主から為替手形および／または船積書類の交付を受け，売主の取引銀行が発行銀行または取立銀行から輸出手形の取立代り金を受領する前に，その対価を支払うことである（図表 2-3-23 参照）。

図表 2-3-23　輸出手形の買取

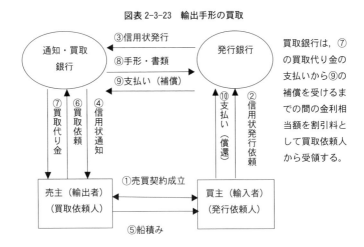

輸出手形の買取は，買取銀行が発行銀行または取立銀行から資金を受領するまでの金利相当額を割引料として手形の券面額から差し引いて対価を支払うことから，その実態に着目して輸出手形の割引ということもある。

輸出手形の買取において，買取銀行は発行銀行や取立銀行から支払いを受けることができない場合は買戻請求権を取得するが，買取依頼人が買戻能力を喪失することもあるので，その信用リスクを負担している。

2．輸入金融

(1)　信用状の発行

信用状の発行は，受益者または買取銀行の信用状条件を充足する書類の呈示に対する支払いの確約である（図表 2-3-24 参照）。

　発行銀行は，発行依頼人たる買主が支払能力を喪失した場合であっても，支払いを行わなければならず，受益者または買取銀行に対する支払いを行った後，買主から支払いを受けることができなくなる信用リスクを負担している。

図表 2-3-24　信用状の発行

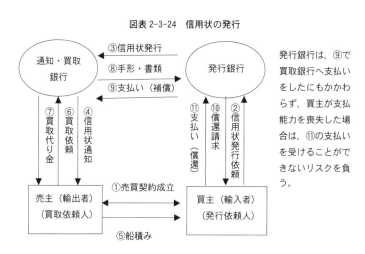

(2)　輸入担保荷物引取保証および丙号 T/R

　輸入担保荷物引取保証（L/G；Letter of Guarantee）は，自行が発行した信用状に基づく貨物を積載した本船が入港したにもかかわらず，船荷証券を含む船積書類が未着の場合に，発行銀行が，買主の依頼により，船会社に対して，船荷証券を提出することなく貨物を引き取ることから生じる船会社の一切の損害を買主が補償する債務について連帯保証を行うことである（図表 2-3-25 参照）。

　輸入担保荷物引取保証が必要とされる理由は，貨物の引渡しは船荷証券と引換えでなければならないという船荷証券の受戻証券性にある。この受戻証券性があるため，買主は，本船が入港しても船荷証券を含む船積書類が未着の場合は，貨物を引き取ることができない（国際海運法 15 条，商法 764 条）。一方で，船会社は，船荷証券と引き換えることなく貨物を引き渡した場合，当該貨物の船荷証券の善意取得者が現れたときには，その者に再度貨

図表 2-3-25　輸入担保荷物引取保証 (L/G; Letter of Guarantee)

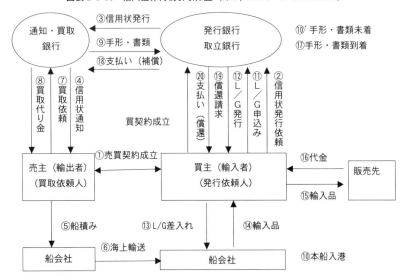

物を引き渡さなければならない。それが不可能であれば，船会社は，善意取
得者に対し貨物の引渡しに代わる損害を賠償したうえで，買主にその損失の
補償を求めることになるが，買主が補償債務の履行能力を喪失している場合
には，船会社に実質的な損害が発生することになる。

　そこで，荷渡実務では，買主の補償債務について信用力のある銀行が連帯
保証をするのであれば，船会社がその信用力をよりどころにして貨物を引き
渡す保証渡しという商慣行が発生し，その際に行われる銀行の連帯保証が輸
入担保荷物引取保証である。

　したがって，輸入担保荷物引取保証を行った銀行は，買主が倒産等により
補償債務履行能力を喪失した場合には，船会社に対する連帯保証債務を履行
しなければならないリスク即ち買主の信用リスクを負担している。

　T/R (Trust Receipt，輸入担保荷物貸渡し) については(4)で詳しく触
れるが，そのうち丙号 T/R は，航空貨物運送状 (Air Waybill) の荷受人
(Consignee) が発行銀行である場合に，発行銀行が貨物引渡指図書
(Release Order) に署名し，航空会社に対して貨物を買主に引き渡すよう

指図することにより，輸入担保荷物を輸入者に貸し渡すものである。

　航空貨物運送状が利用される場合，貨物の引取権限を有する者は荷受人のみであり，荷受人以外の者が当該貨物を引き取ろうとする場合は，荷受人から航空会社に対し貨物引渡指図書によりその旨の指図をしてもらう必要がある。

　丙号 T/R は，発行銀行が自行を航空貨物運送状の荷受人とすることにより貨物に対する担保権を確保するニーズと買主の貨物引取りニーズを同時に満たすものである。

⑶　輸入ユーザンスおよび輸入直はね円金融

　輸入ユーザンスは，買主が発行銀行に対する信用状に基づく支払い（償還）を自己資金で行うことができない場合に，発行銀行が買主に対し外貨建ての償還債務の履行を一定の期間猶予するものである（図表 2-3-26 参照）。

図表 2-3-26　輸入ユーザンス（本邦ローンまたは本邦ユーザンス）

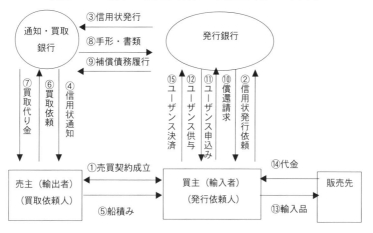

　輸入ユーザンスの特徴は，発行銀行が買主から約束手形（promissory note）の差入れを受けて償還債務の履行を一定の期間猶予するのみであり，貸付のように銀行から借入人に対する資金の移動がないことである。

　輸入ユーザンスの決済原資は，輸入品の国内販売による回収金である。

　これに対し，輸入直はね円金融は，買主が発行銀行に対する償還を自己資

金で行うことができない場合に，発行銀行が買主に対して償還資金を手形貸付（手貸）の方法により円貨で貸し付けることである（図表 2-3-27 参照）。

　直はね円金融の特徴は，資金使途が発行銀行に対する買主の償還債務の履行資金であることおよび返済原資が輸入品の販売による回収金であることである。

図表 2-3-27　直はね円金融（直はね手形貸付）

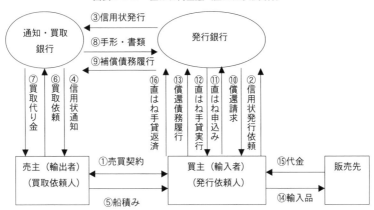

⑷　T/R（Trust Receipt：輸入担保荷物貸渡し）

　T/R は，発行銀行がユーザンス（または直はね円金融）を行う場合，自行の担保となっている荷物（信用状取引約定書 3 条）を買主に貸し渡すことである（図表 2-3-28 参照）。

　T/R の特徴は，買主が輸入ユーザンスの決済や直はね円金融の返済をする前に，発行銀行が担保となる貨物を買主に貸し渡すことである。

　T/R の種類は，発行銀行が荷物の引取りに必要とされる船荷証券を引き渡す甲号 T/R および乙号 T/R ならびに発行銀行が航空会社に対して貨物引渡指図書により買主への荷渡しを指図する上述の丙号 T/R がある。

　甲号 T/R と乙号 T/R の違いは，甲号 T/R は，発行銀行が買主に貨物の通関，引取りおよび処分（販売）までを認めるのに対し，乙号 T/R は，買主に貨物の通関，引取りのみを認め，処分（販売）までは認めない点にある。

図表 2-3-28　輸入担保荷物貸渡し（T/R；Trust Receipt）

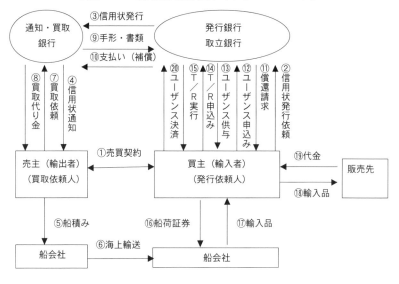

なお，丙号 T/R は，甲号 T/R と同様に，発行銀行が買主に貨物の通関，引取りおよび処分（販売）までを認めるものである。

T/R は，発行銀行の貨物に対する担保権を維持するというニーズと買主の輸入品の販売によるユーザンスの決済原資の獲得ニーズを同時に満たすためのものである。

⑸　**輸入はね返り金融**

輸入はね返り金融は，買主が発行銀行に対するユーザンス期日に自己資金で決済を行うことができない場合に，発行銀行が買主に対してユーザンスの決済資金を手形貸付または手形割引の方法で供与することである（図表 2-3-29 参照）。輸入はね返り金融の特徴は，輸入品が未販売であるか，または，販売代金が現金化されておらず，輸入者が発行銀行に対するユーザンスの期日に自己資金で決済を行うことができない場合に利用されることである。また，輸入はね返り金融の資金使途はユーザンスの決済資金であり，返済原資は輸入品の転売による回収金である。

なお，輸入はね返り金融の形式は，融資対象資産が輸入品（在庫）の場合

図表 2-3-29　輸入はね返り金融（手形貸付または手形割引）

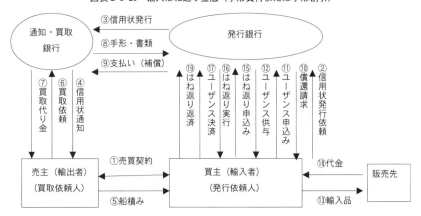

または販売先に対する売掛金の場合は手形貸付であり，販売先からの受取手形である場合は，当該手形の割引であるのが原則である。

Column：保証，請求払保証およびスタンドバイ信用状

　保証の法的な形態には，保証（Guarantee），請求払保証（Demand Guarantee）およびスタンドバイ信用状（Standby Credit）があるが，国際取引においては，主に請求払保証とスタンドバイ信用状が用いられている。

　保証は，債務者が債務を履行しない場合にはじめて保証人が債務者に代わって保証人としての債務（保証債務）を履行するものである。保証人は，原則として債務者の債権者に対する抗弁を主張することができる。例えば，金銭を借り入れた債務者が約束の期日に金銭を弁済しない場合にはじめて，保証人は，債務者に代わって債権者に対する金銭の弁済をしなければならない。しかし，債務者の弁済により債務が消滅している場合には，保証人は，債務が消滅していることを理由に債権者に対する金銭の支払を拒むことができる。

　これに対し，請求払保証およびスタンドバイ信用状は，それを発行した銀行（発行銀行）が，一定の要件を充足した書類の呈示に対する支払を受益者（債権者）に約束するものである。発行銀行は，請求払保証またはスタンドバイ信用状に定めた要件を充足する書類が呈示されると，債務者が債権者に対する契約上の抗弁を有していたとしても，原則として，それを主張して支払を拒絶することができない。例えば，借入人が借入金の弁済を怠った旨を記載した書類の呈示に対する支払を約束した請求払保証やスタンドバイ信用状に基づいて金銭の貸付を

行った銀行（受益者）は，発行銀行に対しこの要件を充足する書類を呈示することにより金銭の支払を受けることができる。発行銀行は，借入人が弁済を怠らなかった場合であっても，原則として弁済により債務が消滅した旨の債務者の抗弁を債権者に主張することができない。

　このように，保証では，保証債務の履行が債権者と債務者との間の契約の不履行にかかっているのに対し，請求払保証やスタンドバイ信用状では，発行銀行の債務の履行を債権者と債務者の契約から切り離し，一定の書類の呈示にかからせている。国際取引では，債権者たる受益者に迅速な支払を受けさせるために後者が主に利用されている。

第4章

国際物品運送

第1節　海上物品運送

1．個品運送契約と傭船契約

　四方を海に囲まれた日本では，今日でも国際運送の主役といえば海上物品運送である。この海上物品運送を引き受ける運送契約が海上物品運送契約である。海上物品運送契約は，荷主が運送人（船会社など）に物品の運送を委託し，運送人がそれを請け負う契約である。この海上物品運送契約は，運送方法によって，個品運送契約と傭船契約とに大別される。

(1)　個品運送契約

　個品運送契約とは，運送人が多数の荷送人から個々の物品の運送を引き受ける契約である。通常の輸出入取引の大部分は，この契約によって引き受けられ，特定の航路に，一定の航海スケジュールと運賃表に従って配船される定期船（liner）によって運送されている。個品運送契約では，不特定多数の荷送人から様々な貨物の運送を引き受けるため，運送の引受は船荷証券の裏面に印刷された定型的な運送約款によって画一的に処理されている。

(2)　傭船契約

　運送人が，船腹の全部または一部を貸し切って，そこに船積された物品の運送を引き受ける契約が傭船契約である。傭船契約は大量の原材料貨物を運送する場合に利用される。例えば，総合商社が海外から数万トンの穀物を輸入する際には，船会社と契約して船舶の全部または一部を借り切って運送をおこなっている。これらの運送の場合，一般的には不定期船（tramper）が用いられる。傭船契約は，傭船の範囲（全部傭船または一部傭船）や契約期

間の定め方（航海備船または期間備船）などにより種々に分類されるが，今日の国際取引上，個品運送契約と並ぶ基本的な運送契約は航海備船契約である。航海備船契約は，例えば，東京／ロサンゼルス間のように特定の一航海を単位として船腹の全部または一部を貸し切る契約である。

2. 海上物品運送の運送書類

(1) 船荷証券

　海上運送で発行される運送書類は，大きく分けて 3 種類ある。1 つが船荷証券（Bill of Lading；B/L）であり，もう 1 つが元地回収船荷証券（Surrender(ed)B/L）であり，さらにもう 1 つが海上運送状（Sea Waybill）である。近年，この運送書類の使用率に変化がみられる。東証一部・二部に上場している企業 204 社におこなった調査では，2018 年における海上運送状の使用率は 40％を超えていた（図表 2-4-1 を参照）。1992 年の資料では，その普及率が 9％であったことを考えると，驚くべき数字である。

図表 2-4-1　運送書類の使用状況

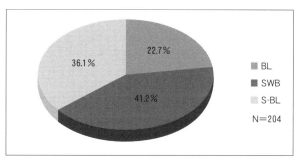

※この図では船荷証券を B/L，海上運送状を SWB，元地回収船荷証券（サレンダー(ド)；Surrender(ed) Bill of Lading）B/L を S-B/L としている。
（出所）　長沼健（2019）「運送書類におけるソフトローの現状とその循環モデルについて」『国際商取引学会年報』第 21 号，205 頁を参照。

　ここでは，まず，伝統的に使用されてきた船荷証券について説明する。船荷証券とは，運送品の引渡請求権を表彰した有価証券である。船荷証券は，多くの場合，輸出者である荷送人が運送品を船会社に引き渡した際に発行さ

れる。輸出者は，それを荷受人である輸入者に代金と引換えに引渡す。そして，輸入者は，自国に船が到着した際に，その書類を船会社に提示することにより，運送品を受け取ることができる。

以上から，船荷証券は下記の3つの基本的性質を持つ。

① 船荷証券は，荷送人（shipper）と運送人（船会社など）との間で締結された運送契約の証拠（evidence）である。

② 船荷証券は，その所持人または被裏書人に物品の引き渡しを請求する権利を与える，物品の引渡請求権を化体（表章）した権利証券（document of title）である。

③ 船荷証券は，運送人に引き渡された物品の受領証（receipt）である。

この証券の歴史は古く，その前身が11世紀頃，地中海貿易に用いられたことから始まっている。現存している最古の船荷証券はイタリア語の1397年の日付のものであり，イギリスに現存している最古のものは，1538年の日付のものである。船荷証券は，国際売買で用いられる船積書類の中でも最も重要な位置を占めると指摘されてきた。

また，近年ではこの船荷証券を元地で回収する元地回収船荷証券（サレンダー（ド）B/L；Surrender (ed) Bill of Lading）が広く活用されている。元地回収船荷証券とは，運送人が運送品の積地（Loading Port）において荷送人から船荷証券を回収し，荷受人が揚地（Discharging Port）で船荷証券を呈示することなく荷物を受取るという商慣習（実務慣行）を指している（もしくはそこで使用される船荷証券のコピーそのものを意味することもある）。この慣習の目的は揚地での迅速な引渡しにある。この運送書類は，法律や国際規則で規定されている訳ではないが，アジアを中心に実務で頻繁に使用されている。しかしながら，この慣習は国際的に統一されたルールではないので種々の問題を引き起こす可能性がある。例えば，インコタームズや信用状統一規則でも認知されていないので，原則として荷為替D/AないしD/P取引には使用できない。また，船会社によっては名称もaccomplished B/Lまたはtelex releaseと呼ばれることもあるので，荷為替の取組みの際にはこれらの船荷証券がサレンダーB/Lなのか否かといった点で支障が生じる可能

性がある。さらには，この慣習は船荷証券全通の提出を要求する信用状を利用する代金決済には適していないといった問題がある。

(2)　船荷証券の種類

船荷証券には，いくつかの種類がある。まず，船荷証券は通常，物品が船に積み込まれた時に発行される。この場合の船荷証券を船積船荷証券（shipped bill of lading）という。米国では "on board bill of lading" と呼ばれている。これに対して，運送人が船積み前に物品を受け取り発行する船荷証券もある。これを受取船荷証券（received bill of lading）という。コンテナ積の場合，船会社のコンテナ・ヤードで発行される船荷証券はこのタイプのものである。この場合，物品の船積みの完了を証券上確認できないことになる。そのため，後述する信用状取引などで船積船荷証券の呈示が要求される場合には，受取船荷証券上に「船積証明記載（on board notation or endorsement）」を追加することで，船積船荷証券として取り扱われる。

船荷証券には，通常，"shipped in apparent good order and condition" と物品が外見上良好な状態で船積みされた旨の記載がある。この場合の船荷証券は無故障船荷証券（clean bill of lading）と呼ばれている。これに対して，受取時に対象物品を確認し梱包・数量等に異常が認められ，その瑕疵が記載された船荷証券を故障付船荷証券（claused or foul bill of lading）と呼んでいる。この注記は故障摘要（remarks）と呼ばれている。

ところが，実務においてこの故障付船荷証券が出回ることはほとんどない。その理由は 2 点ある。まず，荷送人である売主が，もし船積みのときに物品の破損などを発見した場合には，急遽，物品を取り替える，または，修理しているためである。次に，故障付船荷証券では，無故障船荷証券を要求している信用状の要件を満たすことができないため，荷送人が船会社に補償状を入れて，船荷証券を無故障にしてもらっているためである。この補償状（letter of indemnity）には，無故障船荷証券発行の結果として船会社が被るいかなる損害をも補償すると記載されている。

(3)　船荷証券の危機

近年，本船が入港しても船荷証券が到着せずに，荷受人も船会社も困惑す

るという事態が発生している。これは「船荷証券の危機（B/L crisis）」または「速い船の問題（fast ships problem）」と呼ばれている現象である。この現象は，コンテナ船などの高速化により船舶の目的地への到着が早くなる一方で，船積書類は銀行経由のルートで処理しているために，船の到着と船積書類の引渡しにギャップが出来ていることが原因である。

　この問題に対する最も現実的な解決策として実務的に行われているのは保証渡しである。保証渡しとは，船荷証券が未着の場合，荷受人が船会社に一切迷惑をかけないことを約束する保証状（letter of guarantee；L/G）を差し入れることを条件に，船会社が船荷証券の提出なしで貨物の引渡しを行う慣行である。現在，保証渡しは船荷証券の危機を打開するための方便として行われている。しかしながら，船荷証券の提出なしで荷物を引き渡すことによって，船会社が負うリスクは大変大きい。船荷証券は，引渡請求権を化体した権利証券であり，船会社は船荷証券を提出した者に対してのみ荷物を引渡す義務を負う。もし船荷証券の提出なしで荷物を引き渡した後，正当な権利者が船荷証券を提出して荷物の引渡しを要求した場合には，船会社は荷物を取り戻して引き渡さないかぎり，損害賠償の責任を負うことになる。

(4)　海上運送状

　図2-4-1で示した通り，現在では，もっとも多く使用されている運送書類は，海上運送状である。そのため，日本でも立法化に向けた動きが加速した。2018年5月18日，商法及び国際海上物品運送法の一部を改正する法律（平成30年法律第29号）が成立した（同年5月25日公布）。その後，2019年4月1日に施行された。これによって，日本でも，海上運送状の規定が立法化されたことになる。

　海上運送状は，運送契約の証拠（evidence）であり，物品の受領証（receipt）である。しかしながら，船荷証券のような有価証券や権利証券ではない。つまり，航海中に証券を移転することによって物品を転売することはできないし，担保力もない。そのため，それらが必要ない国内外の本支店間取引，親会社と子会社との取引，信用のある長年の取引先との取引で使用されている。

　海上運送状は，上述した「船荷証券の危機」や「高速船の問題」への対応
策としても使用されている。その理由は，海上運送状が権利証券ではないた
めに海上運送状の提出なしで物品の引渡しが可能となるからである。これは
船会社にとって大変なメリットになっている。保証渡しは船会社が多大なリ
スクを負うからである。また，荷受人にとっても，書類未着の場合でも保証
状を差入れる必要がなく，直ちに荷受できるというメリットがある。

3．国際海上物品運送のルール

　国際海上物品運送に関しては，そのルールを統一しようという試みが世界
でみられた。この中では特に運送人が自己に有利な定型書式を用いて運送中
における物品の滅失・損傷に対する損害賠償等の責任を免れたいという思惑
があった。そのため，運送人の免責の制限が議論の焦点となった。そして
1924 年にブラッセルで「船荷証券に関するある規則の統一のための国際条
約（International Convention for the Unification of Certain Rules of
Law relating to Bill of Lading）」が制定された。普通，ヘーグ・ルール
（Hague Rules）と呼ばれているこの条約は，広く諸国に採用された。さら
に 1968 年に，コンテナ船の普及や為替相場の問題などを踏まえてこれを修
正する「船荷証券統一条約の一部を改正する議定書（Protocol to Amend
the International Convention for the Unification of Certain Rules of
Law relation to Bill of Lading）が成立した。これら一連のルールは 1979
年の改正議定書とともに，「ヘーグ・ヴィスビー・ルール（Hague-Visby
Rules）」と呼ばれる（日本はヘーグ・ルールを踏まえて，国際海上物品運
送法を制定し，その後，このヘーグ・ヴィスビー・ルールに沿って同法を改
正した）。

　しかしながら，これらのルールは欧米の海運先進国を中心にして作られた
ものであり，発展途上国は運送人に有利な条件で作られているといった不満
を持っていた。そのため，発展途上国の提唱の下に国連貿易開発会議
（United Nations Conference on Trade and Development ; UNCTAD）
が中心となって「海上物品運送に関する国連条約（United Nations

Convention on the Carriage of Goods by Sea)」が 1978 年に国連会議で採択された（発効は 1992 年）。この条約はハンブルグ・ルール（Hamburg Rules）と呼ばれ，ヘーグ・ヴィスビー・ルールよりも運送人に厳しい責任を課している。そのために，その批准には海運先進国が難色を示しており，日本も批准していない。

　一方，海上運送状に関する規定は万国海法会（International Maritime Committee；CMI）が採択した「海上運送状に関する CMI 統一規則（CMI Uniform Rules for Sea Waybills)」で定められている。ただし，この規則は国際規則であり条約ではないために当事者が運送契約の中で明示的に採用する必要がある。

　このように，国際海上運送に関するルールの統一が試みられている。しかしながら，実際には，日本のようにヘーグ・ヴィスビー・ルールを採用する国もあれば，米国のように依然としてヘーグ・ルールに従っている国もあり，さらには，ハンブルグ・ルールを採用する国およびいずれにも属さない国もあるなど各国の対応がまちまちである。このような状況を改善するため，国連国際商取引法委員会（UNCITRAL）は，2008 年 12 月に「国際海上物品運送に関する国際連合条約（United Nations Convention on Contracts for the International Carriage of Goods Wholly or Partly by Sea）を採択した。この条約はロッテルダム・ルール（Rotterdam Rules）と呼ばれている。この新国連条約は，現代的なコンテナ輸送や電子的記録を想定した規定を含むため，時代の要請に適うものと期待されている。しかしながら，まだ発効はしておらず，日本も批准していない。今後，日本が締約国になるべきかについて十分な検討が必要である。

第 2 節　航空物品運送

1．航空物品運送の概要

　今日，航空運送は，国際的な物品運送の分野においても，ますますその重要性を高めつつある。わが国でも輸出入に占める航空貨物の割合は毎年着実

に増加している。

　船舶，鉄道，トラック輸送などに比べて，輸送コストがきわめて高いとされている航空輸送を，貿易業者が利用している理由は航空輸送の輸送時間が他の輸送手段に比べてきわめて短いためである。2 日もあれば世界の主要都市に貨物を送ることが可能となっている。したがって，急を要する貨物や書類，生鮮食料品などの商品に適合し，大いに利用されている。小口荷物の輸送にも適しているので，電子商取引の利用増加とあいまって，航空輸送を利用した国際宅配便がますます伸びている。航空運送の増加傾向は，今後も続くことが予想され，国際取引における航空運送の重要性は大きくなるだろう。

2．航空運送状

　航空運送状（Air Waybill）とは，荷送人・運送人間の運送契約成立を証明する書類であり，荷送人・運送人間もしくは運送人・荷受人間における航空貨物の運送と物品の授受を証明する書類である。航空運送状は有価証券ではなく，運送契約上の権利行使に必要とされる船荷証券とは異なっている。改正ワルソー条約は，航空運送状の流通性を禁じてはいないが，航空機は短時間に仕向地に到着するため，運送状の流通する時間的余裕がないこともあって，実務上流通性のある航空運送状は作成されていない。

　国際航空運送についてのある規則の統一に関する条約（モントリオール条約）第 4 条によると，全ての運送人は，荷送人が航空運送状を作成し，運送人に交付することを要求する権利がある。また，全ての荷送人は，運送人が航空運送状を受理することを要求する権利がある。すなわち，航空運送状は，船荷証券や海上運送状と異なり，荷送人が作成して，航空運送人に交付することになっている。しかしながら，第 7 条第 4 項で航空運送人による代理作成を認めているので，実務上は航空会社または代理店が航空運送状を作成している。

　航空運送状の様式は，IATA（International Air Transport Association）が制定した IATA 様式の航空運送状が広く利用されている。IATA は世界の主要航空会社が組織する民間の国際団体である。この団体は，航空

運賃の決定や運送約款の作成といった国際航空運送において重要な役目を
担っている。

3．航空物品運送のルール

　国際航空運送に関する私法的規則の中心になっているのは，1929年の
「国際航空運送についてのある規則の統一に関する条約（Convention for
the Unification of Certain Rules Relating to International Carriage
by Air)」である。これはワルソー条約（Warsaw Convention）と呼ばれ
ている。同条約は，旅客ならびに貨物の国際航空運送における運送人の責任
について国際的な法統一を実現しようとしたものであり，日本をはじめ130
カ国以上の国々が加入している。ワルソー条約は，その後，しばしば改正さ
れたため，改正前の原条約を改正されないワルソー条約（unamended
Warsaw Convention)と呼ぶことがある。

　ワルソー条約は，航空運送の発達や戦後の経済事情の変化などに対応する
ため，これまでに数度の改正が行われている。その中で発効しているのは
1955年のヘーグ議定書（Hague Protocol）である。日本もこの条約を1967
年に批准した。この議定書は，ヘーグにおいて改正されたワルソー条約
（Warsaw Convention as amended at the Hague）とも呼ばれ，略して
改正ワルソー条約（amended Warsaw Convention）と言われている。

　また，1975年のモントリオール第四議定書改正条約では貨物運送につい
てシステムの現代化が図られている（日本では2000年に発効）。これをヘー
グ議定書によって改正されたワルソー条約を改正するためのモントリオール
議定書（Montreal Protocol to amend the Warsaw Convention as
amended by Protocol at The Hague）と呼ぶ。略して，再改正ワルソー
条約（reamended Warsaw Convention）とも呼ばれている。

　さらには，1999年に採択されたモントリオール条約（Montreal
Convention）では主として旅客人身事故に関する運送人責任の現代化，即
ち，運送人の責任限度額を撤廃して，旅客の保護を図っている（日本［2000
年批准］を含め2003年に発効）。これらの4条約は，各々が別の条約であ

る。そのため，発着空港所在の各国が同一の条約加盟国である場合にのみ同
一の条約が適用される。

第 3 節　国際複合運送

1．国際複合運送の概要

　国際複合運送（International Combined〈Multimodal〉Transport）と
は，A国の a 地点からB国の b 地点までの運送が，少なくとも 2 つの異な
る輸送手段によって行われる運送のことを指す。現在の国際複合運送の形態
は，定期船航路で全盛をきわめているコンテナ輸送が大前提となっており，
海上輸送されたコンテナを陸揚港で鉄道またはトラック等に接続してそのま
ま内陸地域まで運送する方法である。

　国際複合運送を引き受ける複合運送人（Combined Transport Operator；
CTO）は，荷主に対しては運送人として全輸送区間にわたる一貫輸送責任
を負い，通し運賃を提示し，複合運送証券（Combined Transport
Document；CTD，Multimodal Transport Document；MTD）の発行を
おこなう。したがって，国際複合運送とは，1 人の複合運送人が，全区間を
通じて複合運送証券を発行し，その輸送の全区間にわたり責任を持つ形態の
運送でもある。複合運送には，まず，船会社が担当する海上運送以外の区間
について他の運送人を下請運送人として利用するという形態がある。次に，
自らは何らの運送手段も持たない者が，すべての運送区間について複数の下
請運送人を利用して運送を引き受けるというタイプのものもある。フレイ
ト・フォワーダー（freight forwarder）の定義は様々あるが，近年，この
ような他の運送事業者を利用して複合運送を営む者を指す場合が多い。

　最近では，コンテナの利用拡大によって，日本／アメリカ間の複合輸送で
あるミニ・ランドブリッジ（Mini Land Bridge），日本／ヨーロッパ間の
複合輸送であるシベリア・ランドブリッジ（Siberian Land Bridge）をは
じめとして，道路／鉄道／船舶／航空輸送を組み合わせた様々な国際複合運
送が行われている。

2．複合運送証券

　複合運送契約に基づいて複合運送人が発行する運送証券が複合運送証券 (Combined Transport Document；CTD, Multimodal Transport Document；MTD) である。複合運送証券の性質および効力については，現在のところ，これを直接に規律する法規がないため，運送人が定める複合運送約款によっている。代金決済との関係では，信用状取引で，銀行が複合運送証券を受理してくれるかどうかが問題となる。複合運送の増加に伴い，船積書類の中に複合運送書類が含まれることが多くなったため，「2007年改訂版の荷為替信用状に関する統一規則および慣例」(ICC Uniform Customs and Practice for Documentary Credits 2007 Revision；UCP600) では，銀行が受理する複合運送書類の要件が詳細に規定されている。また，フレイト・フォワーダーの発行したものでも，発行人が運送人または運送人の指定代理人として発行した書類であれば受理される。

　国際的に利用されている複合運送証券としては，国際フレイト・フォワーダー連合 (FIATA) の複合運送証券が有名である。これは，国際商業会議所の「複合運送証券統一規則 (Uniform Rules for a Combined Transport Document)」に従ったものであり，上述した信用状統一規則 (UCP600) では，国際商業会議所が承認した運送船荷証券として認められている。

3．複合運送のルール

　現在のところ，複合運送契約そのものを直接に対象とする国際的な統一ルールは存在していない。国際複合輸送には異種の輸送手段がからむだけに，その法律関係が複雑になるからである。しかしながら，長年の作業の結果，1980年5月24日にジュネーブで開催された国際複合運送条約に関する国連会談で「国連国際物品複合運送条約 (United Nations Convention on International Multimodal Transport of Goods)」が採択された。この条約は，海上物品運送に関するハンブルク・ルールを基礎とし，複合運送人の責任について単一の責任原則を適用するなど，国際複合運送全般にわたって詳細な規定を置いている。ところが，複合運送人の責任が極めて重く

なることや，実務の慣行と一致しない点があることなどから，発効の見込み
は未だにたっていない。

このように，国際複合運送における複合運送人の責任などについてはまだ
国際的な統一ルールが確立していないのが現状である。そのため，国際複合
運送契約の内容は，運送人が作成する複合運送約款によっている。このよう
な運送約款については，業界団体が標準約款を作成しており，それを利用す
ることによって統一化が進みつつある。

─ Column：保証渡しの種類 ─

船荷証券は有価証券であり，法理論的には，船会社は，船荷証券と引き換える
ことなく貨物を荷受人である輸入者に引き渡すことはできない。

しかしながら，実務では，船荷証券が発行されていても，船荷証券の延着・紛
失などの場合には，輸入者の迅速な貨物の引取りの必要から，船会社が船荷証券
と引き換えることなく貨物を輸入者に引き渡すことも行われており，これを「仮
渡し」または「空渡し」と呼んでいる。

しかし，仮渡しまたは空渡しを行った船会社は，輸入者から船荷証券の提出を
受ける前に，船荷証券の正当所持人から貨物の引渡しを請求された場合には，そ
の貨物を輸入者から取り戻して正当所持人に引き渡すことができなければ，それ
に代わる損害賠償をしなければならない。

そこで，実務では，船会社は，このリスクを回避するために，船荷証券と引き
換えることなく輸入者に貨物を引き渡したことにより被る一切の損害を賠償する
旨を約する保証状（Letter of Guarantee；L/G）の提供を受け，仮渡しまたは
空渡しを行う「保証渡し」で対応している。なお，この保証状は，船会社の損害
を担保する契約であることから「補償状」と呼ばれることもある。

この保証渡しには，荷受人たる輸入者のみが保証する「シングルL/G」（170
頁参照）と，銀行が輸入者と連帯して保証する「Bank L/G」がある。

このうち，シングルL/Gによる貨物の引渡しは，輸入者の保証債務履行能力
のみに依存するため，輸入者が倒産等により保証債務履行能力を喪失した場合，
船会社が負うリスクは大変大きい（170頁参照）。

船会社は，シングルL/Gによる輸入者の保証債務履行能力に不安がある場合
には，そのリスクを回避するため，輸入者の保証債務を銀行が連帯して保証する
「Bank L/G」を利用することが多い。

Bank L/Gには，信用状を発行した銀行（発行銀行）が信用状与信の担保であ
る貨物を輸入者が引き取ることができるようにする「輸入担保荷物引取保証」
（160頁）と，輸入者の取引銀行が輸入者の依頼により連帯保証をするものがあ

る。

　Bank L/G の大部分は，貨物を迅速に引き取りたいという輸入者のニーズに応え，その転売代金により信用状決済資金の返済原資を確保するために発行銀行が行う輸入担保荷物引取保証である。

　また，輸入担保荷物引取保証以外の場合であっても，輸入者の保証債務履行能力に不安がないときは，銀行は，迅速な貨物の引取りのニーズを有する輸入者の依頼を受け，輸入者に対する与信判断を行ったうえで，その保証債務を連帯して保証することがある。これも Bank L/G による保証渡しの一種である。

Column：国際運送と電子商取引

　2001 年の 9 月 11 日を契機に，米国は，国際物流に対するテロの対策を開始し，コンテナ・セキュリティ・プログラムを次々と打ち出した。その中でも，外国港での船積み 24 時間前貨物情報事前申告ルール（Presentation of Vessel Cargo Declaration to Customs Before Cargo is Laden Aboard Vessel at Foreign Port for Transport to the United States，以下では，24 時間前ルールとする）は，各国の貿易関係書類の電子化に影響を与えている。このルールは，米国向け貨物について，船会社または NVOCC に対し輸出地で船積みされる 24 時間前までに米国税関へマニフェスト（貨物目録等）の提出を義務づけるものである。この申告には，AMS（Automated Manifest System）を利用した電子申告が義務付けられている。米国の 24 時間前ルールは，2002 年 12 月に発効し，2003 年 2 月から運用開始された。その後，このルールは各国に波及していき，カナダ，メキシコ，韓国で同様のルールが導入された。日本でも 2007 年 2 月から関税法第 15 条（入港手続）の規定が改正され，日本版 24 時間前ルールが導入された。しかしながら，日本版の場合，通関情報処理システム（Nippon Automated Cargo Clearance System；NACCS）や事前旅客情報システム（Advance Passenger Information System ；APIS）等既存システムを有効に活用するためにも電子情報での事前報告が望ましいが，書類によることも可能とするとされている。

第5章
貨物海上保険と貿易保険

第1節　海上保険はなぜ必要か─海上保険の歴史

1. 海上保険の意義と歴史

　海上保険（Marine Insurance）は偶発的な事故などによる経済的損失に備えて船舶や貨物に掛ける保険である。船舶保険（Hull Insurance）と貨物海上保険（Marine Cargo Insurance）に大別されるが，ここでは，国際売買取引の対象である商品，即ち輸出入貨物に関する外航貨物海上保険（以下，海上保険と略す）をとりあげる。

　生命保険（life insurance）に対して，物的損害などを取り扱う民間の保険は総称して損害保険（non-life insurance）と呼ばれる。日本の損害保険会社の多くが，「…海上火災保険株式会社」の類の社名を有していることからもわかる通り，海上保険や火災保険は損害保険に属する保険である。

　海上保険はなぜ必要かを考える場合，海上保険の起源とその発展の歴史をたどってみると理解しやすい。海上保険思想のルーツに関して，紀元前3000年頃，地中海交易において，船が嵐や座礁で沈没の危機に瀕した時に，沈没を防ぐための「投荷」による損害を荷主全員と船主が共同で負担し合う慣習があったと伝えられている。

　紀元前300年頃には，ギリシャ商人の間で「冒険貸借」という危険分担の仕組みが生まれたと伝えられる。この制度では，船，積荷を担保にして，船主，荷主（商人）が航海の前に金融業者から金を借り，交易船が無事に帰着すれば元金＋高額の利子を返済する義務を負うが，海難事故や海賊による積荷の強奪により，無事帰着できなければ金融業者への返済を免除されたとい

われている。13 世紀中頃まで続いたと伝えられ，海上保険の源流といえる
制度であろう。

　このような制度がより発展を遂げ，海上保険制度と言えるものをベニス，
ジェノアなどの商人達が創設し，世界で最も古い海上保険証券（Marine
Insurance Policy）が 14 世紀中頃，ジェノアで発行されたと伝えられてい
る。イタリアで生まれた海上保険制度が，当時の貿易の発展と共に，次第に
西ヨーロッパの主要貿易・商業都市に伝わって，近代的保険制度へと発展し
ていった。

2．ロイズの誕生と発展

　17 世紀から 18 世紀初め，アムステルダムと共に，ロンドンが海上保険の
中心地となった。当初イタリアから来たロンバート商人達に続いて，イギリ
ス人がその実権を握るようになった。その草分けが，エドワード・ロイド
（Edward Lloyd 1688-1726）が経営したテームズ川船着場の近くのロイ
ズ・コーヒーハウスである。最新情報を持った貿易船の船長や船員達が自然
に多くたむろし，貿易商人にとって海上保険（船舶保険，貨物海上保険）の
最適な取引の場所として，認知されるようになった。個人および法人の保険
引受業者の大シンジケート組織であるロイズ保険組合（Corporation of
Lloyd's）のルーツである。

　現在日本で発行されている MAR フォーム（後述）と呼ばれる英文外航
貨物海上保険証券（以下，Policy と略す）の表面には，クレーム請求に対
する責任と決済に関して英国の法律及び慣習に準拠する趣旨の準拠法条項
が，また，裏面の協会約款にも英法準拠約款が織り込まれている。海上保険
における英国の伝統的な法律や慣習が，世界において今も影響力を持ち続け
ているのである。

第2節　貨物海上保険契約—担保危険とてん補範囲

1.「担保危険」と「てん補範囲」

　貿易取引においては，商品（貨物）の輸送途上で天災，偶発的な事故（fortuitous accident），盗難などに遭遇する可能性がある。輸出者または輸入者は潜んでいる様々なリスクに備えて，貨物に損傷を被った場合に保険で損害をカバーしてもらえるよう，輸出者または輸入者が損害保険会社（以下保険者と略す）と海上保険契約を締結する必要がある。

　保険者が「担保（cover）」する「危険（risk）」（損害発生の原因となる偶発的な事故の可能性）の種類，それによって経済的な損害が生じた時の「てん補」の範囲，保険期間などの保険条件（conditions of insurance）がPolicy上に明記される必要がある。この関係は下記の如く表示できる。

　担保危険（偶発的[fortuitous]事故）—（原因と結果の関係）—損害⇒
損害のてん補

2.「損害」の定義と分類

⑴　海損

　海上保険においては，航海事業に伴う貨物の「損害（damage）」のことを「海損（Average）」という。語源は，イタリア語 *avaria*，アラビア語 *awar*，フランス語 *avarie* などであり，いずれも "damage to ship or cargo" の意味である。現在では，航空貨物，陸上輸送貨物の場合もこの言葉が準用されている。

⑵　単独海損・共同海損とは

　損害，即ち海損は負担方法によって単独海損と共同海損に大別される。

　「単独海損（Particular Average）」とは，保険事故による損害が発生した場合，荷主が単独で全部被る損害のことである。

　「共同海損（General Average：略語は G.A.）」とは，台風などの荒天遭遇，航洋船舶の座礁による海難事故などが発生した場合に，船舶および積荷

両方の沈没などの共同の危険を免れるため，または損害軽減のため，船長が共同海損の宣言を行って船舶の装備品または積荷の一部またはその両方を意図的に海に投棄するなどの方法により生じる合理的な損害のことである。公平を期するため，投棄により被害を受けた荷主などの損害・費用を，その行為により沈没を免れて利益を受けた他の全ての利害関係者（船主，荷主，および運賃取得者である運航会社）も含めて共同で負担し合うという海上運送に固有の制度である。

(3) 全損・分損

保険の目的としての貨物が被った損害が，当該貨物の全部に及ぶ全面的損害なのか，当該貨物の一部のみの部分的損害なのかにより，上述の単独海損は全損（Total Loss）と分損（Partial Loss）に大別される。

(4) 現実全損と推定全損

「現実全損（Actual Total Loss：絶対全損［Absolute Total Loss］ともいう）」とは，Policy の担保危険により，被保険貨物の全部が滅失，損傷した場合や，貨物の占有，所有を奪われ回復できない場合のような損害を被った状態をいう。

図表 2-5-1　貨物海上保険における海上損害の分類

損害の種類			
損害	物的損害	全損 (Total Loss)	現実全損（Actual Total Loss：絶対全損）
			推定全損（Constructive Total Loss）
		分損 (Partial Loss)	単独海損（Particular Average）
			共同海損（General Average）
	費用損害	救助料（Salvage Charges）	
		単独費用	損害防止費用（Sue and Labour Charges）
			特別費用（Particular Charges）
		付随費用（Extra Charges）	

(注)　上記費用損害の内，「特別費用」とは，貨物の保全のため，被保険者によりまたは被保険者のために支出された費用（損傷貨物の避難港での陸揚，保管，転送費用等）で，共同海損，救助料以外のもの，「付随費用」は，保険者がてん補責任を負うべき損害の確定及び証明のための関係付帯費用（surveyor［鑑定人］の Survey Report 入手費用等）のことである。

「推定全損（Constructive Total Loss）」とは，貨物の滅失時に，絶対全損の発生が避け難いと判断される場合や，絶対全損の発生を防ぐために支出を要する費用が，支出後の保険の目的の価額を超過するような場合に成立する。

　上記図表 2-5-1 は，海上保険における海上損害の種類を損害の程度等によりおおまかに一覧表にまとめたものである。

第 3 節　貨物海上保険証券の種類

1. 貨物海上保険証券 （Marine Cargo Insurance Policy）

　貨物海上保険証券は，有価証券ではないが，裏書譲渡可能な証拠証券であり，輸入者の保険クレーム手続に不可欠な重要書類である。

　Policy には，1906 年英国海上保険法（Marine Insurance Act：以下 MIA 1906 と略す）付則に標準様式として定められ，今日まで世界的に広く使用されてきたロイズ SG フォーム（1779 年ロイズ保険組合にて採択）と，1982 年にロンドン保険市場で新しく制定され，現在世界的に広く使用されるようになった MAR フォーム（Marine Form Policy の略称）の 2 種類の書式がある。

　MIA 1906 は，判例主義の国英国において現在も生き続けている法律で，多数の判例を集大成し法典化したものである。現在世界において使用されている Policy 本文や裏面約款の文言の意味と解釈を確定している法律である。

2. ロイズ SG フォームに基づく Policy の構成

　ロイズ SG フォーム（Lloyd's Ship and Goods Form Policy の略称）の S は Ship の略語，G は Goods（貨物，積荷）の略語で，従来，船舶保険，貨物保険両方の海上保険証券に標準書式として使用されてきた。

　2010 年頃までは，日本で発行される保険証券のほとんどは，ロイズ SG フォームに準拠した Policy 本文（Policy Body）と，ロンドン保険業者協

会 (Institute of London Underwriters) が 1963 年に制定した協会貨物約款 (Institute Cargo Clauses 1963：以下旧 ICC 1963 と略す) を使用した旧フォームのものであった。現在も L/C で指定されている場合など，この書式が使用される場合がある。

(1)　ロイズ SG フォーム Policy 本文（表面約款）

ロイズ SG フォーム使用の Policy 本文（表面約款）には，中世の英語が使用され，担保危険と免責危険が入り混じり，難解であるといわれてきた。おおまかにまとめると，Policy 表面の本文で担保している危険は，本文の危険約款 (Perils Clause) に列挙した担保危険から，戦争・ストライキ危険などの免責危険を除外した残りの部分，即ち，① 海固有の危険，② 火災（落雷により生じた火災を含む），③ 強盗（暴力を伴う強奪を意味し，窃盗 (Theft and Pilferage) を含まない），④ 投荷，⑤ 船長および海員の悪行，⑥ これら ① から ⑤ の列挙危険と同種の危険の 6 つのみである。

上記 ① の「海固有の危険 (Perils of the seas)」とは，荒天，沈没，座礁，衝突など海上での航海に固有の危険のことで，海の偶然な事故または災厄のみをいう。風波の通常の作用や海上での全ての事故を包含するものではない。

(2)　旧フォーム Policy 裏面約款

ロイズ SG フォーム書式使用の Policy 裏面には下記協会約款 (Institute Clauses) などが印刷され，保険契約の条件に応じて該当約款が適用される。

・旧 ICC 1963 (All Risks), (WA), (FPA)　旧協会貨物約款 1963 （全危険担保），（分損担保），（分損不担保）
・Institute War Clauses 1980　旧協会戦争危険担保約款 （以下旧協会戦争約款 1980 と略す）
・Institute Strikes Riots and Civil Commotions Clauses 1963 （略称 S.R.C.C. 又は SRCC Clauses）　旧協会同盟罷業騒擾暴動危険担保約款（以下旧協会ストライキ約款 1963 と略す）

3．旧 ICC 1963 における基本保険条件—All Risks, WA, FPA

旧 ICC 1963 における基本保険条件には，以下の通り，All Risks（略語は A/R），WA, FPA の 3 種類があり，ICC（Institute Cargo Clauses：協会貨物約款）の中核条項として織り込まれている。

保険引受条件は，TLO（Total Loss Only 全損のみ担保）＜ FPA（分損不担保）＜ WA（分損担保）＜ A/R（全危険担保）の順にてん補範囲が広い。

(1)　全危険担保（All Risks；A/R）条件

戦争危険と同盟罷業・暴動・騒乱危険（War and SRCC Risks）を除くあらゆる外部的，偶発的な原因 による損害を免責歩合の適用なく，てん補する保険条件である。

(2)　分損担保（With Average；WA）条件

分損担保（以下 WA と略す）は単独海損担保（With Particular Average：略語は WPA）とも称される。「単独海損」とは，例えば，座礁，沈没，大火災事故は発生しなかったが，Policy 本文記載の担保危険により被保険貨物の一部が滅失または損傷した場合の損害（荒天時の海水侵入に因る潮濡れ損害など）であって，共同海損でない海損（分損）のことである。Policy に特に定めたフランチャイズ（Franchise 免責歩合）の規定に従っててん補される。

ロイズ SG フォーム Policy 本文（表面約款）には，元々免責歩合約款（Memorandum）が付いているが，実際の保険契約では，日本の保険会社は Policy に，WPA irrespective of percentage（略語は i.o.p.）と表記し，免責歩合約款を適用せずに，被保険者に単独海損の全額をてん補する便宜を図っている。

(3)　分損不担保（Free from Particular Average；FPA）条件

単独海損不担保とも称される。付保された危険により生じた全損および共同海損のみはてん補するが，分損（単独海損）については原則としててん補しない。例外的に，下記 ① から ⑤ の特定の場合のみ，損害の割合如何にかかわらず分損（単独海損）もてん補する。

① 全損。
② 共同海損。
③ 本船または艀に「三大事故」（SSB 事故ともいう）発生の場合の単独
　海損，ならびに火災，爆発に起因する特定分損。
　　「SSB 事故」とは，Policy 表面本文の担保危険の一部である船舶また
　は艀の座礁（Stranding），沈没（Sinking），大火災（Burning）のこ
　とである。SSB 事故発生の前または後であっても，SSB 事故と関係な
　く生じた貨物の単独海損もてん補する。
④ 衝突（Collision）に起因する特定分損（上記③三大事故の頭文字と
　併せて「SSBC 事故」または「四大事故」と称される），ならびに水以
　外の他物（氷を含む）との接触，遭難港での荷卸しなどに起因する特定
　分損。
⑤ 救助料，単独費用（損害防止費用，特別費用），付随費用（図表 2-5-1
　参照）。

4．列挙責任主義と包括責任主義

　保険者が担保する危険が複数ある場合，担保危険を限定するのに，包括的
に定める「包括責任主義」と，危険を具体的に列挙する「列挙責任主義」の
2 種類の方法がある。ロイズ SG フォーム Policy の表面本文の危険約款は
列挙責任主義に基づいているが，裏面約款である旧 ICC 1963 の WA 条件
と FPA 条件は列挙責任主義，A/R 条件は包括責任主義に基づいている。

　WA 条件，FPA 条件で付保されている場合，保険事故の損害が列挙危険
に起因したことの挙証責任は被保険者にあるが，A/R 条件の場合は，被保
険者は，保険期間中に損害を被ったという事実を立証するだけで足り，損害
が特定の担保危険によって生じたことまで立証する必要はないとされてい
る。換言すれば，A/R 条件において，保険者がてん補責任を免れるために
は，貨物の損害が免責危険に起因して起ったことを保険者が立証する必要が
ある。

第 4 節　MAR フォームと新協会貨物約款（新 ICC 2009）

1．MAR フォームと新協会貨物約款（新 ICC 1982, 2009）制定の経緯

中世英語で書かれ，担保危険と免責危険の複雑な組み合せから成るロイズ SG フォーム Policy 本文と旧 ICC 1963 が難解であるとして，開発途上国より UNCTAD（国連貿易開発会議）に対して，Policy 全面改定の要請がなされた。

この動きに呼応して，ロンドン保険業者協会が自主的に，現代英語で書かれた画期的な新 Policy 様式「MAR フォーム ＋ 1982 年協会貨物約款（Institute Cargo Clauses 1982：以下 ICC 1982 と略す）」を制定した。

さらに 2009 年，ロンドン保険市場の Lloyd's Market Association（LMA）と International Underwriting Association of London（IUA）の合同貨物保険委員会が，ICC 1982 を改正し，新 ICC 2009 年版を制定した。

「MAR フォーム＋ICC 1982」様式の新 Policy は日本では普及が進まなかったが，2009 年の改正を契機に，2010 から 2011 年にかけて新 ICC 2009 年版 （以下新 ICC 2009 と略す）が急速に普及し，現在では日本で発行される Policy の多くが「MAR フォーム＋新 ICC 2009」様式で発行されているようである。「ロイズ SG フォーム＋旧 ICC 1963」様式の保険証券もまだ一部で使用されているが，L/C や売買契約などで指定されている場合に限られる。

2．新旧保険証券の表面約款・裏面約款の組み合せ

旧フォーム（ロイズ SG フォーム）に基づく Policy は，危険担保条項が表面約款（証券本文，欄外約款など），裏面約款（旧 ICC など）両方に規定されるなど，複雑であったが，MAR フォームでは裏面の協会約款のみで規定されるなど，約款の組み合せが整理され，読みやすい構成となっている。次の図表 2-5-2 は，新旧 Policy を構成する主要約款の組み合せ（概要）を

比較対照したものである。

図表 2-5-2　新旧 Policy における主要約款の組み合せ（概要）

	旧外航貨物海上保険証券	新外航貨物海上保険証券
Policy 様式	ロイズ SG フォーム（表面約款）＋旧 ICC 1963（裏面約款）	MAR フォーム（証券表面）＋新 ICC 2009（裏面約款）
裏面約款	（下記旧協会約款 1963 など）	（下記新協会約款 2009 など）
ICC 基本条件（裏面）	A/R 条件	（A）条件
	WA 条件	（B）条件
	FPA 条件	（C）条件
War 特約	旧協会戦争約款 1980	Institute War Clauses (Cargo) 2009
SRCC 特約	旧協会ストライキ約款 1963	Institute Strikes Clauses (Cargo) 2009

3．新 ICC 2009 における（A），（B），（C）条件

新 ICC 2009 における（A），（B），（C）条件とは基本担保条件のことで，変更点はあるが旧 ICC 1963 における基本担保条件 A/R，WA，FPA にそれぞれ相当する条件である。従って，基本的に，（A）条件は包括責任主義，（B）条件と（C）条件は列挙責任主義に基づいている。その担保危険・免責危険の主なものを基本担保条件別にまとめたものが，次の図表 2-5-3 である。

国際商業会議所制定のインコタームズ 2010 に基づく貿易売買契約の取引条件が CIF 条件または CIP 条件の場合，売主に，自己の費用により，少なくとも上記（C）条件または同種の約款によって規定されている，最低限の補償範囲を満たす海上保険を取得する義務が課されていた。

インコタームズ 2020 においては，取引条件が CIP 条件の場合には，売主は上記（A）条件の水準を満たす保険補償を取得しなければならない。その場合でも，より低い保険補償の水準に売主・買主が合意することは，もちろん当事者に委ねられる，という内容に改訂された。取引条件が CIF 条件の場合の保険条件は，従来通り（C）条件の規定のままである。

図表 2-5-3　新 ICC 2009 における担保危険（主なもの）

（○印は担保，×印は不担保を表わす）

具体的担保危険／てん補損害	基本担保条件		
	(A) 条件	(B) 条件	(C) 条件
火災または爆発	○	○	○
船舶，艀の座礁，乗り上げ，沈没，転覆	○	○	○
陸上輸送用具の転覆，脱線	○	○	○
輸送用具の他物との衝突，接触	○	○	○
避難港における貨物の荷卸し	○	○	○
地震，火山の噴火，落雷	○	○	×
共同海損犠牲損害	○	○	○
投荷	○	○	○
波ざらい	○	○	×（注 1）
海水，湖川水の輸送用具・コンテナ・保管場所への侵入	○	○	×（注 1）
船舶・艀への積込・荷卸し中の貨物の水没・落下による梱包 1 個毎の全損	○	○	×（特約で担保）
海賊行為	○	×（特約で担保）	×（特約で担保）
上記以外の一切の危険	○	×（注 2）	×（注 2）
戦争危険	×（特約で担保）	×（特約で担保）	×（特約で担保）
ストライキ危険，テロリズム危険	×（特約で担保）	×（特約で担保）	×（特約で担保）

（注 1）　別途保険者の特約により全損を担保する場合がある。

（注 2）　「上記以外の一切の危険」には，盗難不着などの付加危険担保特約で担保可能な危険がある。

4．新 ICC 2009 (A)，(B)，(C) 条件における旧 ICC 1963 A/R, WA, FPA 条件との主な相違点

(1)　船会社倒産免責条項の緩和

　船会社倒産による損害は，旧 ICC 1963 A/R 条件では担保，同 WA, FPA 条件では不担保，ICC 1982 では (A)，(B)，(C) 条件共に不担保となっていた。しかし，ICC 2009 では (A)，(B)，(C) 条件共に第 4 条 6 項で改正され，被保険者が善意の場合（船積み時に倒産を知らなかった場合）や善意の第三者による保険金請求の場合にはてん補されるものとして緩和された。

(2)　旧 ICC1963 と新 ICC 2009 のその他の主な相違点

担保危険と免責危険における旧 ICC 1963，新 ICC 2009 のその他の主な相違点を次の図表 2-5-4 に示す（改正して新たに規定された点を記述する）。

図表 2-5-4　担保危険と免責危険における新旧 ICC の主な相違点

基本条件	新 ICC 2009 での「担保危険」	新 ICC 2009 での「免責危険」
(A)　条件	・海賊行為（piracy） （旧 ICC では戦争危険扱いであった）	・放射能汚染，放射性物質，核兵器または装置（直接，間接であるとを問わない）
(B)　条件	・地震，噴火，落雷 ・湖水・河川水の輸送用具・コンテナ・保管場所への侵入による水濡れ ・陸上輸送用具の転覆，脱線	・荒天遭遇による荷崩れ ・放射能汚染，放射性物質，核兵器または装置（直接，間接であるとを問わない）
(C)　条件	・陸上輸送用具の転覆，脱線 (C) 条件の特徴： 具体的な担保危険を列挙しているが， (B) 条件より担保危険が少ない。	・積込・荷卸し中の梱包 1 個毎の全損 ・荒天遭遇による潮濡れ，荷崩れなど ・放射能汚染，放射性物質，核兵器または装置（直接，間接であるとを問わない）

5．付加危険担保約款

旧 ICC 1963 WA，FPA 条件，新 ICC 2009 (B)，(C) 条件では担保されない危険を，特約である付加危険担保約款で割増保険料 を払って担保してもらえる方法がある。

主な特約としては，TPND（Theft, Pilferage and Non-delivery：盗難不着危険担保），RFWD（Rain & Fresh Water Damage：雨淡水濡損危険担保），Shortage of contents or Leakage（中味の不足または漏損危険担保），Breakage（破損危険担保），BD（Bending &/or Denting：曲損・へこみ損危険担保），Contamination（汚染損害危険担保），前述の War and SRCC Risks 等がある。

6．ICC A/R 条件または（A）条件でも担保出来ない危険

新 ICC 2009（A）条件における免責危険は旧 ICC 1963 A/R 条件における免責危険と基本的にほぼ同じで，英国法典 MIA 1906 の影響を受けている。

⑴　新 ICC 2009（A）の免責条項における免責危険

第 4 条および第 5 条（免責事項）が規定する免責危険は次の通りである。

①　被保険者の故意の違法行為

②　通常の漏損，重量もしくは容量の通常の減少または自然の消耗

③　梱包もしくは準備の不完全または不適切。但し，被保険者またはその使用人によって行われる場合，またはこの保険の危険開始前に行われる場合に限る。「梱包」にはコンテナへの積み付けを含むものとし，「使用人」には独立した請負業者（梱包業者など）を含まない。

④　保険の目的物の固有の瑕疵または性質

⑤　遅延が担保危険によって生じた場合でも，遅延に近因して生じた滅失，損傷または費用（但し共同海損によって支払われる費用を除く）

⑥　船会社などの経済的破綻によって生じる滅失，損傷または費用。但し，保険の目的物を船舶に積込む時に，被保険者がそのような支払不能または金銭債務不履行が，その航海の通常の遂行を妨げることになり得ると知っているか，または通常の業務上当然知っているべきである場合に限る。この免責規定は，「善意の第三者としての保険契約の譲受人」には適用されない。

⑦　直接であると間接であるとを問わず，放射能汚染，放射性物質，核兵器または装置の使用による損害

⑧　船舶・艀の不堪航（unseaworthiness）および船舶・艀・輸送用具・コンテナが安全な輸送に不適合に因る損害（但し，輸送用具に積込まれる時に被保険者が不堪航・不適合を関知している場合に限る）。

上記 ④ の「固有の瑕疵または性質(inherent vice or nature)」は，MIA 1906 にも同じ文言が規定されている。「固有の瑕疵または性質」とは，特定の貨物が一般的に有する欠陥的性質であって，外襲的事故なしに「航海の通常の経過」において貨物自体の固有の性質で損害の原因となるものをいう。例えば，湿気を帯びた石炭の自然発火，「航海の通常の経過」において，穀物や液体貨物などが乾燥や蒸発に因り重量・容量が減少すること，鉄鋼製品に生じる通常の錆，陶器類に生じる通常の破損などである。

(2)　至上約款（Paramount Clause）による免責危険

どの約款・規定でもてん補できないその他の免責危険を下記する。

①　放射能汚染，放射性物質，核兵器などに起因する損害

②　化学兵器，生物兵器，生物化学兵器，電磁兵器により生じた損害

旧 ICC 1963 A/R 条件には，原子力発電所の爆発事故などによる放射能汚染損害に関する免責規定がないが，日本の損害保険会社は現在，全ての Policy に「協会放射能汚染，化学兵器，生物兵器，生化学兵器および電磁兵器免責約款（Institute Radioactive Contamination, Chemical, Biological, Bio-Chemical and Electromagnetic Weapons Exclusion Clause 2003）」という免責約款（至上約款）付きで保険引受を行っているので，同種の危険は免責である。

③　保管中の貨物のテロリズム（政治的動機を含む）による損害。

Policy 裏面に免責約款の「輸送終了約款（テロリズム）Termination of Transit Clause (Terrorism) 2009」が印刷されている。貨物の通常の輸送過程から外れる保管・加工・展示中などの貨物は，保険期間外でありテロ危険免責である。

①②③の免責を規定する上述の2つの英文約款は，Policy 上のこれと抵触する他のいかなる約款・規定よりも優先して適用される免責規定であり，至上約款（Paramount Clause）と呼ばれる（paramount は「至上の・最高位の」意）。

7．戦争危険およびストライキ危険の担保特約

(1)　戦争・ストライキ危険（War and SRCC Risks）

「戦争危険（War Risks）」とは，宣戦布告の有無を問わず，平時の偶発事故を含む敵対行為の危険のことである。地域紛争や内乱・争乱・反乱・革命等の国内闘争など，異常な状態の人為的な危険である。

「ストライキ危険（Strikes Risks）」とは，ストライキ，騒じょう，暴動の参加者，職場閉鎖を受けた労働者による暴力的破壊行為，テロ行為など，異常な状況下で発生する人為的な危険である。英語を略して SRCC Risks

ともいう。

(2)　新旧協会戦争危険担保約款の主な相違点

旧協会戦争危険担保約款 1980 と新協会戦争危険担保約款（貨物）2009
における担保危険および免責危険の主な相違点は次の通りである。

① 旧協会戦争危険担保約款 1980「捕獲，拿捕，強留，抑止または抑留
の危険を戦時・平時を問わず担保」を，新協会戦争危険担保約款 2009
「担保危険から生じる捕獲，拿捕，拘束，抑止または抑留を担保」（即ち
戦時のみ担保，平時は不担保）に変更した。

② 旧協会戦争危険担保約款 1980 の「機雷，魚雷，爆弾またはその他の
兵器」を，新協会戦争危険担保約款 2009 では「破棄された機雷，魚
雷，爆弾またはその他の破棄された兵器」に変更した。

③ 旧協会戦争危険担保約款 1980 の「海賊行為（piracy）を担保」を，
新協会戦争危険担保約款 1982 および 2009 では海賊行為を削除し，新
ICC 1982 および新 ICC 2009 の（A）条件でのみ海上危険（マリンリ
スク）として「海賊行為を担保」に変更した。

④ 旧協会戦争危険担保約款 1980 免責条項「原子力兵器を不担保（1971
年改正により原子力兵器不担保約款を追加)」を，新約款 2009 では，
免責条項に「または装置」という文言を追加し，「原子力兵器または装
置を不担保」に変更した。

(3)　新旧協会ストライキ危険担保約款の主な相違点

① 旧協会約款では，ICC，戦争約款，ストライキ約款いずれにも「テロ
リズム行為および政治的，思想的，宗教的動機から行動する者による損
害」に関する規定がなかったが，新協会ストライキ危険担保約款（貨
物）2009 ではストライキ危険として担保が明記された（但し，通常の
輸送過程ではない保管中は免責）。

② 梱包不適切に関する免責規定を，新 ICC 2009 同様に改正した。

第5節　保険期間

　保険期間（duration）とは，保険者の危険負担責任の始期から終期までの存続期間のことである。次の図表 2-5-5 は，協会各約款が規定する保険期間の原則を危険の種類別におおまかにまとめたものである。

図表 2-5-5　CIF，CIP 建て輸出の場合の保険期間

（下記 (1) または (2) のいずれか早い時に保険が終了する。但し，通常の輸送過程ではない蔵置目的等の保管がなされた場合を除く）

	協会約款における危険（Risks）の種類	保険期間（始期～終期）の原則 (1)	保険終期 Time Limit の原則 (2)
貨物海上保険	海上危険（Marine Risks）	Warehouse to Warehouse（倉庫から倉庫まで）	外航本船から荷卸完了後 60 日限度
	ストライキ危険（貨物）（SRCC Risks）	同上（Warehouse to Warehouse）	同上（荷卸完了後 60 日）
	戦争危険（貨物）（War Risks）	Waterborne（外航本船積載中のみ）：航洋船舶に積込まれた時に開始、最終荷卸港で航洋船舶から荷卸しされる時に終了	航洋船舶が最終荷卸港到着日の午後 12 時から 15 日間限度
航空貨物保険	海上危険：協会貨物約款（航空）（郵便物を除く）	Warehouse to Warehouse	航空機から荷卸完了後 30 日限度
	ストライキ危険（航空貨物）	同上（Warehouse to Warehouse）	同上（荷卸完了後 30 日）
	戦争危険（航空貨物）（郵便物を除く）	Airborne（航空機搭載中のみ）：航空機に積込まれた時に開始、最終荷卸地にて航空機から荷卸しされる時に終了	最終荷卸地に航空機が到着日の午後 12 時から 15 日間限度
	戦争危険（郵便物）	Door to Door	宛先配達まで

1．海上危険およびストライキ危険の保険期間

　海上危険（Marine Risks）に関しては，新 ICC 2009 の保険期間は，基本的には旧 ICC 1963 の倉庫間約款（Warehouse to Warehouse Clause）と類似しているが，輸送開始時の輸送用具への積込み作業中および輸送終了

時における荷卸し作業中が保険期間に含まれることを明記した。CIF，CIP 輸出の場合と，CFR，CPT，FOB，FCA 輸入の場合の新 ICC 2009 による具体的な保険の始期・終期の主な点は下記の通りである。ストライキ危険の保険期間も同じである。

(1)　CIF または CIP 条件での輸出の場合

① 保険の始期

貨物が保険証券で指定された仕出地の倉庫または保管場所において，輸送開始のために輸送用具に直ちに積込む目的で，最初に動かされた時に開始する。

② 保険の終期

貨物が保険証券で指定された仕向地の最終の倉庫または保管場所において，輸送用具から荷卸しされた時に終了する。但し，次の (a)(b) のいずれかの場合には，たとえ上記最終倉庫で荷卸しが完了していなくても，(a)(b) の内のいずれか早い時点で保険は即終了する。

(a)　最終荷卸港における航洋本船からの荷卸し完了後 60 日（航空貨物の場合は航空機からの荷卸し完了後 30 日）を経過した時。

(b)　通常の輸送過程上の保管以外の保管（例えば，蔵置目的の保管など）または貨物の仕分け・分配のために，その他の倉庫または保管場所において輸送用具からの荷卸しが完了した時。

(2)　CFR, CPT, FOB または FCA 条件での輸入の場合

① 保険の始期

CFR または FOB 条件での輸入の場合は，Incoterms 2010 が規定する危険の移転時期に合わせて，貨物が輸出港において航洋本船の船上に置かれた時に保険が開始する。コンテナ船積貨物および航空貨物に適した CPT または FCA 条件（Incoterms 2010）での輸入の場合は，貨物が輸出港の CY または CFS において売主の輸送手段の上で運送人に引き渡された時（航空貨物の場合は航空運送人に引き渡された時）に保険が開始する。輸入者が被保険利益を有するのは，危険が輸出者から輸入者に移転する時点以降の期間である。

ICC には倉庫間約款（Warehouse to Warehouse Clause）が織り込まれているが，保険の始期に関しては Incoterms 上の危険の移転時点に合わせて，危険開始約款（Risk Attachment Clause）の一種である FOB Attachment Clause（航空貨物の場合は FOB Airport Attachment Clause）または FCA Attachment Clause が Policy に付帯され，保険の始期が修正される。

②　保険の終期

上述（1）の CIF, CIP 輸出の場合の保険の終期と同一である。

2．戦争危険の保険期間 — Waterborne Agreement とは

新協会戦争約款（貨物）2009 における戦争危険の保険期間に関しては，その危険の重大性から，下記の通り海上危険とストライキ危険の保険期間より狭く限定されているので注意が必要である。

⑴　保険の始期

貨物が航洋船舶（oversea vessel）（航空貨物の場合は航空機）に積込まれた時にのみ保険が開始する。

⑵　保険の終期

貨物が最終荷卸港（地）において航洋船舶（または航空機）から荷卸しされた時，または，最終荷卸港（地）に到着後，たとえ貨物がまだ本船上（航空機上）にあっても航洋船舶（航空機）が最終荷卸港（地）に到着日の午後12 時から起算して 15 日間限度で担保が終了する。輸送途中の積替港（地）において，継搬用の航洋船舶（航空機）を待機のために例外的に陸上保管が行われる場合も，担保は 15 日間限度である。戦争危険に関しては，原則として貨物が航洋船舶（航空機）に積載されて通常の航海（航空輸送）が行われている間のみ，即ち航洋船舶上にある間（waterborne），または航空機上にある間（airborne）のみ担保に限定される。–borne は「…で輸送された」という意味である。陸上の戦争危険については不担保とする，1937 年成立のウォーターボーン協定（Waterborne Agreement：陸上戦争危険不担保協定）（航空貨物の場合もこれに準じた Airborne Agreement）と呼ばれる

英国保険業者間の戦争危険引受け上の協定が今も維持されており，この協定が実質的に世界の損害保険業界の民間国際協定となって，新旧協会戦争約款に採用されている。

第 6 節　航空貨物保険

航空貨物に関しては，英文貨物海上保険証券を準用し，新 ICC 2009，新協会戦争危険担保約款 2009，新協会ストライキ危険担保約款 2009 の必要文言を，航空輸送貨物用に読み替えた次の協会約款を適用している。

① Institute Cargo Clauses（Air）（excluding sendings by Post）2009［新協会貨物約款（航空）（郵便物を除く）2009］

　　基本保険条件は包括責任主義に基づく All Risks 条件で，担保危険およびてん補範囲は新旧 ICC（A）条件または A/R 条件とほぼ同じである。

② Institute War Clauses（Air Cargo）（excluding sendings by Post）2009

③ Institute Strikes Clauses（Air Cargo）2009

第 7 節　保険契約の申込みとクレーム処理

1．保険契約の申込み

外航貨物海上保険契約は，保険契約者（CIF, CIP 条件での輸出の場合は通常は輸出者，　FOB, CFR, FCA, CPT 条件での輸入の場合は通常は輸入者）が保険者所定の申込書用紙（Application Form）に必要事項を記入，署名の上，保険者に提出する。保険者は保険条件および保険料率を保険契約者と協定して引受けを承諾し，輸出の場合は英文貨物海上保険証券（Marine Cargo Insurance Policy）を，FOB, FCA, CFR, CPT 条件での輸入の場合は通常，Policy を簡略化した保険承認状（Certificate of Insurance）を包括予定保険証券（Open Policy；O/P）に基づき契約者宛

発行する。

2. 予定保険と確定保険

海上保険は輸送開始前（即ち危険開始前）に保険の申し込みをするのが原則である。付保漏れのトラブルを避けるため，次のいずれかの方法で保険申込みを行い，保険契約を締結するのが通常である。

(1) 確定保険契約

輸送（危険負担）開始前に，売買契約毎（分割船積の場合は船積毎）の明細に基づき確定保険（Definite Insurance）の申し込みを行って Policy（輸出の場合）または保険承認状（輸入の場合）を発行してもらう。

(2) 個別予定保険

船積前に保険申込みに必要な明細の1つでも未確定の場合，あらかじめ売買契約毎（分割船積の場合は船積予定毎）の個別予定保険（Provisional Insurance）契約（仮契約）を結び，必要項目が確定した段階で確定保険契約に切り替え，Policy または保険承認状（輸入の場合）を発行してもらう。

(3) 包括予定保険（O/P）

保険契約者，保険者間で継続的に外航貨物海上保険取引がある場合，一定の期間（例えば1年間）に輸送される輸出入貨物あるいは特定の輸出入貨物全てを対象に包括的に予定保険契約を締結しておく方法である。保険者署名の Open Policy（包括予定保険証券）を発行する方法と，保険者，保険契約者両者が署名し合う Open Contract（包括予定保険契約書）を締結する方法があるが，契約内容は同じである。船積明細が確定次第保険者に連絡して確定契約に切り替え，Policy または保険承認状（輸入の場合）が発行される。

3. 貨物海上保険証券の機能

Policy は，B/L のように貨物の所有権を化体する有価証券ではなく，保険契約の証拠証券である。CIF, CIP 輸出で，貨物代金の決済が荷為替手形の銀行買取により行われる場合，重要船積書類の一つとして，保険契約者で

ある輸出者が船積と同時に Policy 原本（通常正副 2 通）の裏面に白地裏書をして買取銀行に提出する。

4．貨物海上保険で使用される保険用語

　保険契約を締結するに際しては，保険契約者（被保険者）は下記のような保険用語の意義と内容を理解して保険申し込みをする必要がある。

(1)　被保険者（Assured）

　被保険貨物が損害を被った場合に経済的損失を受ける者で，被保険利益即ち保険者から損害のてん補を受ける権利を有する者のことである。例えば，貿易条件が Incoterms 2010 に基づく CIF 輸出の場合，貨物が本船船上に置かれる時までは輸出者が被保険者（被保険利益を有する）であり，貨物が本船船上に置かれた時以降は輸入者が被保険者（被保険利益を有する）となる。

(2)　保険の目的（Subject-matter Insured）

　保険の対象のことで，貨物自体および輸入者が貨物から得られる利益も含む。

(3)　被保険利益（Insurable Interest）

　被保険者が保険の目的に関して有している利益のことで，貨物の所有権も一種の被保険利益である。保険の目的の滅失または損傷により経済的損失を被る被保険者とその保険の目的との間の利害関係のことをいう。

(4)　担保（Cover）

　保険者が危険（Risk）を負担すること。具体的には，輸送中の貨物が偶発的な事故などにより，被保険者が被るかもしれない損害に対して，保険者がそれを補うことを保険契約者（被保険者）に保証することである。

(5)　てん補

　保険者が担保している危険・事故により貨物の滅失・損傷が発生時，保険者が契約に従い損失の補いをする，即ち被保険者に保険金を支払うことである。

⑹　**保険価額**（Insurable Value）

保険事故の発生により被保険者が被るかもしれない損失の最高限度額のことで，通常 CIF または CIP 価格に輸入者の希望利益（Imaginary Profit）10%を加えた協定保険価額を基準に保険金支払いの計算が行われる。

⑺　**保険金額**（Insured Amount, Amount Insured）

保険者が1回の保険事故につきてん補する最高限度額のことで，実務的には保険価額＝保険金額（これを全部保険という）として協定する。

⑻　Debit Note

保険料請求書のこと。日本では，輸入税の課徴が CIF 価格を基準に行われるため，FOB, CFR, FCA または CPT 建価格にて輸入される貨物の輸入通関の際，海上保険料（Insurance Premium）を記載した Debit Note が日本の税関に対する証明書として利用される。

5．貨物以外の保険の目的

海上保険では，保険の目的として貨物などの有体財貨を挙げることができるが，輸入者が輸入税で被る思わぬ損失なども，輸入税担保約款（Duty Clause）による保険者との特約（輸出者手配の原 Policy に金額を併記）を付けることによりてん補できる。また航海中に被保険貨物の相場が高騰した場合の増値した差額部分に関して，担保危険に因る保険事故が発生した場合に十分なてん補が受けられるように，増値保険（Increased Value Insurance）として原 Policy とは別に輸入者が追加付保することができる。

6．クレーム処理

輸入者は，運送人から輸入貨物を受取り次第，開梱して貨物に異常がないか検査する必要がある。損傷などの異常が見つかった場合は速やかに船会社などの運送人と保険会社（またはそれらの代理店）双方に事故通知（Notice of Damage）を提出して，求償権を留保しておく必要がある。以下，保険クレーム手続を時系列的に見てみよう。

(1)　Notice of Damage（事故通知［書］，損害発生通知［書］）の提出

運送人に対する求償権保全のため，運送人への予備クレーム
（Preliminary Claim）の役割を持ち，輸入地で貨物引渡完了後 3 日以内に
運送人に提出しなければならない。運送人は B/L の免責条項や海難報告書
（＝ Captain's Protest, Sea Protest）により免責を立証して弁償を拒否す
ることが多いので，運送人からの返信は，通常 Rejecting Letter（弁償拒
否状）となる場合が多い。Rejecting Letter は保険者への保険求償手続の
際に提出が必要である。

航空貨物に関しては，貨物受取後 14 日以内に運送人に Notice of
Damage to Carriers を提出しなければならない。

(2)　Claim Agent（クレーム・エージェント，損害査定（精算）代理店）

クレーム処理や精算事務代行のために保険者が世界各地に持つ代理店のこ
とである。荷主，運送人，保険者などから依頼を受けた Surveyor（鑑定
人）が損傷貨物の Survey（鑑定）を行って Survey Report（鑑定書）が
発行される。

(3)　Claim Note, Claim Letter（確定損害賠償請求書）の提出

Final Claim（本クレーム）ともいわれる手続で，運送人へ提出して損害
賠償を請求するとともに，同時に保険者へも提出して保険金を請求する。

(4)　Abandonment（委付）と Subrogation（代位，保険代位）

「委付」とは，被保険者が貨物の占有を奪われ回復の見込みがないか，ま
たは，貨物の回復費用が貨物の価額を上回ると推定される推定全損の場合，
法律上これを全損と見なし，被保険者がその被保険貨物について有する一切
の権利を保険者に移転し，運送人に対する損害賠償請求権も保険者に譲渡し
て，その代わりに保険金の全額を保険者に請求することができる行為をいう
（商法第 833 条および第 839 条第 1 項参照）。

「代位」とは，保険会社が，委付による保険金の支払いと引き換えに，貨
物に関して被保険者が有する一切の権利，即ち運送人に対する損害賠償請求
権を譲り受けて取得する行為をいう（商法第 815 条第 2 項および保険法第
24 条・第 25 条参照）。保険者が被保険者に保険金を支払い，上記求償権を

代位取得したことを証する Subrogation Receipt（権利移転領収書）に被保険者が署名して保険者に提出する。保険者はこれに損害を立証する証拠書類を添えて運送人に代位求償する手続となる。

第8節　阪神淡路大震災・東日本大震災の教訓—地震危険付保対策

1．地震危険に対する付保実態と問題点

　1995年1月17日の阪神淡路大震災により，神戸港コンテナ・ターミナルで輸出入貨物が甚大な被害（大部分は破損損害など）を受けた。また，2011年3月11日の東日本大震災により，東日本主要貿易港にあった輸出入貨物も，大津波によりコンテナ貨物や輸入木材などに被害を受けたが，東日本には大きな貿易港が少ないため，FOB 輸出によるコンテナ貨物の大きな損害は公表されておらず，コンテナ貨物 FOB 輸出の地震（津波を含む）危険無保険問題の議論には至らなかったようである。

⑴　**阪神淡路大震災当時のコンテナ船積輸出貨物の貿易条件と地震危険付保実態**

　阪神淡路大震災当時，コンテナ船積貨物であるにも拘らず，ほとんどの輸出入契約の貿易条件が，FOB，CFR，CIF 条件（Incoterms 1990）であった。コンテナ船積貨物に適した FCA，CPT，CIP 条件での売買契約は非常に少なかった。従って FOB，CFR 輸出契約の Policy（神戸港本船 Ship's Rail 通過時点以後の危険をカバーする危険開始約款 FOB Attachment Clause を適用）は，海外の輸入者手配であった。日本の輸出者は，輸送開始時点から神戸港本船 Ship's Rail 通過時点までの期間をカバーする国内保険である「輸出 FOB 保険」（地震危険免責）をたとえ付保していても，神戸港コンテナ・ターミナルにあった輸出貨物の地震による損害に関し，保険によるてん補を受けられなかった。

⑵　**大震災で顕在化した問題点と教訓**

　地震国日本で，保険者に国内保険で地震危険特約（地震・噴火・津波危険を特別に担保）を任意で引受けてもらえるケースは非常に限られ，たとえ引

受けてもらえても追加保険料が非常に高く，損害発生の場合のてん補率の制限や総支払限度額の設定（縮小支払という）が行われているのが実態である。

上記(1)のケースにおいて，もし輸出契約が，コンテナ船積貨物に適したFCA または CPT 条件であったら，大震災発生時に既に神戸港コンテナ・ターミナルに搬入済みであった貨物は，輸出者から輸入者に危険移転が完了した後であるので，大地震による貨物の損傷は輸入者負担であった。もし輸出契約が CIF または CIP 条件で締結され，旧 ICC 1963 A/R 条件，ICC 1982 (A) または (B) 条件（いずれも地震危険担保）のいずれかで付保されておれば，Warehouse to Warehouse Clause の保険期間中に発生した損害ゆえ，当該 Policy で神戸港コンテナ・ターミナルでの地震に起因する破損や火災による損害をカバー可能であった。

日本への輸入貨物に関しては，Incoterms の FOB，CFR，CIF，FCA，CPT，CIP のどの貿易条件でも，日本の輸入者または海外の輸出者が Policy の保険条件を A/R または (A), (B) のいずれかの条件で外航貨物海上保険を手配しておれば，地震危険が担保されるので，保険期間中に発生した大地震による神戸港あるいは東日本港のコンテナ・ターミナル内の輸入貨物の損傷については，被保険利益を有する日本の輸入者が当該 Policy でカバー可能であった。

2．今後の外航貨物海上保険地震危険付保対策

輸出者から輸入者への危険負担の移転時期および被保険利益にかんがみ，地震・津波危険付保対策の観点からは，次のような貿易条件と保険条件の売買契約締結および地震危険を担保できる新 ICC 2009 (A) or (B) 条件での外航貨物海上保険契約の手配が望ましい。

(1)　日本からの輸出の場合

コンテナ船積貨物，航空貨物は CIP 条件で，在来船積貨物は CIF 条件で輸出契約を締結し，保険条件を新 ICC 2009 (A) or (B) 条件（航空貨物は All Risks 条件のみ）にて付保するのが望ましい。(A) or (B) どちらの条件で付

保するかは，貨物の種類による。但し，CIP 条件での輸出の場合は，インコタームズ 2020 の規定に基づき，(A) 条件にて付保しなければならない。

　従来からコンテナ船積貨物，航空貨物を FOB, CFR 条件で輸出している場合は，海外の輸入者の理解を得て，輸出契約を FCA, CPT 条件へ切り替える（海外の輸入者には地震危険をカバーできる新 ICC 2009 (A) or (B) 条件で，FCA Attachment Clause 付帯の外航貨物海上保険の手配をしてもらう）べきで，出来れば CIP 条件への切り替えが望ましい。

(2)　日本への輸入の場合

　コンテナ船積貨物および航空貨物は FCA, CPT, CIP のいずれかの条件で，在来船積貨物は FOB, CFR, CIF のいずれかの条件で輸入契約を締結し，輸入者手配の Policy（FCA, CPT, FOB, CFR 条件で輸入の場合），海外の輸出者手配の Policy（CIP, CIF 条件で輸入の場合）いずれの場合も，地震危険をカバーできる新 ICC 2009 (A) or (B) 条件（航空貨物は All Risks 条件のみ）にて外航貨物海上保険を手配すべきである。特に CIP 条件での輸入の場合は，インコタームズ2020の規定に基づき，(A) 条件にて付保すべきである。

3．FOB 輸出貨物の洪水・台風被害増大問題

　地球温暖化による近年の異常気象と関係があるかも知れないと言われている洪水や大型台風により，日本の輸出入貨物の潮濡れ等による被害が近年増大している。2018 年の台風 21 号では，輸出待ちの FOB 輸出貨物がコンテナターミナルにおいて多く罹災した事例が報告されている。関西国際空港や神戸港等が広範囲にわたり浸水したことで，多くの保険事故があったと言われている。2019 年の台風 19 号では，機械，車両，医療品等の輸出貨物で，潮濡れ等による被害が多く，保険事故の受け付けがなされたとのことである。

　阪神淡路大震災のような地震による FOB 輸出貨物の輸出港コンテナターミナル内での罹災（輸出 FOB 保険は地震危険無担保）や，近年の洪水や台風による輸出待ちの FOB 輸出貨物の多くの罹災事例に鑑み，日本の損害保

険業界では，日本の輸出企業に対して，貿易取引条件を，従来の FOB 輸出港［輸出空港］条件から，FCA または CPT 条件へ，あるいはできる限り CIF または CIP 条件，その場合の保険条件は (A) or (B) 条件への変更を促す働きかけをセミナー等で行っている。

　2020 年 9 月現在の日本からのコンテナ積輸出貨物は，未だに在来船積輸出貨物に適した FOB 神戸条件や FOB 関西国際空港条件等での輸出契約が多く，コンテナ積輸出貨物に適した trade terms への切り替えが余り進んでいないのが実態のようである。阪神淡路大震災時のコンテナ積 FOB 輸出貨物地震危険無保険問題が教えてくれた教訓が未だ生かされていないのは問題であろう。

第 9 節　貿易保険

1．貿易保険

　貿易保険は，日本企業が行う輸出入，海外投資，海外融資などの対外取引に伴う危険をカバーする保険である。日本では貿易保険法に基づき，旧「独立行政法人日本貿易保険」が，国際市場における質的・量的リスクの増大に対応すべく，2017 年 4 月に，100％日本政府出資の特殊会社「株式会社日本貿易保険」（NEXI；Nippon Export and Investment Insurance）に改組され，同社が保険者として多岐にわたる貿易保険の引受けを行っている公的輸出信用機関となっている。

　また，規制緩和により，2005 年から民間損害保険会社による貿易保険引受けも可能となった。

2．信用危険・非常危険

　貿易保険が対象とする信用危険，非常危険とは次のような危険である。

危険	定義	具体例
信用危険 (Commercial Risk, Credit Risk)	貿易取引の相手方の責任により発生する危険	輸出取引相手の法的破産手続による船積不能、貨物代金や貸付金の回収不能、債務の履行遅滞による損害
非常危険 (Political Risk, Country Risk)	貿易取引当事者の責めに帰さない不可抗力的な危険	・輸出相手国政府による為替取引制限，輸入制限・禁止，戦争・内乱・革命の勃発，自然災害などによる船積不能，貨物代金や貸付金の回収不能による損害 ・投資相手国政府による収容，投資者の権利侵害，内乱，自然災害などに基づく事業停止・事業継続不能による損害

3．貿易保険の種類

主な貿易保険の概要を次の図表2-5-6で見てみよう。

図表2-5-6　主な貿易保険およびてん補範囲

（海外投資保険は非常危険のみ，その他の保険は非常危険・信用危険両方を担保する）

主な貿易保険	てん補範囲・保険事故事例
貿易一般保険（個別保険方式，包括保険方式）	貨物の輸出契約・仲介貿易契約等において，船積不能や代金回収不能により輸出者や仲介者が被る損害をてん補する保険。
限度額設定型貿易保険	貨物の継続的輸出契約・仲介貿易契約において，船積不能や代金回収不能により輸出者や仲介者が被る損害を，年間限度額を設定しててん補する保険。てん補率90%。
輸出手形保険	日本の銀行が輸出者から買取った荷為替手形の不渡りによる損失をてん補する保険。てん補率95%。
知的財産権等ライセンス保険（知財保険）	日本企業が外国企業に供与する知的財産権（特許権・商標権，著作権など）のライセンス料の回収不能をてん補する保険。
中小企業・農林水産業輸出代金保険	資本金10億円未満の中堅・中小企業および農林水産業従事者等の輸出に係る船積後の代金回収不能をてん補する保険。
貿易代金貸付保険	日本の金融機関の海外企業（日本からの輸入者）に対する輸出代金貸付・仲介貿易代金貸付に係る危険をカバーする保険。
輸出保証保険	ボンド（入札保証，契約履行保証等）の不当な没収による損失をてん補する保険。
前払輸入保険	貨物代金前払い輸入に係る危険をカバーする保険。
海外投資保険	海外投資に係る危険をカバーする保険（非常危険のみ対象）。
海外事業資金貸付保険	海外事業の長期資金貸付に係る回収不能をてん補する保険。

資源エネルギー総合保険 （海外事業資金貸付保険の 特約）	海外からの安定的な資源供給確保を抜本的に強化することを目的とする。日本の企業・銀行等が海外資源開発に資するプロジェクトが対象。
環境イノベーション保険 （海外事業資金貸付保険の 特約）	再生可能エネルギー事業，省エネルギー設備・機器の輸出事業および地球環境保全に資する新技術を活用する事業が対象。当該プロジェクトを実施する企業やファイナンスを供与する金融機関が，環境保全・気候変動対策分野に係る情報開示を積極的に進める場合に利用可能な保険。

（出所）　貿易保険機構『貿易保険実務解説』1995 年および株式会社日本貿易保険のパンフレット類一式（2014 年 11 月〜2016 年 1 月発行，および 2020 年 4 月発行）を参考に作成した。

4．海外商社名簿登録と信用格付

　貿易保険を付保するためには，まず日本貿易保険が作成している「海外商社名簿」に貿易相手方である海外バイヤーの登録を行うことが前提条件となる。ここで言う商社やバイヤーとは，海外と直接貿易業務を行う民間企業，政府系企業，官公庁などのことで，貿易業者，製造業者など業種を問わない。

　登録申請には，一流信用調査機関（例えば，Dun & Bradstreet 社など）の詳細な信用調査報告書を申請書に添付して提出しなければならない。この登録申請を行って日本貿易保険が審査の上，格付基準に基づく格付が行われ，各種貿易保険が付保可能かどうかが決定される。

5．輸出手形保険

　日本からの輸出取引において，主として信用状を伴わない D/P, D/A 条件の荷為替手形による決済方法で取引が行われる場合，海外のバイヤーから貨物代金を無事回収できるかどうか不安がある。また，輸出者が貨物代金を回収するために振り出した荷為替手形が不払いとなり，手形の買取銀行が損失を受ける恐れがある。輸出手形保険は，買取銀行の被る損失をてん補することにより，手形買取を円滑にして，輸出者の金融上の負担を軽減することを目的とする保険である。手形不払いの原因が輸出者の責めに帰せられる場合を除き，買取銀行は日本貿易保険から受領した保険金の額に相当する金額

について手形の振出人（輸出者）に支払いを請求してはならず，買取銀行と輸出者を一体で保護する制度である。制度の概要を下記する。

①　輸出手形保険引受に関し，日本貿易保険が設定している「バイヤー格付」において付保が可能な格付けおよび付保が不可能な格付けは次の通りである。

GS, GA, GE 格：官公庁，国際機関，政府系企業。付保可能。

EE, EA, EM, EF 格：民間企業。個別保証枠の確認を得れば付保可能（EE 格は優良企業，EA 格は信用状態良好企業。EM, EF 格は引受け制限要企業）。

SA 格：優良な商業銀行・地域開発銀行など。付保可能。

EC, SC 格：信用不安あり不可。

②　この保険の保険契約者・被保険者は荷為替手形の買取銀行であり，当該銀行が荷為替手形の買取後，保険者たる日本貿易保険に付保する。従って保険料は銀行が日本貿易保険に支払うが，銀行は輸出者に請求して回収する。

③　手形事故発生の場合，銀行が日本貿易保険からてん補してもらえる保険金は最大でも手形金額の95％である。

④　銀行は，手形買取金額（100％）と保険でてん補してもらえる95％との差額5％を輸出者に請求して回収する。従って銀行の実質的な負担はゼロとなる。

⑤　保険金が支払われた後も，輸出者は，義務ではないが，当該海外バイヤーから代金の回収努力をしなければならない。日本貿易保険は，銀行に保険金を支払えば，海外バイヤーに対する代位求償権を取得する。

6．取引信用保険

2005年4月から，日本において民間保険会社の貿易保険業務への参入が認められた。株式会社日本貿易保険が扱う貿易保険は多岐にわたる分野をカバーするために種類も多いが，民間損害保険会社が扱っている貿易保険は，輸出売買取引にかかわる信用危険および非常危険をカバーする保険で，「取

引信用保険」あるいは「輸出取引信用保険」と呼ばれている。

　この保険が対象とするのは，継続的な売買契約において生じる売上代金債権回収リスクであり，売上債権を包括的にカバーするものゆえ，スポット取引は対象外である。輸出売買取引において近年 L/C 決済が減っているが，従来の L/C に代えて売掛債権保全対策としてこの保険を活用している企業もある。

　日本においてこの保険を取り扱っている保険会社は，欧米系大手信用保険会社・損害保険会社の一部，および日本の大手損害保険会社（海外の信用保険会社との提携）である。保険料は各社フリー料率である。

第6章

通関手続と引渡し

第1節　貿易管理─輸出入を規制する法令に基づく許認可

　日本では貿易は原則として自由であるが，輸出，輸入の際，貨物が国際条約や協定，日本の法令などに違反していないかどうか税関がチェックを行う。法令に基づく規制措置があるので，事前に主務官庁から必要な許可，承認，確認を受けておかないと，税関から輸出許可，輸入許可を得ることができない。

1．輸出入を規制する主な法令
　日本の輸出・輸入を規制する主な法令は，おおまかに次の通り大別できる。

輸出・輸入を規制する主な法令		所管官庁
関税関係法	関税法，関税定率法，関税暫定措置法など	財務省・税関
外国為替及び外国貿易法 （略して外為法）	輸出貿易管理令（略して輸出令）	経済産業省 （税関の確認）
	輸入貿易管理令（略して輸入令）	
	外国為替令（外為令）	
他法令	食品衛生法など，その他の命令（政令・省令）	厚生労働省など各省庁 （税関の確認）

2．外為法による日本の輸出規制・輸入規制
　日本の貿易管理は，基本法である外為法，関税三法（関税法，関税定率法，関税暫定措置法）と各省庁の法令に基づく規制により行われている。輸入貨物に関しては，関税法に加えて，外為法関係政令である輸入令の規制を

受ける。輸入令に基づく輸入公表（輸入に関する事項の公表）により，輸入承認または事前確認を受ける必要がある品目が公表されている。外為法を中心とした日本の輸出規制と輸入規制の概要を次の図表 2-6-1 と図表 2-6-2 にて示す。

図表 2-6-1　外為法等による日本の輸出規制（許認可制度）の概要

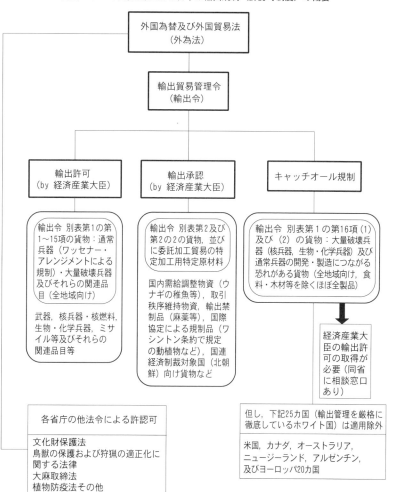

図表 2-6-2　外為法等による輸入規制（許認可制度）の概要

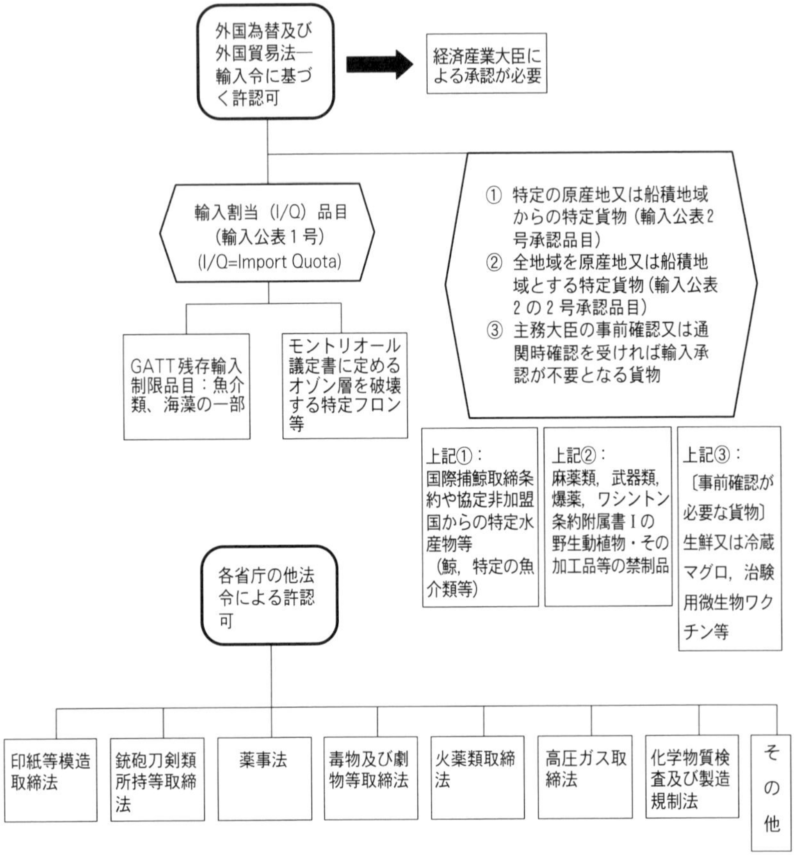

```
┌──────────────┐
│外国為替及び    │         ┌──────────────┐
│外国貿易法―    │ ━━━▶   │経済産業大臣に    │
│輸入令に基づ    │         │よる承認が必要    │
│く許認可        │         └──────────────┘
└──────────────┘
```

```
┌──────────────┐              ┌──────────────────────┐
│輸入割当（I/Q）品目 │              │① 特定の原産地又は船積地域 │
│（輸入公表1号）   │              │  からの特定貨物（輸入公表2 │
│(I/Q=Import Quota) │              │  号承認品目）            │
└──────────────┘              │② 全地域を原産地又は船積地 │
                              │  域とする特定貨物（輸入公表 │
                              │  2の2号承認品目）        │
┌─────────┐  ┌─────────┐    │③ 主務大臣の事前確認又は通 │
│GATT残存輸入│  │モントリオール│   │  関時確認を受ければ輸入承 │
│制限品目：魚介│  │議定書に定める│   │  認が不要となる貨物      │
│類、海藻の一部│  │オゾン層を破壊│   └──────────────────────┘
└─────────┘  │する特定フロン│
             │等         │   ┌────────┬────────┬────────┐
             └─────────┘   │上記①：     │上記②：     │上記③：     │
                           │国際捕鯨取締条│麻薬類，武器類，│〔事前確認が │
┌──────────┐            │約や協定非加盟│爆薬，ワシントン│必要な貨物〕 │
│各省庁の他法  │            │国からの特定水│条約附属書Iの │生鮮又は冷蔵 │
│令による許認  │            │産物等     │野生動植物・その│マグロ，治験 │
│可         │            │（鯨，特定の魚│加工品等の禁制品│用微生物ワク │
└──────────┘            │介類等）    │等       │チン等     │
                         └────────┴────────┴────────┘
```

```
┌─────┬─────┬────┬─────┬────┬────┬─────┬──┐
│印紙等模造│銃砲刀剣類│薬事法│毒物及び劇│火薬類取締│高圧ガス取│化学物質検│そ│
│取締法  │所持等取締│    │物等取締法│法     │締法   │査及び製造│の│
│     │法    │    │     │     │     │規制法  │他│
└─────┴─────┴────┴─────┴────┴────┴─────┴──┘
```

3．関税法上の「輸出してはならない貨物」・「輸入してはならない貨物」

　関税法に基づく輸出・輸入をしてはならない貨物の概要は次の通りである。

(1)　「輸出してはならない貨物」（関税法　第69条の2）

　① 麻薬類，② 児童ポルノ，③ 特許権，商標権等の知的財産権侵害物品，④ 不正競争防止法第2条第1項に掲げる他人の商品等を表示した類似品，模倣品等。

(2)　「輸入してはならない貨物」（関税法　第 69 条の 11）

① 麻薬類，② 拳銃等，③ 爆発物，④ 火薬類，⑤ 化学兵器等の特定物質，⑥ 生物テロ等に使われる恐れのある病原体，⑦ 偽貨幣類，偽有価証券類，⑧ 児童ポルノ，公安・風俗を害する書籍等，⑨ 特許権，商標権，回路配置利用権等の知的財産権侵害物品，⑩ 不正競争防止法第 2 条第 1 項に掲げる他人の商品等を表示した類似品，模倣品等。

第 2 節　通　　関

1．通関と海貨業者

「通関（Customs Clearance）」とは，輸出者，輸入者が，関税関係法，その他の法令で規定された手続により，物品の輸出または輸入の許可を得てその貨物が税関（Customs House）を通過する（clear）ことである。

　税関への輸出入通関の手続は，通常は，通関手続などを取り扱う「海貨業者」（港湾運送事業法に基づく海運貨物取扱業者，通称は乙仲）と呼ばれる通関業者（通関業法に基づき通関業務を代行する業者）兼業の専門業者に委託して行う。通関業者は，原則として，営業所毎に「通関士」（国家資格取得者）を置き，通関士が通関書類を審査して記名捺印しなければならない。

　海貨業者は，荷主の委託により，輸出入貨物の荷主からの受取り，引渡し，税関への輸出入通関手続，保税地域への搬入，搬出，輸出貨物の本船への引渡し，輸入貨物の本船からの受取り等（これらの業務を実務では通常「受渡し」という）の業務を行う。international forwarder（国際運送業者）として運送業，倉庫業などを兼業している会社も多い。コンテナ・ターミナルの CFS（＝Container Freight Station）で船会社の仕事も併せて請負う海貨業者のことを「新海貨業者」という。現在も慣習的に使用されている通称「乙仲」という言葉は，戦前から定期船貨物を取扱った旧乙種仲立業（乙仲）という言葉の名残りである。

2．輸出通関・輸入通関の基本的原則

　税関長に輸出申告を行い税関長の輸出許可を得るまでの一連の手続の流れを輸出通関という。日本からの輸出には関税は課されない。

　輸出者は海貨業者に委託して，① 輸出申告書（Export Declaration; E/D），② 通関用仕入書（FOB 価額記載の Invoice），③ 梱包明細書（Packing List）④（商品によっては）　輸出承認証等の必要書類を税関に提出して輸出申告を行う。関税法改正（2011 年 10 月 1 日施行）により，従来の輸出申告前の保税地域搬入原則が緩和され，貨物を保税地域に搬入前に輸出申告ができるようになった。但し，貨物の検査，輸出許可を受けるために，輸出申告後に貨物を保税地域に搬入しなければならない。そして，税関による書類審査，必要に応じ貨物検査を経て，税関長の輸出許可書（Export Permit；E/P）（NACCS システム利用の場合は「輸出許可通知書」）を取得した後，輸出貨物を保税地域から搬出して外航本船に積み込むのが，輸出通関手続の基本的な原則である。（後述の特定輸出申告制度に基づく特定輸出者の貨物，および本船扱い・艀中扱い貨物を除く）。

　輸入通関と貨物引取り手続に関しては，貨物を保税地域搬入後に輸入申告・納税申告を行わねばならず，税関による書類審査，必要に応じ貨物検査を経て，関税等の納入を行った後に保税地域から貨物を搬出して引取るのが原則であるが，その他の点に関しては基本的な原則は輸出とほぼ同じで，上述の輸出通関と船積手続の裏返しと考えれば理解しやすい。

3．輸出入申告手続の電子化 — NACCS（ナックス）

　現在は，申請書類提出や許認可証の交付等の輸出入通関手続業務が電子化され，日本の輸出入申告のほぼ 100％は，海上輸送貨物・航空貨物共，NACCS（Nippon Automated Cargo and Port Consolidated System「輸出入・港湾関連情報処理システム」）というオンラインシステムを使って処理されている。荷主の依頼を受けた海貨業者が，PC 端末から輸出申告，輸入申告内容を入力し，税関が即時オンラインで輸出許可通知書，輸入許可通知書を交付している。

4．AEO 制度

AEO（Authorized Economic Operator：認定事業者）制度とは，国際物流におけるサプライチェーン安全基準など，セキュリティ（Security 安全）管理とコンプライアンス（Compliance 法令順守）両面に優れている輸出者，輸入者，製造業者，通関業者などに対し，税関手続の簡素化やセキュリティに関連する優遇等の便益を税関当局が付与する制度である。多発するテロ事件などを契機に，日本が導入した日本版 AEO 制度では，国際物流におけるセキュリティ確保と円滑化の両立，日本の国際競争力強化のため，次の図表 2-6-3 の

図表 2-6-3　日本版 AEO 制度の概要

制度名	事業者名	概要・主なメリット
特定輸出申告制度	特定輸出者 （承認要）	・保税地域以外の場所（自社工場・倉庫等）で輸出申告・輸出許可を受けることが可能である。 ・CY に運ぶ際，保税運送の手続が不要である。
特例輸入申告制度	特例輸入者 （承認要）	・貨物到着前の輸入申告（引取申告）・輸入許可取得が可能である。（但し，メキシコ協定の関税割当品目を除く）。 ・納税申告前の輸入貨物引取りと，翌月末の1カ月分一括納税申告（特例申告書）が認められる。
特定保税承認制度 （AEO 倉庫業者制度）	特定保税承認者 （倉庫業者）	・認められた特定の場所を，届出により保税蔵置場として使用可能である。
認定通関業者制度 （AEO 通関業者制度）	認定通関事業者	・「特定保税運送者」による保税運送等を条件に，保税地域以外の場所で輸出申告・輸出許可を受けることができる。（特定委託輸出申告が認められる）。 ・貨物到着前の輸入申告（引取申告のみ）が認められるが，輸入許可は搬入後でなければ受けられない。（但し，メキシコ協定の関税割当品目は搬入後の輸入申告）。 ・納税申告前の輸入貨物引取りと，翌月末の1カ月分一括納税申告（特例申告書）が認められる。（特例委託輸入申告が認められる）。
特定保税運送制度 （AEO 運送業者制度）	特定保税運送者 （承認要）	・保税運送に関し，1件毎の承認申請が不要である。 ・認定通関業者が保税地域以外の場所で輸出申告・輸出許可を得る場合，積込港までの保税運送が可能である。
認定製造者制度 （AEO 製造者制度）	認定製造者 （認定要）	・「認定製造者」が製造した貨物を，当該製造者の管理の下に「特定製造貨物輸出者」（商社等）が輸出する場合，保税地域以外の場所で輸出申告・輸出許可を受けることが可能である。（「特定製造貨物輸出申告」が認められる）。

（出所）　藤岡　博『貿易の円滑化と関税政策の新たな展開―WTO 体制と WCO 体制の国際行政法的分析―』日本関税協会，2011 年，236-255 頁を参考に作成した。

6つの制度（申告・届出等にNACCS使用による適正な業務遂行能力を有していることが要件）の導入と関税関係法令改正が行われてきた。

第3節　保税地域

1．保税地域 とは

「保税地域（Bonded Area）」とは，輸出，輸入の通関手続を行う際，搬入された対象貨物の審査や検査を行うために税関等が指定した，または税関長が許可し，監視している場所である。ここで通関手続を行って輸出許可を受けると外国貨物となり，関税を支払って輸入許可を受けると国内貨物となる。「保税」とは，関税（Customs Duties）の徴収が留保されている状態をいう。

2．保税地域の種類と機能

保税地域は，関税法第29条に基づき，その目的・機能別に次の図表2-6-4で示す5種類に分類され，税関長の許可や財務大臣の指定が必要である。

図表 2-6-4　保税地域の種類と目的・機能（概略）

種類	対象施設	目的・機能・（蔵置期間）
指定保税地域	税関の近くの国，地方公共団体，JR等の土地・施設	迅速な通関手続のための一時蔵置等（1カ月以内）
保税蔵置場	海貨業者，倉庫業者，CY・CFS等の民間施設	通関のための一時蔵置（3カ月以内）。中継貿易のための長期蔵置（蔵入承認で2年間）。
保税工場	税関長許可の民間の土地・施設，民間工場	外国貨物を原材料とする保税加工（加工貿易）（2年間）
保税展示場	国際博覧会・見本市等の会場（民間施設）	外国貨物の展示・使用（税関長が指定した期間）
総合保税地域	公益性を有する法人（第三セクター）が所有または管理する土地・施設	短期・長期蔵置，保税蔵置場・保税工場・保税展示場機能の集約化。FAZを含む。（2年間）

（注）　上記の他に，保税地域に蔵置することが困難な大型特殊貨物等は，税関長の許可を得て他の場所に置くことが許される。これを「他所蔵置」という。

第4節　輸出通関と船積手続

1．在来船積貨物の輸出通関・船積手続

　在来船への船積みには，下記「自家積み」と「総積み」の2つの方法がある。

　「自家積み（直積み）」とは，混載でない大口貨物を輸出者の責任と費用で，外航本船船側まで持込んで船会社に引渡す方法である。税関長の承認により，保税地域に搬入することなく，艀に積込んだままで（「艀中（ふちゅう）扱い」という），あるいは直接本船に積込んだ状態で（「本船扱い」という）通関手続を行うことが認められる。

　「総積み」とは，輸出者が小口貨物を船会社指定の港頭倉庫に持込んで船会社に引渡し，船会社が他の荷主の貨物と混載で外航本船に積み込む方法である。

　輸出者の立場から見た在来船積貨物の通関，船積手続と主な書類の流れの概略を以下に示す。輸出者の業務のほとんどは，輸出者の委託を受けた海貨業者が代行する。

　（海貨業者へ）船積作業依頼書（Shipping Instructions；S/I）⇒（船会社へ）船積申込書（Shipping Application；S/A）=（船会社から本船船長宛の）船積指図書（Shipping Order；S/O）（現在実務ではワンライティングで一本化）⇒ 輸出申告書E/D ⇒ 保税地域搬入 ⇒ 税関審査・検査 ⇒ 輸出許可E/P ⇒ 保税地域搬出 ⇒（外航本船又は船会社港頭倉庫へ）S/O・E/P ⇒（本船側・輸出者側双方の検数人立会）検数票（Tally Sheet）⇒（一等航海士署名の）メイツ・レシート(Mate's Receipt；M/R 本船貨物受取証)⇒（船会社へ）M/R ⇒（船会社から）B/L 発行（S/O, M/R, B/L のフォームはほとんど同じ内容）

2．コンテナ船積貨物の輸出通関・船積手続

　コンテナ船積貨物の輸出通関・船積手続には下記の通り，FCL 貨物と

LCL 貨物の 2 つの引渡し方法がある。

(1)　FCL 貨物の輸出通関・船積手続

「FCL（＝Full Container Load）貨物」とは，1 荷主の貨物がコンテナ 1 個を満たす数量がある大口貨物のことをいう。

FCL 貨物は通常，輸出者が空コンテナを船会社が管理運営する CY から借り受けて，自社の工場や倉庫などで，荷送人（shipper）である輸出者の責任においてバンニング（vanning：貨物をコンテナに詰込むこと）作業（これを Shipper's Pack という）を行うことが多い。その際，原則として公認の検数人（Tallyman：検量人ともいう）が立ち会って検数票（Tally Sheet）を作成し，それに基づき，検数人が税関提出用の英文 Container Certificate（コンテナ詰め貨物証明書，Vanning Certificate ともいう）を発行し（現在実務では簡略化され，工場責任者の署名のみでもよい），コンテナを「コンテナシール」で施封（seal）する。船会社が管理運営する CY（＝Container Yard）（保税地域）搬入前に輸出申告を行った後，CY に貨物を搬入し，税関の書類審査を経て輸出許可を取得する。Shipper's Pack の場合，封印されたままで輸出申告が行われるので，海貨業者が税関に，① E/D，② コンテナ内積付表（Container Load Plan；CLP）（海貨業者が代行作成し輸出者が署名），③ Container Certificate（又は Vanning Certificate）④ 通関用 Invoice などを提出し（現在実務では NACCS により簡略化され，① と ④ のみ税関へ提出），「書類審査」により通関手続が行われる。

(2)　LCL 貨物の輸出通関・船積手続

「LCL（Less than Container Load）貨物」とは，1 荷主の貨物がコンテナ 1 本分の数量に満たない小口貨物のことをいう。

輸出者は保税地域搬入前に輸出申告を行い，貨物を保税地域に搬入して，審査および必要に応じ税関の検査を受け，輸出許可を取得後，運送人（carrier）である船会社が管理運営するコンテナ・ターミナルの CFS に搬入する。CFS においては，運送人の責任において，CFS Operator が他の荷主の貨物と混載して vanning 作業を行い，コンテナ内積付表（Container

Load Plan；CLP）を作成（運送人が署名）し，施封（seal）される。これ
をキャリヤーズ・パック（Carrier's Pack）という。CFS で混載作業が行
われた LCL 貨物のコンテナは，同じコンテナ・ターミナル内にある隣の
CY に移送され，そこから船積みされる。

　上記 FCL 貨物と LCL 貨物の通関・船積み手続と主な書類の流れの概略
を以下に示す。

　S/I ⇒ S/A ⇒ E/D ⇒ CY 又は CFS（保税地域の場合）搬入 ⇒（船会
社の）ドックレシート（Dock Receipt 貨物受取証；D/R）（＝現在の名称
は，船会社への B/L Instructions＝B/I；B/L 作成指示書 で，海貨業者が
NACCS を使い電子化した CLP の内容を取り込んで代行作成する）⇒ 税関
審査・検査 ⇒ E/P ⇒（FCL 貨物は CY Operator へ）D/R, CLP, E/P，
又は（LCL 貨物は CFS Operator へ）D/R, E/P ⇒ CY（LCL 貨物は CFS
→CY 移動後）搬出・積載 ⇒（海貨業者から船会社へ）D/R ⇒ B/L 発行。

　上記 D/R は，在来船積の場合に使用される S/O, M/R の役目を集約した
書類ともいえる。

　最近の実務においては，NACCS による電子化により書類手続が簡略化さ
れ，上記 1. および 2. で述べた手続の流れと書類の名称が，船会社等によっ
ては部分的に省略または若干異なる場合がある。現在は，船積確認を
NACCS にて行うので，D/R-less の傾向にある。

3．航空貨物の輸出通関・積込手続

　航空貨物の輸出手続は基本的には海上輸送貨物の輸出通関・船積手続と大
差がない。航空貨物代理店または混載業者(小口の混載貨物の場合)と呼ば
れる海貨業者に相当する専門業者に依頼して集荷，輸出通関，航空会社への
貨物引渡しを代行してもらうのが通常である。航空貨物代理店は通常，混載
業者（consolidator）も兼ねており，通関業，運送業，梱包業等も兼ねてい
ることが多い。また，海上輸送貨物を扱う海貨業者も航空貨物を扱う兼業が
多い。航空貨物混載事業者は利用航空運送事業者とも呼ばれ，航空機を持た
ず，自らが「混載貨物」をひとまとめにした荷主の立場で航空会社と輸送契

約を締結し（航空会社は混載業者に Master Air Waybill［MAW］を発行），「利用航空運送事業者」（海上貨物輸送における NVOCC に相当）として，自ら各荷主に対し House Air Waybill（混載運送状：HAW）を発行して航空輸送を引受ける業者も多い。国際的なエア・フレイト・フォワーダー（air freight forwarder）として，door to door の一貫輸送（輸出地，輸入地での通関業務等込）や国際複合輸送を請負う大手航空貨物混載事業者もいる。

　1 荷主の大口直載貨物（直送貨物）の場合は通常，航空貨物代理店が取り扱い，MAW のみを発行する。

第 5 節　輸入通関と貨物の引取り手続

　輸入通関と貨物引取り手続に関しても，関税納入を除いては基本的な原則は輸出と同じで，上記輸出通関と船積手続の裏返しと考えれば理解しやすいが，税関での輸入通関は当然のことながら，輸出通関より規制が厳格である。

1．在来船積貨物の輸入通関と貨物の引取り手続
　海外から到着した在来船積貨物の荷卸し，受取り（引取り）には「自家揚げ」と「総揚げ」の 2 つの方法がある。

　「自家揚げ（直取り）」とは，大口貨物を荷受人である輸入者の責任と費用で，外航本船船側にて未通関の貨物を船会社から引き取り，輸入通関のために保税地域に搬入することである。海貨業者に業務を委託して行う。

　「総揚げ」とは，船会社が自社の責任と費用で，他の荷主の貨物（積合せ貨物）と一緒に一括して外航本船から荷卸しを行い，輸入通関のために保税地域に搬入することである。総揚げの実際の作業は，船会社委託の船内荷役業者（stevedore）とランディング・エージェント（Landing Agent）が行い，保税地域にて，通関前に各荷受人（輸入者）に引き渡される。

　輸入者の立場から見た，在来船積貨物の輸入通関，引取りに使用される主

な書類の流れの概略を以下に示す。

（海貨業者へ）輸入作業依頼書及び B/L（又は L/G）⇒（船会社へ）B/L（又は L/G）⇒（B/L と交換に船会社の）荷渡指図書（Delivery Order ; D/O）（最近は NACCS による電子化で D/O-less が一般化）［自家揚げの場合は本船船長宛て，総揚げの場合は Landing Agent 宛て］⇒（輸入者・船会社双方の検数人の立会検査）検数票（Tally Sheet）⇒（検数会社の）ボート・ノート（Cargo Boat Note ; B/N 貨物受渡書）［貨物受取証ともいう］（貨物受取時に，自家揚げの場合は海貨業者から本船へ，総揚げの場合は海貨業者から Landing Agent 経由本船へ）⇒ 保税地域 ⇒ 輸入（納税）申告書（Import Declaration ; I/D）⇒「関税納付」⇒ 輸入許可（Import Permit ; I/P）⇒ 保税地域搬出・貨物引取り（実務と若干異なる場合あり）

2．コンテナ船積貨物の輸入通関・貨物の引取り手続

船会社の責任と費用で CY, CFS に搬入された FCL 貨物，LCL 貨物の輸入通関と引取り手続の主な書類の流れの概略を以下に示す。

B/L（又は L/G）⇒ D/O（NACCS 対応の CY では，実際には D/O-less で電子処理）（FCL 貨物は CY Operator 宛て，LCL 貨物は CFS Operator 宛て）⇒ CY 又は CFS ⇒

(1)　FCL 貨物の輸入通関・引取りの原則（特例制度利用の場合を除く）

（CY でそのまま通関の場合）I/D ⇒ 税関審査・検査 ⇒「関税納付」（銀行口座引落し）⇒ I/P ⇒（CY Operator へ）D/O, I/P（実際には NACCS で D/O-less 処理）⇒（CY Operator から）I/P ⇒ CY 搬出⇒ FCL 貨物引取り・（倉庫で devanning［貨物をコンテナから取出すこと］を行う場合のみ デバンニング・レポート［Devanning Report ; D/R］）（コンテナのまま輸入者が引取る場合は発行されない）

(2)　LCL 貨物の輸入通関・引取りの原則（特例制度利用の場合を除く）

（運送人による）CFS での LCL 貨物（混載貨物）devanning・（CFS Operator 作成の デバンニング・レポート（Devanning Report ; D/R）［＝

実際は NACCS の貨物情報照会]）・荷主別仕分け・荷主毎の確認 ⇒ (CFS にて通関の場合) I/D ⇒ 税関審査・検査 ⇒「関税納付」⇒ I/P ⇒ (CFS Operator へ) D/O, I/P （実際には NACCS で D/O-less 処理）⇒ (CFS Operator から) I/P ⇒ CFS 搬出・貨物引取り （実務と異なる場合あり）

　2014 年 3 月から「出港前報告制度」が施行され，コンテナ貨物の運送人，荷送人に対し，積出港を出港する 24 時間前までに詳細な積荷情報を電子的に本邦税関へ報告することを義務付けている。

3．航空貨物の輸入通関・貨物の引取り手続

　航空貨物の輸入通関，引取り手続の流れの概略を下記に示す。

⑴　混載貨物の場合（エア・フレイト・フォワーダーが引受け）

　（フォワーダーによる）保税輸送 ⇒ 保税倉庫 ⇒ 荷受人別仕分け ⇒ I/D ⇒ 税関審査・検査 ⇒「関税納付」⇒ I/P ⇒ 保税倉庫搬出・貨物引取り

⑵　直載貨物（直接貨物）の場合

　保税地域 ⇒ I/D ⇒ 税関審査・検査 ⇒「関税納付」⇒ I/P ⇒ 保税地域搬出・貨物引取り

4．輸入貨物通関業務に関する便宜制度

　日本版 AEO 制度に基づく輸出・輸入通関全般の便益制度については，第 2 節の 4．を参照されたい。AEO 制度以外にも，輸入通関時間短縮が必要な輸入者の便宜のために，次のような予備審査制度がある。

⑴　到着即時輸入許可制度

　生鮮食料品などの輸入通関には時間をかけられないので，貨物が到着前であっても NACCS を利用して「予備申告」を行い，税関の予備審査において一定の要件を満たせば検査が不要と認められ，保税地域へ搬入することなく，貨物到着が確認され次第，即時輸入許可を得ることができる制度である。

⑵　輸入許可前引取り承認制度（BP［＝Before Permit］承認制度）

　新規輸入商品などの税関審査に日時を要する場合，通関に日時がかかると

貨物の変質の恐れがある場合，取引先への納期切迫の場合など，商機を逸しないよう引取りを急ぐ必要がある場合に，税関長の承認を受けることにより，輸入許可前であっても貨物を保税地域から引き取ることが出来る制度である（関税法第 73 条）。この場合，輸入者は税関長に貨物の関税額に相当する担保を差し入れ，「輸入許可前貨物引取承認申請書」を提出せねばならない。

第 6 節　関税制度

日本の関税制度は，いわゆる「関税三法」と称される関税法，関税定率法，関税暫定措置法により体系づけられている。

1．日本の課税標準

輸入通関の際，課税品に対し下記 3 種類の課税標準のいずれかが適用される。

① 従価税（Ad Valorem Duties）

　貨物の価額（CIF 価格換算）を課税標準として課税される。現在日本の輸入貨物の大部分は従価税品である。牛肉，合成繊維製紳士服などが対象である。

② 従量税（Specific Duties）

　貨物の重量，容積，個数などの数量を課税標準として課税される。アルコール類，塩，米などが対象である。

③ 従価従量税（Ad Valorem and Specific Duties）

　上記 ① ② を組み合わせて同時に課税される。バターなどが対象である。

2．日本の関税率の種類

(1) 日本の輸入貨物に対する関税率の種類

輸入貨物に課される関税の税率は，次の図表 2-6-5 の通り，「一般税率」

と「簡易税率」に大別される。「一般税率」とは，企業が取り扱う一般の輸入貨物に対して適用される税率のことである。

一般税率はさらに「国定税率」と「協定税率」に大別される。「国定税率」とは，国内法（関税定率法と関税暫定措置法）により定められている税率のことで，図表 2-6-5 の通り，「特恵税率」，「暫定税率」，「基本税率」に分類される。

図表 2-6-5　日本の輸入貨物に対する関税率の種類

関税率	一般税率	国定税率	特恵税率	発展途上国の原産品および自国関与品（公的証明書要）に適用される。
			暫定税率	一時的に基本税率修正の必要がある場合のみ，一定期間基本税率の代わりに暫定的に適用される。
			基本税率	関税定率法に定められている基準になる税率で，品目別分類により，経済事情に変更がない限り長期間適用される。
		協定税率	WTO協定税率	WTO加盟国等の特定品目に対して一定率以下の関税率が適用される。
			経済連携協定税率	EPA/FTA/TPP締結国からの特定品目に対して各協定に基づき適用される。
	簡易税率			少額輸入貨物（課税価額20万円以下）に適用される。
				入国者の携帯品・別送品に適用される。

(2) 関税率適用順位

上記関税率の適用優先順位は，① 特恵税率 ＞ ② 協定税率 ＞ ③ 暫定税率 ＞ ④ 基本税率の順である。税率が，国定税率 ≦ 協定税率 の場合は，国定税率を適用し，国定税率 ＞ 協定税率 の場合は，協定税率を適用する。

二国間の経済連携協定税率の対象となる発効・署名済みの日本の EPA（Economic Partnership Agreement 経済連携協定）締結相手は，2020 年 11 月 30 日現在 16 カ国 5 地域の合計 21 である。日本政府は，広い意味の FTA と言える EPA 締結に力を入れるとともに，より広域的な多国間の包括的 TPP（Trans-Pacific Partnership Agreement 環太平洋経済連携協定）締結交渉に積極的に参加した結果，途中離脱した米国を除き，2018 年 3 月，交渉全参加国 11 カ国間で「環太平洋パートナーシップに関する包括的

及び先進的な協定 Comprehensive and Progressive Agreement for Trans-Pacific Partnership」（略称：CPTPP, TPP11 協定）の署名に漕ぎつけ，2018 年 12 月に発効した。TPP 参加国は現在，オーストラリア，ブルネイ，カナダ，チリ，日本，マレーシア，メキシコ，ニュージーランド，ペルー，シンガポール，ベトナムの 11 カ国である。

　2020 年 10 月 23 日，日本は EU 離脱を決めている英国との間で，EPA（Japan-UK Comprehensive Economic Partnership Agreement 日英包括的経済連携協定）に署名し，同協定は 2021 年 1 月 1 日に発効した。

　また，2020 年 11 月 15 日，日本，中国，韓国，ASEAN 10 カ国（ブルネイ，カンボジア，インドネシア，ラオス，マレーシア，ミャンマー，フィリピン，シンガポール，タイ，ベトナム），オーストラリア，ニュージーランドの 15 カ国が首脳会議において，RCEP（アールセップ：Regional Comprehensive Economic Partnership Agreement 東アジア地域包括的経済連携協定）に署名した。交渉を離脱したインドには，いつでも復帰できるよう特例措置が設定された。関税の撤廃率は 91％と，TPP のそれと比較して低水準ではあるが，日本が中国・韓国と初めて結ぶ自由貿易協定となり，インドを除く全 15 カ国が批准を経て発効すれば，域内の人口と国内総生産（GDP）がいずれも世界全体の約 30％を占める巨大経済圏が誕生することになる。

　現在，日本が交渉中のその他の EPA/FTA 交渉相手国・地域は，トルコ，コロンビア，日中韓である。

　その他交渉中断中の相手は，GCC, 韓国, カナダである。

⑶　特恵税率

　ここでいう「特恵税率」とは，先進国が見返りなしに特定の開発途上国の原産品の輸入に特別に適用するゼロまたは低率の輸入関税率のことで，次の 2 種類がある。

①　一般特恵税率（GSP 特恵税率または GSP 税率ともいう）

　　日本が政令で指定した特定の発展途上国・地域の特定原産品に対して適用される特別の優遇税率で，一般特恵関税制度（Generalized

System of Preference：略語は GSP）と呼ばれる。

②　特別特恵税率

　国連決議で「後発開発途上国」とされ，日本が政令で指定した特定
国・地域の特定原産品に対して適用される特別の優遇税率である。

　上記2種類の特恵関税制度において，低税率による輸入増加により日本の
産業が損害を被る場合に，国内産業保護のため，特恵税率適用を一定期間停
止できる「エスケープ・クローズ方式」と呼ばれる条項が政令で設けられて
いる。

(4)　原産地証明書

　原産地証明書（Certificate of Origin）とは，輸入貨物に対する関税率適
用に当たり，その産品の原産地を公的に証明する書類のことである。WTO
協定税率，EPA 税率（EPA 特恵税率ともいう）や上述の特恵税率などを受
けようとする者は，輸入申告時に税関に原産地証明書または特恵原産地証明
書を添付提出する。日本では，一般特恵税率適用のためには，「GSP 原産地
証明書 Form A」の提出が必要である。原産地証明書の発給は，輸出国の
商業会議所，官公庁，税関，輸出国駐在領事などが行い，日本原産品の原産
地証明書は，日本各地の商工会議所（但し EPA の特定原産地証明書は 21
カ所に限定）が発給している。

3．関税率表の品目分類—世界共通の HS コード

　日本への輸入貨物にいくらの関税が賦課されるかは，「実行関税率表」（日
本関税協会）で一覧できる。1988 年発効の HS 条約（商品の名称及び分類
についての統一システムに関する国際条約）に基づき，全ての物品に付され
た分類番号である HS（Harmonized Commodity Description and
Coding System）コード別に税率を一覧できる。世界 200 カ国以上で貿易
統計にも利用されている。

　HS コードは，上6桁の「番号」までは HS 条約加盟国および HS 品目表
適用国で世界共通であるが，7桁目以降については，各国独自の国内細分に
より分類して，品目毎に関税率を定めている。日本では，上6桁＋統計用

「細分番号」3桁の計9桁から成り，さらに NACCS 処理用1桁を加えて計10桁を使用する場合もある。

　日本の申告納税制度においては，税関は輸入者等から，輸入貨物の関税率表の分類・税率等の不明な点に関して，文書または口頭で問い合わせを受けた際は，文書または口頭で適切に教示することになっている。これを「事前教示制度」という。

4．関税等の納付方法

　日本の輸入貨物のほとんどは NACCS により輸入申告，輸入許可がなされ，関税（輸入税）と消費税（内国消費税 7.8％＋地方消費税 2.2％，但し食品の消費税は，軽減税率　内国消費税 6.3％＋地方消費税 1.7％を適用）の納付も，通常は NACCS にて処理される。NACCS のオンラインシステムで結ばれている輸入者，海貨業者（通関業者），税関，支払口座設定銀行の間で，税額の銀行口座自動引落しをコンピューター処理により行うことが可能である。

第7章
国際紛争解決：国際民事訴訟と国際商事仲裁

第1節　国際商取引紛争の解決手段と契約上の合意

1．国際商取引の当事者間トラブル

　国際商取引においても，国内商取引同様，当事者間にトラブルが生じることがある。むしろ国際商取引の方が，当事者の価値観や慣行が異なったり，言語が異なったりするため，誤解が生じやすい。例えば，一方当事者がなんらかの不手際をした場合，その影響を，不履行当事者は自国の習慣に照らし過小評価のうえ楽観し，その一方で他方の被害当事者は自国の習慣では考えられないものとして過大評価し不信感を抱くといった行き違いが生じるかもしれない。さらに，ビジネス・コミュニケーションの不足がその不信感をより大きなものに変えることもありうる（第3編参照）。国際商取引の場合，一般に物品輸送が遠隔であり，それゆえに一度の取引量が多く，当事者間にトラブルが発生した場合，国内取引と比べて深刻なものとなりがちである。

　当事者は，発生したトラブルを，まずは交渉・協議によって解決しようとするだろう。国内のみならず国際商取引の契約書にも，「紛争が生じた場合には当事者間で誠実に協議をすることによって解決するよう努力する」旨の規定が有ることも多い（なお，このような努力義務規定にどれほど実際的な意義があるかについては疑問もある）。しかし，当事者間で協議をするとしても，当事者が異民族でものの見方が違う場合は，この段階ですでに，両者の主張が平行線をたどることも多いだろう。両当事者がいずれも，自分の言い分は正しく，譲る点など無いと考えるなら，交渉は決裂することになる。それが経営にとって重要な問題であれば，結局，一方当事者は，強制執行が

可能とされるなんらかの裁定を得ようと，法的な紛争解決手段を探るだろう。

　法的な強制力のある紛争解決手段としては，国際民事訴訟（Litigation/Civil Procedure）と国際商事仲裁（International Commercial Arbitration，単に仲裁〔Arbitration〕とも呼ばれる）の 2 つが考えられる。前者は，不満を持つ一方当事者が原告となって，どこかの国の司法機関（裁判所）に相手方を被告として提訴する形で開始される。それは主権国家による公的な紛争解決手段である。後者は，国家機関によるものではなく，民間機関・民間人である第三者（仲裁人）に取引当事者間の紛争を検討のうえ裁定してもらうという，訴訟類似の紛争解決手段である。

　本章では以下，国際商取引の紛争解決に関して，第 1 節において契約書中に置かれることの多い「紛争解決条項」の意義を示したうえで，紛争解決手段の 2 つ，即ち，国際民事訴訟と国際商事仲裁とを，第 2 節と第 3 節とにおいて順に概説する。第 4 節では，紛争解決に際して，頼りになる専門家，特に弁護士の活用方法について触れる。

2．契約書の中の「紛争解決条項」

　国際物品売買をはじめ国際商取引の契約書には，当事者間に取引をめぐる紛争が生じた場合に備えて，「紛争解決条項（Dispute Resolution Clause）」，即ち「どのような紛争解決手続を採るかを指定する条項」をあらかじめ置くことが多い。紛争解決条項は，当事者間のもめ事がこじれにこじれて「出るところへ出て決着させよう」という段階に達する場合をあらかじめ想定するものである。紛争解決手段としては，国家の裁判所による「民事訴訟（裁判）」か，私的な「国際商事仲裁（仲裁）」か，そのいずれかが考えられるから，紛争解決条項の典型も必然的に 2 つのパターンのいずれかとなる。つまり，契約紛争を，① どこかの国を指定したうえで，当該国の裁判所における民事訴訟手続に委ねるもの（「裁判管轄条項」もしくは「合意管轄条項」と呼ばれる），または，② 第三者として，どこかの常設仲裁機関を指定したうえで（機関仲裁），もしくは両当事者独自の仲裁手続によることを規定して（ad hoc 仲裁），国際商事仲裁手続に委ねるもの（「仲裁条項」と呼ばれ

る）という二者択一の形を取る。両者の併用は避けなければならない。なぜ
ならいずれの手続が有効かなど議論が複雑になり，紛争の解決が長引くこと
が予想されるからである。

サンプル 2-7-1 裁判管轄条項（非専属的裁判管轄）の例

Jurisdiction

Each of the parties hereto agrees that the XXX courts shall
have non-exclusive jurisdiction over the parties in relation to
any dispute arising out of or in respect of this Agreement and
that any judgment or order of the XXX court made in this re-
spect shall be conclusive and binding on them and may be en-
forced in the courts of any other jurisdiction. (XXX 国の裁判所
は本契約から生じる，または本契約に関して生じるいかなる紛争につい
ても当事者に対して非専属の管轄権を有するものとすること，並びに，
以上の点につき XXX 国の裁判所が下した判決や命令は，確定的であっ
て当事者を拘束するものであること，および，他のいかなる法域の裁判
所においても執行可能であることについて，本契約の各当事者は合意す
る。）

サンプル 2-7-2 仲裁条項の例

Arbitration

All disputes, controversies, or differences which may arise be-
tween the parties, out of or in relation to or in connection with
this Agreement, shall be finally settled by arbitration in Kyoto,
Japan in accordance with the Commercial Arbitration Rules of
the Japan Commercial Arbitration Association. The award ren-
dered by such arbitrator(s) shall be final and binding upon the
parties concerned. (本契約からまたは本契約に関して当事者間に生じ
得るあらゆる紛争，もめ事または意見の違いは，「日本商事仲裁協会」
の「商事仲裁規則」に従って，日本国京都において，仲裁によって最終

的に解決されるものとする。仲裁人が下した仲裁判断は最終的であり，
関係当事者を拘束するものとする。）

サンプル 2-7-3　前段階として話し合いによる解決を規定する表現

All disputes, controversies or differences which may arise be-
tween the parties in connection with this Agreement or any
breach hereof shall be amicably settled through good faith nego-
tiation between the both parties hereto. (本契約または本契約の違
反に関して当事者間に生じ得るあらゆる紛争，もめ事または意見の違い
は，当事者双方の間における誠実な交渉を通して友好的に解決されるも
のとする。）

　紛争解決条項の中には，(a)（紛争が比較的初期にある段階において）当
事者間でまず誠実に話し合うことを追加規定するもの（サンプル 2-7-3 参
照）も見られるほか，(b) 当事者の話し合いで解決しない場合に中立的第三
者が介入する手続（斡旋（あっせん）や調停）を前段階的手続として設定す
るバリエーションも見られる（斡旋・調停に関しては第 3 節で触れる）。し
かし，いずれにしてもこれらの方法は決定的な強制力を欠くため，最終的に
は，後述する民事訴訟または仲裁による決着を覚悟しておかなければならな
い。

　理論上は，取引契約中にあらかじめ紛争解決条項を置くのではなく，紛争
が発生した後になって，紛争解決手段について，あらためて当事者間で話し
合って合意することも可能である。しかし，現実問題として，紛争が発生し
険悪な雰囲気になっている当事者の間では，いかなる合意も結ぶことが難し
くなる。なぜなら一方当事者が提案した紛争解決手段は，提案をした側に有
利な手段であるだろうと，相手方当事者は強い猜疑心（さいぎしん）を抱い
て評価するからである。未だ紛争が顕在化していない段階であれば合意もし
やすい。したがって，紛争解決手段として，仲裁を選択するか民事訴訟を選
択するかについて，さらには具体的に手続をどのようにするかなどの点は，

契約書起草の段階で定め，契約書に規定しておくことが望ましいし，通例でもある（規定しないこともありうる点について後述）。なお，紛争解決に関する合意は書面が要求される（口頭の約束では不十分とされる）ことが多い点に注意すべきである。

　紛争解決条項がその規定に示された通りの効力を有することについては，関係各国の法制度の中に（条約や国内法といった形で），「当事者の（紛争解決に関する）合意を尊重しよう」というルールが存在しているという点も理解しておくべきだろう。

　紛争解決条項については，その内容の性質上，「紛争解決条項が含まれる契約書全体」から切り離され，独立した合意（単独の契約）であると考えられる。つまり，商取引契約全体が無効ではないかという主張がなされても，紛争解決条項自体は無効視されず，当該無効の争いも紛争解決条項の対象となるというのが一般的な理解である。例えば，国際物品売買契約に関する国際連合条約（CISG）も第81条第1項後段において，契約が解除されて失効しても「契約の解除は，紛争解決のための契約条項……に影響を及ぼさない」と規定している。

　なお，以上とは別に，紛争解決条項自体が無効ではないかという議論は（例えば，だまされたり脅されたりして紛争解決条項に同意したとか，条項がねつ造されたという主張をもとに）可能である。

第2節　国際民事訴訟という紛争解決手段と裁判管轄条項

1．デフォルトとしての国際民事訴訟
　仲裁を紛争解決手段として用いるためには，両当事者による特別の合意を必要とするから，そのような合意が無い状況下では，必然的に，どこかの国の裁判所による民事訴訟によって，紛争を解決しなければならない。言わば，国際商取引紛争の解決手段の「初期値（default）」として標準設定されているのは民事訴訟（裁判）であり，仲裁はオプションであると理解すべきであろう。

２．国際民事訴訟における「法廷地」の意味

「どこかの国の裁判所」と上述したが，裁判が行われる地（国）を「法廷地（法廷地国）」という。法廷地がどこであるかは重要な問題である。心理的にホームかアウェイかという違いがあること以外に，理由として以下の点などが考えられる。

① 「手続は法廷地法による」という不文の大原則が世界的に承認されている。それによると裁判手続をどう進めるかは地元のルール次第である。民事訴訟手続は国によって異なる。例えば，米国特有の制度として，陪審制度，クラス・アクション（集合代表訴訟），ディスカバリー（代理人弁護士による関係者の尋問や文書などの大量の情報の提出要求を含む証拠開示手続）などは，それに不慣れな日本企業を悩ませている。

② 法廷地が他国であれば，当該国で資格を有する弁護士を，代理人として見つけなければならない。

③ 裁判で用いられる言語はもとより，代理人弁護士との交信も法廷地の言語で行わなければならないだろう。通常，通訳や翻訳者が必要となる。

④ 証人など関係者が法廷地の裁判所に出廷したり，現地で打ち合わせをしたりするために，物理的に長距離を移動しなければならない。空の便や宿泊先の確保といった細かなことが足枷（あしかせ）となる。

⑤ 裁判所は，法廷地の「国際私法」（裁判の基準となる法を決めるための法）を適用して「準拠法」（裁判の基準となる法）を決定するから（国際民事訴訟では，関係する国々の民商法・契約法のうちどこかの国の法が準拠法として指定される），法廷地次第でどこの国の法が適用されるかが変化することになる。結果として紛争解決の結論が異なるということが起こる。

⑥ 損害賠償の金額相場は法廷地の裁判官の感覚に左右される。

3．国際民事訴訟と「国際裁判管轄権」という問題

　それでは「法廷地」（どこで裁判をするのか）はどのようにして決まるのだろうか。大きな権限が与えられた国際的機関が存在し個々の紛争を吟味したうえで「この紛争はS国で，その紛争はT国で審理しなさい」と紛争を振り分けてくれるなら便利であるが，現在の国際社会にはそのようなシステムは存在しない。裁判（司法）は，立法・行政と並ぶ三権の1つで，国家主権の重要な要素であるから，各国家は裁判権の行使にあたって，基本的に他の国や国際機関から指図されたくはないし，指図されるいわれも無い。したがって，各国（の裁判所）は自国が法廷地になるべきかどうかを独立して判断する。そこで，「法廷地」の決定は，原告になろうとする当事者Xがまずどこかの国の裁判所に紛争を訴えとして持ち込み，持ち込まれた国の裁判所が，自国にその事件を扱う権限・適切さ（「国際裁判管轄（権）」と呼ばれる）があるかどうかを判断することで行われる。だから，もし前述の原告Xが同時に2つの国に事件を持ち込んだり，あるいは，被告とされた当事者Yが原告Xを相手に，今度は逆に原告となって別の国で提訴したりすると，事件を持ちこまれたそれぞれの国が独立して国際裁判管轄権について判断する結果，国際的に二重訴訟が生じたりする可能性も十分ある（「国際訴訟競合」と呼ばれる問題である）。裁判所の司法権行使の範囲を画定することは重要なことなので，国際裁判管轄権を争点として含む事件は，関係国の最高裁判所による審査を仰ぐことに発展する場合すらあり，専門的で困難な事件となりがちである。契約中に紛争解決条項を挿入することはそのような困難な点を緩和するのに役立つ。

4．「国際裁判管轄権」決定のルール（日本の場合）

　国際裁判管轄権は各国が独自の基準で判定すると上述したが，日本の国際裁判管轄権決定の仕組みを概観しよう。

　国際社会において共通のルールがまったく無いわけでもない。条約の中には国際裁判管轄権に触れるものもある。例えば，日本が締約国である条約として，「国際航空運送についてのある規則の統一に関する条約」（ワルソー条

約を引き継ぐ 1999 年モントリオール条約）や「油による汚染損害についての民事責任に関する国際条約」などである。このような場合は条約が基準となる。しかし，条約が存在するのはテーマとして範囲が限られた領域である。また，一般的な国際慣習法が存在するかどうかについて，日本の最高裁は否定的であり，さらに，日本には日本国の国際裁判管轄権について定めた制定法は無いというのが通説であった。頼るべきルールが存在しないため，最高裁はこれまで，その判断基準の根本ルールは，（「法律」ではなくて）「条理」であると述べつつ，民事訴訟法の国内管轄の規定から逆に，国際的な管轄権を読み取っていた（国内には当然，事件をどこかの裁判所，例えば東京地裁や京都地裁に割り当てるためのルールが存在するが，それは国際的な割振りのための規定ではない）。

　そこで 2011（平成 23）年，民事訴訟法の改正という形で，国際裁判管轄権に関するルールが日本国内で制定された（2012 年 4 月 1 日施行）。この改正法では，以下の点などを含め日本が国際裁判管轄権を持つ場合を細かく定めている。

①　被告の住所が日本国内にあるとき（被告地主義：第 3 条の 2 ［第 1 項］）。

②　被告が法人等の場合，主たる事務所または営業所が日本国内にあるとき（第 3 条の 2 ［第 3 項］）。

③　契約上の債務について債務の履行地が日本国内にあるとき（第 3 条の 3 ［第 1 号］）。

④　財産権上の訴えについて請求の目的／被告財産が日本国内にあるとき（第 3 条の 3 ［第 3 号］）。

⑤　事務所・営業所の業務に関し当該事務所・営業所が日本国内にあるとき（第 3 条の 3 ［第 4 号］）。

⑥　日本において事業を行う者に対する訴えについて，その者の日本における業務に関するとき（第 3 条の 3 ［第 5 号］）。

⑦　不法行為に関する訴えについて，不法行為地が日本国内にあるとき（第 3 条の 3 ［第 8 号］）。

⑧　不動産に関する訴えについて，不動産が日本国内にあるとき（第3条の3［第11号］）。

⑨　消費者契約に関する消費者からの訴えについて，消費者の住所が日本国内にあるとき（第3条の4［第1項］）。

⑩　当事者の合意により定めるとき（第3条の7［第1項］）や被告が応訴したとき（第3条の8）。

　また，改正以前の判例には，日本で裁判を行うことが「当事者間の公平，裁判の適正・迅速を期するという理念に反する特段の事情があると認められる場合には，わが国の国際裁判管轄を否定すべきである」という理論（「特段の事情論」）が見られた。これによれば，例えば，日本よりももっと適切な法廷地があるなら，管轄権を行使しないという調整が可能であった。この理論は，改正民事訴訟法においても受け継がれ，「事案の性質，応訴による被告の負担の程度，証拠の所在地その他の事情を考慮して」，「当事者間の衡平を害し，または適正かつ迅速な審理の実現を妨げることとなる**特別の事情**」があるときは，日本の裁判所は，訴えを却下しても良いことになっている（第3条の9）。被告の負担や証拠の偏在が大きいときは，国際的に配慮して，日本が国際裁判管轄権行使をあきらめ，外国裁判所に裁判を委ねることもあり得る。

　以上は，現在の日本の国際裁判管轄権のルールであるが，国毎に，国際裁判管轄権のルールが存在するという点に留意する必要がある。

5．裁判管轄条項の機能と性質

　国際商取引をめぐる紛争処理の道筋と契約書との関わりを整理すると，通常，紛争解決条項として①仲裁条項（後述）か②裁判管轄（合意管轄）条項（Jurisdiction Clause/Consent-to-jurisdiction Clause）が契約書に置かれる（上記契約条項例 サンプル2-7-1/2-7-2 参照）。そのような条項が無ければ，既述の通り，当事者の一方が原告となろうとすることにより，どこかの国で裁判が開始される。この場合，裁判所が自国（法廷地国）の国際民

事訴訟のルールに照らして，自国と問題の国際商取引との間に一定の関連を認めれば，その裁判所は裁判を続けることになる。この認定が難しく，裁判の大きな争点になってしまうことも少なくない。

　一方，裁判管轄条項が契約書に挿入されている場合は，条項所定の法廷地国がその契約問題について裁判を進めて良いということになるだろう。というのも，前述の日本の民事訴訟法（第 3 条の 7［第 1 項］）のように，世界の多くの国では，当事者間の国際裁判管轄に関する合意の有効性を認めているからである。例えば，米国ではかつて専属的裁判管轄条項は有効視されなかったが，連邦最高裁の The Bremen v. Zapata Off-Shore Co. 判決（407 U.S.1(1972)）以降効力が認められている。

　さらには，法廷地国の裁判所がそのように判断するのはもちろん，後日，その判決の効力を他国の裁判所がどう扱うかも問題となる（外国判決の承認・執行の問題）。例えば，A 国（法廷地国）で原告 X は勝訴判決を得たが，強制執行の対象となる被告 Y の財産が B 国に在るような場合を考えよう。この際には B 国の裁判所に，A 国で出た判決が妥当だと受け容れてもらって，強制執行を実現しなければならない。このとき，そもそも A 国で裁判をしたのが妥当だったのかという点が問題になる。B 国の裁判所に，A 国の国際裁判管轄権行使が妥当だと評価してもらえれば，その国における強制執行が実現しやすくなるだろうが，裁判管轄条項の存在がその根拠となりうるだろう。

　さて，裁判管轄条項は，専属管轄条項（Forum-selection Clause/Exclusive Jurisdiction Clause）と付加的（非専属）管轄条項（Consent-to-jurisdiction Clause/Non-exclusive Jurisdiction Clause）に分けられる。専属管轄条項は専属管轄，即ち，その法廷地でしか訴訟を起こすことができないということを定める条項である（下例参照）。

サンプル 2-7-4　専属的裁判管轄条項の例（前述 The Bremen 判決より）

　Any dispute arising must be treated before the London Court of Justice.（発生するいかなる紛争も，ロンドン裁判所で処理されなけ

ればならない。）

　付加的管轄条項には，その条項が指定する法廷地国に，管轄権を付与する効果が有るが，他国に管轄権行使の別の根拠があるなら当該国裁判所の管轄権行使までも妨げるものではない。ところが，専属管轄の合意は，他の法廷地における提訴を認めないという合意であるので，一方当事者の本拠地を唯一の法廷地として指定できれば，その当事者にとっては常に「地の利」を手に入れられ有利であるとも言える。このような合意はしばしば，大企業による弱い者いじめであってフェアではなく，また本来管轄権を行使できたはずの国から管轄権を奪い，事案と関係のない国に管轄権を授けることも可能であるという点で，公序に反し無効ではないかと批判を受ける（前述の米国連邦最高裁の The Bremen 判決においてもこの点が争点である）。しかし世界各国の取引先と数多くの同類型の取引を展開しなければならない大企業にとっては，紛争処理を画一的に行うのが効率的・経済的であることは理解できるし，効率性・経済性は，結果として取引先全てにメリットをもたらす面もある。また，紛争処理を伝統的に国際取引の中心地（例えば，保険ビジネスで著名な英国や国際取引の盛んな米国 NY 州）に集中することは，そこに判例が豊富に存在することもあって，当事者が結果を予測しやすいという点で，国際取引の安全・円滑の要請にかなうことでもある。したがって，主導権を持つ当事者が専属管轄を規定することも，一概に否定されるべきこととは言えないだろう。日本の最高裁も，いわゆるチサダネ号事件判決（最判昭和 50・11・28，民集 29 巻 10 号 1554 頁）で，船荷証券上の，専属管轄の合意を条件付きで有効視している（民事訴訟法第 3 条の 7 第 4 項も参照）。

　裁判管轄条項の実務上の意義としては，当事者間に「ある特定の国で民事裁判によって当事者間の紛争を解決しよう」という事前了解がある場合，当事者間には，約束の通り行動しなければならないという自制が働くだろうから，契約トラブルが生じた場合に相手方当事者の予想外の行動に振り回されることは少なくなる。また，契約トラブル発生時点で，専門家に相談もしやすい。例えば，裁判管轄条項所定の法廷地国に所在する法律事務所の弁護士

に相談することで将来の手続に前もって備えることができ，判決結果の予想が立てやすい。

６．裁判管轄条項ドラフティングのポイント

　裁判管轄条項をめぐり実務上意識すべき問題として２点，指摘しておきたい。

　１点目は，当事者が自分の本拠地を法廷地に指定しようとして，綱引きをするため合意に至らないケースが多いという点である。例えば，日本企業としては，紛争が生じた場合は，日本の裁判所の専属管轄を規定し，「本契約に関して生じるいかなる紛争も，日本の裁判所における裁判で解決するものとする」という条項を挿入しようとするだろう。しかし，相手方も自分の本拠地を法廷地と指定することにこだわるかもしれない。この対立は，契約交渉の大詰めにおいてデッドロック（暗礁に乗り上げ膠着してしまうこと）を引き起こしがちである。紛争解決条項は，当該契約書の主目的であるビジネスとはあまり関係の無い法技術的な条項であるのだが，当事者としては，このような末節とも言えそうな条項に拘泥して肝心のビジネスを失うのはあまり得策とは言えないだろう。法律家は紛争解決条項こそ重要であると力説するだろうし，実際に時として重要なこともあるが，ほとんどの場合，紛争解決条項が現実の意味を持つことはないことにも留意すべきである（経営とはリスクを含めてコストと利益のバランスを計ることであり，裁判管轄条項に含まれるリスクも例外ではない）。

　デッドロックを解消する方法の１つとしては，裁判管轄条項をあきらめて仲裁条項を提案し直すことが考えられる（これについては後述する）。仲裁ではなく，国際民事訴訟による解決を目指すなら，次のような方法が考えられる。１つは，被告地主義（訴訟を起こす側の当事者が，訴えられる側の本拠地所在国で訴訟を起こさなければならない旨を規定すること）を裁判管轄条項に盛り込むことである（条項例 サンプル 2-7-5 参照）。そうすると，いずれの当事者にとっても公平であるので，両当事者にとって受け入れやすい契約書となる。また，公平という意味では，第三国を法廷地と指定すること

サンプル 2-7-5　裁判管轄条項（被告地主義）の例

All disputes that may arise between the parties out of or in relation to this Agreement shall be settled by the district courts located within the city in which the defendant resides, unless otherwise agreed between the parties.（本契約から生じる，または本契約に関して生じうるあらゆる紛争は，当事者間において別段の合意が無い限り，被告が住所を有する都市に所在する地方裁判所において解決されるものとする。）

も考えられる。

　もう1つは紛争解決条項の挿入をあきらめること，即ち，紛争解決条項の無い契約書を提案すること（あるいはそのような契約書ドラフトを受け入れること）である。何も規定しないなら，既述の通り，国際民事訴訟が紛争解決のデフォルトということになるからである。紛争解決条項を無くしてしまうということも，いずれの当事者にとって公平であるので，両当事者にとって受け入れやすい。ただし，この場合，相手方が予想外の法廷地に提訴し訴訟を開始するという可能性も出てくる。

　そのほか，こちらの立場が強くない場合，相手方の提案を受け入れるという選択肢もありうる。法廷地を英国や米国（NY州やCA州）に指定するという提案であれば，こちら側の顧問弁護士事務所もある（それが無くても新規に見つけることも可能）だろうから対応ができない訳ではない。

　2点目の問題は，裁判管轄条項の指定する法廷地国の裁判所が判決を下すことを想定した場合に，その判決を相手方の財産のある国で強制執行することができるかどうかについても検証しておく必要があるということである。仮にS国に所在する企業にとってS国で裁判をすることは好都合な面が多いことには違いない。しかし，相手方の財産がS国に無ければ，S国の裁判所から得た判決は，相手方財産のある別の国T国にその効力を認めてもらわなければ意味がない（賠償金を回収できない）。ところが，判決は国家主権（司法権）の行使の結果であるので，S国の裁判所の下した判決の効力を

Ｔ国（の裁判所）が認めるというのはそう簡単なことではない。例えば，日本（の裁判所）が他国の判決の効力を認める条件は民事訴訟法第 118 条に列挙されている。そのハードルは意外に高い。このように相手方財産の所在しない国で勝訴しても実効性が無いという点に留意すべきであり，その点で，既述のように，裁判管轄条項において「被告地主義」を採用することには意味がある（普通，被告の本拠には被告の財産が所在するだろう）。また，裁判管轄条項を設けないという選択肢も，「（勝訴判決の執行可能性を踏まえて）どこで訴訟をするか」という戦略を柔軟に検討できるという点では有効である（ただし，相手方にとっても利点となる）。

第 3 節　国際商事仲裁という手段，その長所と短所

1．国際商事仲裁とは

　国際商事仲裁は，仲裁人という民間人の裁定に，紛争の解決を委ねるという，裁判外紛争解決制度（ADR : Alternative Dispute Resolution）の一種である。この仲裁人（機関として捉えて「仲裁廷」ともいう）の裁定は仲裁判断／仲裁裁定（Award）と呼ばれる。仲裁は，いわば，裁判の民間版である。そして，企業間ビジネスをめぐる紛争処理の多くが委ねられている。そのような民間の制度に紛争解決を託して意味が有るか（法的な意味で決着するか）という疑問については，条約と各国国内法が仲裁制度をバックアップしているため，まず心配はないと言えるだろう。裁判所の力を借りて仲裁判断を強制執行することも可能である。

　仲裁は，民事訴訟と比較してさまざまなメリットがあるとされ，特に国際企業間の紛争処理に好都合な点が少なくないため，国際商取引契約には，紛争解決条項として仲裁条項（例として前掲 サンプル 2-7-2 参照）が挿入されることが多い。企業実務では，仲裁条項と前述の裁判管轄条項とを比較すると，仲裁条項の方がずっと多用されている。

2．国際商事仲裁の法的な根拠と「仲裁付託の合意」

　商人の世界で生じたビジネス紛争を，商人同士が仲裁という私的な手段を通じて，自治的に解決しようというシステムは，訴訟経済の上で多くの国家にとって望むところであり，また，国家の介入を避け，当事者の希望に近い解決が実現できるという意味でも当事者の安心に叶い，国際取引を安定的に促進することになる。このため仲裁という制度は，古くから発達していたが，現代において法的な根拠を一層強くした。特に1958年の「外国仲裁判断の承認及び執行に関する条約」（Convention on the Recognition and Enforcement of Foreign Arbitral Awards：「ニューヨーク条約」［以下「NY条約」と略］）を多くの国（2024年4月1日現在，日本を含む172カ国）が締約したこと，並びに，1985年の国際連合国際商取引法委員会が作成したモデル法「UNCITRAL国際商事仲裁模範法」（UNCITRAL MODEL LAW on International Commercial Arbitration）をモデルとして，わが国も含め，多くの国が自国の国内仲裁法を整備したことが，国際商事仲裁を，国際ビジネス紛争の代表的解決手段として位置付けているわけである。

　そもそも仲裁がビジネス紛争の解決手段となりうるその根拠は，取引当事者同士の合意に由来する。逆に，アキレス腱とも言えるポイントも「仲裁によって紛争の決着が許されるのは当事者間でその点について合意している場合に限られる」という点にある。この合意は，仲裁にとって最大の特徴であり，「仲裁付託の合意」と呼ばれる。通常，この合意は仲裁条項として契約中に挿入されるが，紛争発生の後に当事者間で合意することも可能である。

　なお，仲裁付託の合意は書面（通常，電磁的記録を含む）に記載されていることが必要であるとされる（NY条約第2条第1項および第2項並びに日本の仲裁法第13条第2項参照）。

　仲裁条項は，外見は1つの契約の中の1つの条項であるが，それ自体で1つの独立した合意（仲裁契約）と理解される。だから，本体の契約自体が解約されて失効した後も，あるいは本体の契約自体が無効ではないかという問題が争われる場合も，（仲裁条項の有効性は損なわれないため）紛争の裁定

は仲裁手続によって行われなければならないということになる。これは仲裁合意の「分離性」または「独立性」（英語では "separability" とか "severability" という）と呼ばれる。

　紛争は元来，当事者間で話し合いによって解決可能であり，当事者の合意があれば，紛争の処理も仲裁人という第三者に委ねることが許されるという点に，仲裁人の権限の源泉はある。そこで仲裁人の判断のできる範囲はどうやって決まるかという問題がある。当事者が意図する「仲裁人に委ねられた範囲」が不明瞭であれば，その範囲外のことについて下した仲裁人の判断は無効ということになってしまう。この仲裁人の判断できる範囲は，一般に，仲裁人自身が判断しても良いとされている（"Competence-Competence Doctrine" と呼ばれ「自己管轄決定権」法理という訳が見られる）。

　NY 条約締約国は仲裁付託の合意を承認しなければならず，訴訟が提起されたとしても仲裁に付託すべきことを当事者に命じなければならないものとされる（条約第 2 条第 3 項）。仲裁条項が契約中にあるにもかかわらず，どこかの国の裁判所に訴訟が提起された場合，被告側は，その訴えは手続上不適法なものとして却下されるべきであると主張すること（妨訴抗弁）が可能である。

　そして仲裁人で構成される仲裁廷が仲裁判断を下した場合，NY 条約締約国は，仲裁判断を拘束力のあるものとして承認し執行しなければならない（拒否できる所定の場合を除く）とされる（条約第 3 条）。

3. 日本の仲裁法と仲裁判断執行のしくみ

　日本では，上述の UNCITRAL 国際商事仲裁模範法に沿って，2003 年に現行の仲裁法が制定された。仲裁法によると，「仲裁地が日本国内にある仲裁手続および仲裁手続に関して裁判所が行う手続」については，この仲裁法が適用される（第 1 条および第 3 条）。また，日本の裁判所は，仲裁手続に関して，仲裁法に規定する範囲で権限を行使できる（第 4 条）。

　仲裁法は次のような点を定める。まず，仲裁合意に関し，「当事者が和解をすることができる民事上の紛争」を対象とする場合に限り効力を有すると

規定する（第 13 条第 1 項）。仲裁合意について書面性を要求し（第 13 条第 2〜5 項），仲裁合意の分離性についても規定する（第 13 条第 6 項）。妨訴抗弁およびその例外並びに訴訟係属中といえども仲裁手続を開始・続行できることも規定する（第 14 条）。仲裁廷は，仲裁合意の存否，有効性について判断できるし，自己の仲裁権限の有無についても判断できるが（第 23 条第 1 項：competence-competence 法理を規定），仲裁合意の有効性の問題には妨訴抗弁は働かない（第 14 条第 1 項第 1 号）。

　仲裁法第 15 条は，当事者が裁判所に保全処分の申立をすることを認める。なお，仲裁廷も保全措置を命じ，必要な担保を提供するよう命じることが可能だが（第 24 条），裁判所のように強制する手段は無い。

　仲裁の準拠法は当事者の合意による（第 36 条第 1 項）。この場合，準拠法はモデル法や商人法のような非国家法（例えば，ユニドロワ国際商事契約原則）でも構わない。合意が無ければ，最密接関係国法が準拠法となる（第 2 項）。当事者が求める場合は「衡平と善」を基準としても良い（第 3 項）。契約・慣習は考慮されなければならない（第 4 項）。

　当事者間に和解（当事者が互いに譲歩して争いをやめる旨合意すること）が成立した場合は，仲裁廷は，和解合意を内容とする決定をすることができ，それは仲裁判断の効力を持つ（第 38 条第 1 項・第 2 項）。取消理由があれば，裁判所に仲裁判断の取り消しを求めることが可能である（第 44 条）。

　仲裁判断（仲裁地は日本国内でなくても良い）は確定判決と同一の効力を有する（第 45 条第 1 項）。仲裁判断に基づいて民事執行をしようとする場合は，裁判所に対し執行決定を求めることになる。この執行決定があれば強制執行が可能である（民事執行法第 22 条第 6 号の 2 。なお，対比として外国判決を強制執行する場合は執行決定ではなく執行判決を得なければならない。民事執行法第 22 条第 6 号および第 24 条並びに民事訴訟法第 118 条を参照）。例外的に拒絶理由が存在する場合，仲裁判断は承認が拒絶され執行不能となる（仲裁法第 45 条第 2 項）。日本は前述の NY 条約締約国であるので，仲裁判断を尊重しなければならないし，承認しない場合があるとしても，それは同条約に準拠している。

4．訴訟との比較

これまでに論じられている仲裁と訴訟（民事裁判）の特性（長短）をおお
ざっぱに比較すると図表 2-7-1 のようになるだろう。

図表 2-7-1　仲裁・訴訟特性比較表

項目	仲裁	訴訟
1．迅速性	○ 1 審で終結する。	● 通常 3 審制で時間がかかる。
2．経済性	○ 1 審で終結するので費用が少ない。	● 上級審まで進むと費用がかさむ。
3．公正さ	● 仲裁人は事案毎に紛争当事者により選任され公正中立の保証はない。	○ 法曹として選抜・訓練され，倫理観に優れる裁判官が判定する。
4．判断の予見可能性	● 先例にも拘束されない。法を厳格に適用する必要もなく，主観的で突飛な判断が示される可能性がある。	○ 法の解釈・適用の統一性が要求され，法を基準に，厳格・論理的な結論が得られる。
5．専門性	○ 特殊な領域の紛争について専門知識を有する仲裁人を選任できる。	● 裁判官は専門知識を有しないため判断が妥当でない可能性が高い。
6．守秘性	○ 非公開である。	● 公開が原則である。
7．誤判防止	● 誤った判断を覆す手段が乏しい。	○ 上訴が担保され誤判を修正可能。
8．手続の柔軟性	○ 当事者で仲裁手続（使用言語等）を柔軟に決定。	● 手続には法廷地法が厳格に適用される。
9．保全措置	● 措置につき裁判所の助力が必要。	○ 保全措置を執り易い。
10．法廷地における執行可能性	● 仲裁判断を執行するために裁判所の決定が必要。	○ 判決に基づきすぐに執行可能。
11．外国における執行可能性	○ NY 条約に基づき，仲裁判断の承認・執行は認められやすい。	● 外国判決の承認・執行の要件は厳しい。
12．合意の必要性	● 仲裁合意が無ければ利用不可。	○ 合意が無くても利用できる。
13．中立性および合意の容易さ	○ 国家の枠組を越えた中立的自治の制度であり当事者が合意しやすい。紛争解決条項の交渉が円滑。	● 法廷地国による自国民保護の恐れがあり，又，法廷地の手続が適用されるため合意しにくい。
14．判断可能な範囲	● 判断を下せる範囲が，当事者間で和解可能な紛争に限定される。	○ 判断を下せる範囲に限定はない。

　仲裁と訴訟では，それぞれ一長一短あり，いずれが優れているかについて
簡単に結論は出ない。また，ケース次第では，上表の分析が該当しないこと
も多い。例えば，迅速性・経済性については，訴訟において上訴が有ること
を前提にしているが，ほとんどの紛争は 1 審の判決にすら進まずに和解す
る。むしろ，仲裁の方が，仲裁人人件費などのコストを当事者が負担するの

で，訴訟より割高になることも考えられる。公正さ・判断の予見可能性については，事案毎の裁判官・仲裁人の当り外れの問題でもあるだろう。仲裁人として選任される人の中には，元裁判官や弁護士も居て，法に沿った公正な判断を期待できることもあれば，法廷地国で訓練された裁判官といえども自国民保護・弱者保護にとらわれないとも限らない。法適用に長けたという点と特殊な領域の専門性を有するという点，あるいは，法適用が厳格であるという点と現実のビジネスに則しているという点は二律背反の面を持つ。両方のメリットは同時に享受できない。

　守秘性については，訴訟であっても秘密保護に関する命令を裁判所が出してくれることもある。しかし，スキャンダルを嫌う企業にとっては，この点に限っては仲裁の方が勝るだろう。

　重要な点としては，仲裁判断は NY 条約の締約国であればどこでも執行しやすいということ，仲裁は，国家を越えた中立的な商人共通の制度であって合意しやすいということが挙げられよう。ただ逆に，両当事者による「仲裁付託の合意」が無いと働かないという点が仲裁の最大の泣き所である。

5．紛争解決条項としての仲裁条項のポイント

　仲裁には，機関仲裁と ad hoc 仲裁とがある。機関仲裁とは，世界各国に存在する国際的な常設仲裁機関を指定し，その機関のルールのもとで，その機関のサポートを得ながら進める仲裁である。当該機関所定の仲裁費用を支払うことになる。常設仲裁機関としては，国際商業会議所国際仲裁裁判所（ICC International Court of Arbitration），ロンドン国際仲裁裁判所（LCIA；London Court of International Arbitration），アメリカ仲裁協会（AAA；American Arbitration Association）が御三家と言われる。ICC はパリに本部を持つが，仲裁自体は世界中で追行可能である。ICC の仲裁の質の高さは定評があるが，コストも高くつく。そのほか著名なのは世界知的所有権機関（WIPO），シンガポール国際仲裁センター（SIAC；Singapore International Arbitration Centre），香港国際仲裁センター（HKIAC；Hong Kong International Arbitration Centre），クアラルン

プール仲裁地域センター（KLRCA ; Kuala Lumpur Regional Centre for Arbitration），中国国際経済貿易仲裁委員会（CIETAC ; China International Economic and Trade Arbitration Committee）などであるが，日本では，日本商事仲裁協会（JCAA ; Japan Commercial Arbitration Association）が活動をしている。

　ad hoc 仲裁（非機関仲裁）は，言わば手作りの仲裁である。この場合仲裁手続のルールを取引当事者間で合意しなければならないという点が厄介である。紛争が生じていない段階でそのような煩雑なことはできないし，紛争が生じた後では合意しにくい。したがって ad hoc 仲裁の場合は，既存のルールを援用すると便利である。例えば，UNCITRAL が提供している仲裁規則（1976 UNCITRAL Arbitration Rules）に従って仲裁手続を進める旨規定すると良い。しかし，ad hoc 仲裁よりは機関仲裁の方が圧倒的に多い。

| サンプル 2-7-6 | ad hoc 仲裁条項の例（UNCITRAL 仲裁規則を援用する場合）|

All disputes, controversies or claims arising out of or relating to this contract or breach, termination or invalidity thereof, shall be settled by arbitration in accordance with the UNCITRAL Arbitration Rules as at present in force. The appointing authority shall be XXXX. The place of arbitration shall be Kyoto, Japan. The number of arbitrator shall be three. The language to be used in the arbitral proceedings shall be English.（本契約または本契約の違反，終了もしくは無効から，または関連して生じるいかなる紛争，もめ事または請求も，現在有効な UNCITRAL 仲裁規則に従って仲裁により解決されるものとする。仲裁人選任機関は XXXX とする。仲裁地は日本国京都とする。仲裁人の数は 3 人とする。仲裁手続に用いられる言語は英語とする。）

　仲裁条項に規定すべき事柄について考えよう。ad hoc 仲裁でなければ，どの常設仲裁機関（とその機関の提供する手続ルール）を利用するかという

点と，仲裁地を必ず規定しなければならない。仲裁地（国）を指定するのは，その指定によって同国の仲裁法と当該仲裁とを結びつけるためである（例として日本の仲裁法第1条参照）。この仲裁地は実際の審理手続（聴聞等）が行われる場所を意味するものとは限らない（仲裁法第28条第3項参照）。

　そのほかに，使用言語，仲裁人の数，仲裁人の国籍を指定することがある。仲裁人の数は1人または3人が多い（奇数であるべきだが5人はコストがかかりすぎる）。3人の場合は，各当事者が仲裁人を1人ずつ選任し，2人の仲裁人が残りを選ぶというパターンが多い。第三国の仲裁人を加えた方が中立的な仲裁廷が構成できるだろう。仲裁人の個性に仲裁手続が影響を受けるため，仲裁人の構成は重要である（例えば，主席仲裁人にアメリカ人弁護士を置くとアメリカ民事訴訟流の指揮をし，手続が厄介になる可能性がある）。

　前述の通り，仲裁条項は，裁判管轄条項よりは中立的・自治的であるため，当事者間で合意しやすい。しかし，それでも仲裁地を自国にしようとする綱引きは生じ得る。このため合意が困難になった場合は，仲裁条項についても被告地主義を提案することを検討すると良いだろう。

サンプル 2-7-7　被告地主義の仲裁条項の例(ICCを利用する場合)

Arbitration : All disputes that may arise under or in relation to this Agreement shall be settled by arbitration in accordance with the rules of the International Chamber of Commerce. The place of arbitration shall be, unless otherwise agreed between the parties, the country in which the respondent resides. The award resulting from any arbitration shall be final and binding on the parties hereto. （仲裁：本契約のもと生じうる，または本契約に関して生じうるあらゆる紛争は，国際商業会議所（ICC）の規則にしたがって仲裁により解決されるものとする。仲裁地は，当事者間において別段の合意が無い限り，被申立人が住所を有する国であるものとする。仲裁がもたらす判断は終局的であり本契約当事者を拘束するものとする。）

6．仲裁以外の ADR

　仲裁においては，紛争当事者は仲裁人の判断を最終的なものとして受け容れざるを得ない。これに対し，仲裁以外の ADR として，両当事者が第三者の判断に服するという形ではなく，第三者が両当事者の間を仲介することで，当事者間に紛争解決の合意を成立させるという調停・あっせんの類がある（"ADR" の概念については，調停・あっせんを中心に狭く定義し，仲裁を除外する考え方も見られ，また，Alternative Dispute Resolution ではなく Amicable Dispute Resolution の略称と捉え直す向きもある）。

　あっせんは，あっせん員が当事者の間に入って，単に仲介の労を取り相互の歩み寄りを促して合意を形成しようとするしくみであり，調停は，調停人が当事者の歩み寄りを仲介のうえ，差が詰まらなければ調停案を提示し，当事者にその受諾を促し，合意を促進するものである（両者に大差は無いように思える）。仲裁と異なり，調停案は当事者を拘束しない。これらは各国の司法制度の中でさまざまな形として存在する（英語では，"conciliation" や "mediation" が用いられるが，その概念・手続は一様ではない）。日本国内でも，家庭裁判所で扱う家事事件において調停前置主義がとられているし，それ以外の民商事事件について民事調停の申立てが可能である（民事調停法第 2 条）。

　調停等の狭義の ADR は，第三者が関与するが，あくまで当事者同士の歩み寄りによる和解である。裁判や仲裁では，勝敗が顕著であり，それによって当事者間の関係が決定的に壊れてしまうおそれがある。一方，調停等によると，ソフトランディングが可能であり，ビジネス紛争の解決には好都合である。もちろん歩み寄りが無理な紛争もあるため，上述の調停前置主義のように司法手続に段階的に組み込まれた調停制度も見られるし，最近では，調停と仲裁との混合手続（仲裁人が調停人も兼ね，調停不成立であれば無駄に再審理を行わず仲裁に移行するため経済的である）が用いられ，med-arb/arb-med（「仲調」と訳される）と呼ばれている。

　国連の UNCITRAL は仲裁手続だけでなく，独自の調停手続（"1980 UNCITRAL Conciliation Rules" として知られる）をビジネス社会に向け

て提供しているし，各国に向けて，2018年に「国際商事調停及び調停に因る国際和解合意に関するUNCITRALモデル法」（改正モデル法）を公表している。「調停による国際和解合意に関する国際連合条約」（シンガポール国際調停条約）が採択された結果，調停合意の国際的な執行が期待できる（2020年9月発効，日本は12番目の締約国で2024年4月から発効）。もともと国際商業会議所（ICC）や日本商事仲裁協会（JCAA）等の常設仲裁機関では調停手続の利用が可能で，調停の規則も用意されている。2018年には日本初の国際調停専門機関として，京都国際調停センター（Japan International Mediation Center in Kyoto, JIMC-Kyoto）が同志社大学構内に開設されてもいる。

サンプル 2-7-8　調停条項の例（WIPOを利用する場合）

Mediation

Any dispute, controversy or claim arising under, out of or relating to this contract and any subsequent amendments of this contract, including, without limitation, its formation, validity, binding effect, interpretation, performance, breach or termination, as well as non-contractual claims, shall be submitted to mediation in accordance with the WIPO Mediation Rules. The place of mediation shall be Kyoto, Japan. The language to be used in the mediation shall be English.（調停：本契約およびその修正版に基づき，またはこれらに起因もしくは関連して生ずる，あらゆる紛争，論争または請求（契約の成立，効力，拘束力，解釈，履行，違反，解除，または非契約的請求を含み，これらに限定されない）は，WIPO調停規則に従い調停に付されるものとする。調停地は［日本国，京都］とする。調停において使用される言語は［英語］であるものとする。）

（WIPOのウェブページ：http://www.wipo.int/amc/ja/clauses/#11 参照。）

　国際商取引の当事者としては，紛争解決条項に応じて調停等を利用する場合もあるだろうし（調停を事前に条項中に盛り込んでおく場合や裁判管轄条項に従って提訴した結果強制的に当該国の調停手続に付される場合が考えら

れる），事後的に当事者間で調停等を利用する旨合意することを検討しても
良いだろう。

第 4 節　国際商取引紛争における弁護士の活用

1．国際商取引紛争発生に備えて

　日本企業において，外国企業との間で国際物品売買，ライセンス等の国際
商取引が増加し，国際事業が拡大するにつれて，日本の国際取引関係法規の
ほかに，条約や各外国法，国際的機関が策定したビジネス関連規則など理解
し遵守すべき法規が多いことに気づく。また，自社が締結した契約につい
て，相手方の契約違反をとがめたり，自社の契約違反を釈明したりすること
も増えてくる。そして，最悪の場合，契約中の紛争解決条項に従って，国際
民事訴訟や国際商事仲裁を外国で追行しなければならないことも生じる。

　外国法令の内容を把握するのも，英文契約書を解釈するのも，外国の当事
者と交渉するのも容易ではない。外国で訴訟・仲裁を追行すると言えばなお
さらである。このような特別な問題については，専門家（高度な専門知識と
倫理を備える "professional"）のサービスを活用すべきだろう。一般的な
国際取引関係法令や外国の法規については，図書館やインターネットで調査
することもできるだろうが，現実に直面している問題については，渉外（国
際）弁護士事務所・会計事務所などに具体的に事実を示したうえで相談して
対策を示唆してもらうことが必要だろう。

　専門家に助言を求めると良い理由としては，問題が効率的に解決するとい
うことがまず挙げられる。しかしそれだけではない。企業スタッフは自社の
ことしか知らないため，経験・知識が偏りがちだが，外部専門家を活用すれ
ばそれを是正できるという面もある。例えば，企業スタッフ（例えば，法務
部員や海外事業部員）は，過去に A という方法でうまくことが運んだなら
A という方法を踏襲する傾向がある。それでは B という方法が A より優れ
ていてもわからない。外部専門家はその顧客も多様であるのでさまざまな経
験をしている。外部専門家と接することで企業スタッフも間接的にさまざま

なノウハウを学ぶことができる。

2．国際トラブル対応の専門家としての弁護士の選定

　欧米の大企業などでは社内に弁護士を多数置くケースも多い。だが日本では，社内弁護士を充実させる動きが一部で始まっているものの，国際法務部門の大規模化はまだ先のことだろう。日本企業としては，目的に応じ，また社内の人材の事情に応じ，社外専門家の使い方を変える必要がある。

　国際法務の専門家としては，① 渉外弁護士事務所，② 外国法事務弁護士事務所，③ 外国の弁護士事務所などがある。これらの専門家との関係の構築方法としては，国際事業の経験を有する取引先（銀行など）を通じて紹介を受けるか，国内問題対応のために契約している顧問弁護士事務所を通じて国際的な専門家を紹介してもらうということが考えられる。さらにはデータベースや弁護士名鑑（Martindale-Hubbell 等）や『NBL』，『国際商事法務』，『JCA ジャーナル』，『ビジネスロー・ジャーナル』等の国際法務雑誌から専門家の名を知ることもできる。

　渉外（国際）弁護士事務所とは，国際的事案を専門に扱う法律事務所である。所属日本弁護士の多くは，英米のロースクールへの留学歴および外国弁護士資格を有していて，事務所は独自の国際提携ネットワークを海外の法律事務所との間に構築している。このような渉外弁護士事務所は大型化する傾向にあり大都市にのみ集中して存在する。東京のビッグ5（西村あさひ／アンダーソン・毛利・友常／森・濱田松本／TMI 総合／長島・大野・常松法律事務所）が著名で，所属弁護士数はそれぞれ 500 名を超す。首都圏に比べると，関西本拠の渉外弁護士事務所はやや小規模と言える（例えば，所属弁護士数上位の大江橋法律事務所や北浜法律事務所でも 100 名〜 200 名という規模である）。これらの事務所は，日本のクライアントの国際事業を支援すると同時に，提携先外国弁護士事務所のクライアントの日本進出も支援する。

　一方，「外国弁護士による法律事務の取扱いに関する特別措置法」（外弁法）に基づき設けられた外国法事務弁護士事務所は，「外国法事務弁護士」有資格者である外国の弁護士が日本国内において当該国法に関して業務を行

うものである。多くが大手外国法律事務所の手で設立され，その日本支店の
役割を果たす。日本の弁護士事務所との間で共同事業を営む場合もある。母
国の（本店）弁護士事務所のクライアントの日本案件処理を支援すると同時
に，当該母国の案件につき日本のクライアントを支援する。その他，日本に
おける訴訟で準拠法が当該外国法となる場合などは外国法情報の入手・提供
が期待できる。日本文化・日本語を理解する当該国の弁護士が日本勤務と
なっていることが多い。

　外国に所在する（当該国の）弁護士事務所であっても，日本の渉外弁護士
事務所同様，大手事務所は国際案件を扱い，外国企業をクライアントとし代
理する。特に，英米には巨大弁護士事務所が所在し（例えば，Baker &
McKenzie 法律事務所は 6,000 名を超す弁護士を擁する），国際的なネット
ワークを構築している。中には，日本人の当該国弁護士を多数抱え，日本企
業用窓口を用意する事務所もある（例えば，Pillsbury Winthrop Shaw
Pittman 法律事務所や Mayer Brown 法律事務所の日本語ウェブページ参
照）。

　ついでながら，海外で新たに顧問弁護士を探す場合，特に，外国に拠点を
新設する場合，長い付き合いになる可能性が高いので，慎重に選定したい。
現地における合弁・提携の相手方や金融機関に紹介してもらうのが手っ取り
早いが，将来，その相手方や金融機関と利害が対立する可能性もあることも
考慮すべきである。すでに関係のある国内外の大手弁護士事務所や近隣の自
社拠点に相談するなどネットワークを駆使したい。現地に飛んで，スタッフ
や設備を実際に見てチェックすることも時には必要である。

3．弁護士との関係（相談の仕方）

　これら専門家への相談の仕方であるが，日本企業において，社内にパイプ
役を果たす国際法務スタッフが育っていない段階では，日本語で分かりやす
い助言を受ける必要があるので，日本の渉外弁護士事務所が使いやすい。現
地法が問題となる場合や外国での訴訟・仲裁の追行については，日本の渉外
弁護士事務所や外国法事務弁護士事務所に介在してもらいつつ，当該外国の

弁護士事務所と交信することにならざるをえない。ただし，日本の渉外弁護士に外国の弁護士と交信のうえ日本語で説明してもらうと，高額な弁護士報酬が二重にかかるため多額のコストが発生することを覚悟しなければならない。できれば，外国の弁護士事務所と直接交信する方が効率的・経済的である。それでも欧米の弁護士の報酬はタイムチャージ制で時間当り単価が高い。米国の一流弁護士事務所のパートナークラスの報酬は時間当り 500 ドルでもおかしくない。さらに NY 州では他州よりも 100 ドル程度相場が高い。また，発展途上国の弁護士事務所でも欧米で教育を受けた弁護士を擁する国際的な弁護士事務所の方が，日本企業からは相談しやすい。しかし，そういう弁護士の報酬は発展途上国でも（欧米ほどでなくとも）やはり高くつく。だから，一般に弁護士に，弁護士でなくてもできるような仕事（翻訳，情報検索等）を頼んではならない。

　弁護士利用のためには，次の諸点に注意したい：事態が悪化する前にタイムリーに相談すること，事実・資料の開示を十分にすること，英米の弁護士は専門化が進んでいるのでミスマッチに気をつけること，利益相反に当らないか注意すること，こちら（依頼者）側の姿勢（例えば，紛争時に，スキャンダルを嫌って穏便に解決したいのか，宣伝効果を狙って派手に戦うか）を明らかにし正確に伝えること，弁護士側の報告や計画の意図を正しく理解すること，途中経過の報告を求めること，報酬ルールとサービスの明細を示してもらうことなどである。依頼人が弁護士のサービスに満足できるためには，情報共有が重要である。外国法用語や外国語を学習し，交信の円滑化を図らねばならない。

　弁護士を選任するにあたり，知識経験が豊富で能力が高く，一方で，報酬がリーズナブルであれば，それで良いかというと，実はそうではない。最重要な要素は信頼関係の構築の可能性である。表面上の報酬単価が多少高くとも，単純な数字の比較では表せないメリットもある。例えば，頼まなくとも，弁護士の方で依頼人に有用な情報とは何かを考え，随時有用な情報を提供してくれるような場合である。紛争処理はチームワークで行うので，お互いに良い感情を持つことも重要である。

第 3 編
国際ビジネスコミュニケーション

第1章

国際商取引と交渉

第1節　国際商取引交渉の概要

1．国際商取引交渉の意義と実際

　交渉とは簡単にいえば，相手と何かを取り決めるために話し合うことである。それぞれ立場を異にする人間が，自分あるいは自分の所属する組織の代表もしくは代表の一員として，相手あるいは相手チームとお互いに協力し合い，本来の目的達成のために，2者間に横たわるギャップを埋め最終合意をめざすというコミュニケーション活動が交渉である。その交渉が，商談を成立させるために，国や文化を超えて，多くの場合には異なる言語を話す人間によって行われるとき，これを国際商取引交渉という。国際的であることと，「商談を成立させるために」という目的が，国際商取引交渉を，他のいろいろな交渉と分ける際の基準となる。

⑴　交渉はコミュニケーション

　英語の communication の語源は，「ともに持つこと」，「分かち合うこと」という意味のラテン語 communis であり，そこから，コミュニティー（community），常識（common sense）あるいは共産主義（communism）などという言葉も生まれている。同じ1つのものがグループ内の誰にも共有されているということ，複数の個人が共有された場でお互いにつながっているというイメージがコミュニケーションである。交渉がコミュニケーションであるということは，交渉にあたっては，自分あるいは自社だけの都合や利益だけを考えるのではなく，両者の利益を目指すビジネスこそが交渉の目的であることを意味している。実際の国際商取引においても，ビジネスの相手

がいい人だから買う（売る），いやな人だから売らない（買わない），ということは大いにある。ビジネスの成立要因，あるいは商談の成立要因は，決して価格，品質や納期だけではない。そうしたことからも，ビジネスを通して「ともに幸せになる」というのが交渉の終局的な目的であるといえる。

　「ビジネスはコミュニケーションの『部分集合』（business is a subset of communication)」という言葉がある。この言葉は，マーケティング，販売，生産，購買，人事管理，などビジネスに包括される諸要素はコミュニケーションの一部である，すなわちビジネスの要素のすべては，コミュニケーションであるということを意味している。コミュニケーションを行わずにモノやサービスを売ったり買ったりすることは誰もできない。このことはあまりにも当たり前すぎることとして，あまり深く考えられてこなかったが，国際商取引交渉を考えるとき重要なことである。

　「国際商取引を行うには国際語あるいは世界共通語としての地位を占めるに至った英語ができることが必要であり，英語ができなければ多くの国々の人々との交渉に臨むことができない」と誤解している人が多くいる。そのようなことはない。片言の英語でも，十分なビジネスの知識と，この商談を成功させたいという熱意と，それを表す人をひきつける笑顔と，明るい声があれば，それで商談を成立させることは可能である。反対に，英米人なみに英語を話せる日本人ビジネスパーソンであっても，その彼（彼女）に上述の「知識」，「熱意」，「笑顔」，そして「明るい声」が欠けていたならば，その商談を成功に導くことは難しい。言葉とコミュニケーションは別のものなのである。

(2)　交渉の段階と手段

　これまで，交渉を実際に1人あるいは複数の人間がお互いにテーブルをはさんで行う商談という意味でとらえてきたが，交渉は何もそれだけではない。国際商取引の一連の流れは，これまでもみてきたように，一般的には，「買いたい」あるいは「売りたい」という意思の表示が，引合いやオファーとなって相手側に伝えられるところから始まる。これは面談の他に電話や電子メールといった通信手段によるのが一般的である。その後，お互いに何度

か意思の確認が行われ契約の締結に向かう。昔は売主と買主が長い間にわたってお互いの顔も知らずに，レターやケーブルで取引が開始され，そのまま代金決済と，契約品の引取りまでの一連のプロセスが完了するということがごく当たり前のこととして行われていた。交渉とは，何も売買両当事者が面談するだけではなく，このような通信手段による商取引の引合いやオファーという初期の段階からすでに始まるのである。

　しかし，最近ではこのように両当事者が一連の取引の完結まで一度も会ったことがないということはまれである時代となってきた。交通手段のめざましい発達と利用料金の低廉化により，世界の隅々まで出かけていけるようになった。昔は，何週間もかかっていたレター，会社案内，製品カタログの送付なども電子メールに代表されるインターネットによれば，またたく間に相手に送られる時代である。取引のごく初期の段階から，売主と買主がお互いの地や会社を訪問したり，あるいは第三国で開催されるトレードフェアにおいて自社のブースあるいは相手企業や近くのホテルなどを利用して面談したりするのが当たり前になってきた。このような時代を迎えている現在，交渉を面談中心のものとして考え，その交渉を成功させるための具体的な戦略を考えていくことが大切になる。

(3)　日本人と欧米人の交渉スタイル

　交渉の戦略や戦術が語られるときに引き合いに出されるのが，孫子の兵法「敵を知り己を知れば百戦危うからず」である。中国語では「知己知彼百戦不殆」というが，文化や慣習や法制度などが異なる外国とのビジネスである国際商取引交渉にあたってはとくにこの教えは大切である。その第一歩だが，日本と欧米諸国における交渉のスタイルの違いを知ることである。それぞれに異なる文化や言語を持つ欧米諸国を「欧米」と一般化することにも危険性はあるものの，大筋では日本式と欧米式交渉スタイルには様々な違いがある。コミュニケーション上で大きく異なる特徴を持つ欧米との交渉を成功させるためには，まさに「知己知彼百戦不殆」である。

(4)　欧米人との交渉を成功させる7カ条

　交渉は，お互いの利益が直接ぶつかり合う骨の折れる仕事である。なかな

か一筋縄ではいかないことも多くある。しかし，それはまた，人間と人間が「幸せを分かち合う」というコミュニケーションの語源の意味をそのまま実現するように努力することでもある。そのような交渉を実現するために日本人ビジネスパーソンが気をつけなければならない点を次の7点にしぼり考えてみよう。

① 分かったふりをせずに正しく理解するまで質問を繰り返すこと
　⇒　聞き取れなかった部分を言い直してもらう。
- "Could you please say that again?"（もう一度言っていただけますか？）
　⇒　単語やフレーズをどんな意味で使ったのか確認する。
- "What do you mean by that?"（それはどういう意味ですか？）
- "You said…. As I understand, you mean…."（〜とのことですが，私が理解するところによると，あなたの意味するところは〜ですね）
　⇒　具体例を上げてもらう。
- "For example?"（たとえば？）
- "Could you please give me some examples?"（例を挙げて下さいますか？）
　⇒　自分のことばで言い直してみる（条件や価格などの数字を自分で復唱した後で）。
- "Is that correct?"（それで正しいですか？）
- "Am I right in understanding that …?"（それを〜のように理解していますが，よろしいでしょうか？）
- "Please let me see if I am clear about what you said. Do you mean…?"（おっしゃられたことを正しく理解しているかお伺いさせて下さい。つまり，あなたのおっしゃるのは〜ということですね？）
- "May I sum up our discussion as follows…?"（これまでのところを要約すると〜のようになると思いますが，よろしいですか？）

②　使用される言葉の確認を怠らないこと

　自分の用いる言葉が相手にはまったく違う意味を与えるかもしれないと自覚することである。デリバリー（Delivery）は国際商取引の世界では出港地での本船への船積み，あるいは運送業者への引渡しを意味するが，中には自社の現地顧客のドア渡しと解釈しているバイヤーもいる。5 月積み（May End Delivery）という言葉が交渉中に出てきたならば，一般的解釈のように 5 月中に出港する本船に積載することを意味するのか，それとも 5 月中に相手の港で引渡しをして欲しいのかを確認しておくことが賢明である。自分勝手な語句の定義づけを避け，たとえ国際的な規則や条約で現に使用され一般的に認知されている用語でも，もしかしたら相手は知らないかもしれないと思い，念のため，相手と使用する語句の意味の確認をしておくべきである。

③　日本語独特の婉曲表現をそのまま直訳しないこと

　たとえば関西方面のビジネスパーソンが口にする「考えときまっさ」を "We will think about it." と英訳すれば，その日本語の本意は「その申し込みや提案は受け入れられません」というものであっても，相手は英文の字句のとおりに「考えておきますよ」という積極的な意味にとることであろう。「それは難しい」という日本語表現は，多くの場合「それは不可能です」の婉曲話法として用いられることが多くあるが，それを "It's difficult." と英語で言えば相手は difficult, but possible（難しいが可能）という difficult という言葉の意味のとおりにとることだろう。もしできないのであれば，難しいなどとはいわずに，"It's impossible." とはっきり言うべきである。

④　「伝える」だけが交渉ではない。相手の考えを引き出すこと

　交渉は相互的プロセスである。交渉者は自分の考えを相手に明確に伝え，それと同時に相手の考えが理解できなければならない。「伝える」だけが交渉ではない。相手の考えを引き出すことも同じように大切であり，交渉においては常にお互いを尊重しあい，双方にとって納得のいく合意をめざすべきである。

⑤　伝える事項の取捨選択を行い，論旨の展開順序を考えること

　十分な事前準備をして交渉に臨むのだが，その際に大切なことは，自分たちの言い分を「提案」「意見」「情報」「事実」に分けてどんなことでも書き出してみることである。次に，交渉過程の中でのそれらの最も効果的な配置，つまりどこで何を出そうか，ということなどの論点整理をし，展開順序を考える。その際に，余計だと思えるようなこと，あるいは持ち出すには「時期尚早」というようなことが必ず出てくる。そのような場合にはそうした「余分なもの」を捨てる勇気も持つ必要がある。伝えるべき事項の取捨選択と論旨の展開順序は大変重要な事前作業である。

⑥　休憩時や食事など非公式な場での会話を大切にすること

　交渉両当事者の人間関係を深めることが大事であるが，そのためには交渉の席をはなれた時や場所での私的な会話を大切にすることである。仕事以外の趣味の話や家族の話がよいだろう。奥さんや子どもの名前，誕生日，趣味，その他のことなど，そうした私的な会話の中に出てきたことがらをトイレへ行ったときなどに自分の手帳に書き入れておく。「最近うちの息子が柔道を習いたい，なんていいだしてね」などと喜色満面で話してくれたときなどは，そのことと息子の名前を覚えておく。それから数カ月経ち，たまたま自社とその社長の会社との間で問題が生じ，交渉が暗礁に乗りあがってしまい，責任者であるあなたが，問題を解決しなければならなくなったとしよう。同社長に電話を入れ，開口一番 "How's Steve doing?（スティーブ君はどうしている？）Has he started his Judo practice yet?"（柔道はもう始めたかい？）などと言ってみる。きっと，"Why do you know my son Steve has started his Judo practice?"（どうして息子のスティーブが柔道を始めたことなど知っているんだ）と聞いてくることだろう。「あのとき，一緒に食事をしてカラオケに行ったとき，さもうれしそうに，そう言っていたではないか」など答えるあたりから会話がスムーズに進み，それまで社員との間で難渋していた交渉がうまくいった，などということはよくある話である。人間関係すなわち心の通い合い（Rapport）が何よりも大切ということをこの話は教えてくれる。

⑦　交渉が終わったら必ず「商談録（Minutes）」をつくること

　交渉が終わったら，あるいは部分的にその日の交渉が終了した時点でも，それまでの話合いの経過と決定事項についての記録を作成しておく。これは相手が作成してくれる場合もある。このような記録を Minutes of the meeting とか Memorandum of Discussion（MOD）あるいは Confirmation of Discussion（COD）と呼んでいる。Minutes とは a summarized record of the points discussed at a meeting（ミーティングで話し合ったことの要約記録）とか an official memorandum（公式な覚書）という意味である。ミニッツが完成したらその内容を確認しあい，代表者がお互いに末尾にサインをする。後々の「言った，言わない」という類のトラブルを避けるためである。

第2節　交渉とコミュニケーション

1．交渉における言語

　交渉はコミュニケーションであり，ビジネスを通して人間と人間が「幸せを分かち合う」というのがその終局的な目的である。交渉の手段として双方向の言葉が不可欠であるが，face-to-face で 行われる交渉においては言葉だけでなく，ジェスチャー，顔の表情，沈黙も一種のコミュニケーション手段として使われる。しかし，お互いの誤解を避けて円滑な交渉を行うためには，使用言語を何語にするか，通訳使用の是非などの言語に関する検討が重要となる。

(1)　リンガフランカ

　「リンガフランカ（Lingua Franca）」とは，異なった国同士の人がどちらも自国の母語を使用しないで，コミュニケーションのための共通言語として使用する特定の外国語のことである。例えば，今日ではリンガフランカ（国際共通語）としての英語が世界中で使用されている。インドネシアにおいては，北京語を母語とする中国人華僑と日本人駐在員がインドネシア語で交渉を行う場合が多いが，この場合，インドネシア語がリンガフランカとし

ての役割を果たしているといえる。

　Lingua の語源は 15 世紀初めのラテン語，イタリア語で，英語の tongue, language を意味し，Franca は Frank（フランク人，西欧人）の意味である。中世のアラブ人が西欧人を Franks と呼んだことから来ているといわれている。中世の地中海東部において，イタリア語，フランス語，スペイン語，ギリシャ語がアラビア語と混成した言語で，交易のための共通言語，補助言語として使用された。いわゆる後述のピジン英語（Pidgin English）も含まれる。

　国際商取引のグローバル化が加速する現在においては，英語を母語としないビジネスパーソン同士が，お互いの共通外国語として英語で交渉を行うケースが飛躍的に増えている。いわゆる ELF（English as a Lingua Franca ＝ リンガフランカとしての英語）のビジネスにおける使用，即ち BELF（Business English as a Lingua Franca）の使用である。

　今日の国際商取引交渉において利用される外国語の内，世界において，英語が圧倒的に多く使用されている事実を無視できない。英国の言語学者・百科事典編集者として有名な クリスタル（David Crystal）は自著 *English as a Global Language* の中で，元米国イリノイ大学名誉教授のカチュルー（Braj B. Kachru, 1985）が提唱した Inner Circle をコアとした下記 3 つの同心円に相当する国・地域にも言及して，世界の英語人口を推計している。

① *Inner Circle*（内周円圏）：英語を第一言語とする米国，英国，アイルランド，カナダ，オーストラリア，ニュージーランド

② *Outer Circle*（外周円圏）：国の主要機関で使用され，多言語社会の中で英語が重要な第二言語となっているシンガポール，インド，マラウィ，その他 50 カ所を超える地域

③ *Expanding Circle*（拡大円圏）：国際語としての英語（English as an international language）の重要性を認識して使用している国々。中国，日本，ロシア，ギリシャ，ポーランドその他，使用国は拡大している。

世界の 75 カ国において第一言語（L1）あるいは第二言語（L2）として使

用されている世界の英語人口は世界総人口の約 1/4〜1/3 位と推測されているが，実際の英語使用者はそれよりも少ないであろう。クリスタルの推計等から判断して，L1 としての英語使用人口約 3.2 億人，L2 としての使用人口約 3.5〜4 億人，外国語としての英語使用人口約 7.5 億人，従って世界の英語使用者総人口は約 14.2〜14.7 億人と推定されていた。しかし現在では，世界で約 20 億もの人々が英語をコミュニケーションの道具として使用していると言われている。いずれにしても，世界各国の多くのビジネスパーソンが，世界中の国際ビジネス交渉の場で，リンガフランカとしての英語をコミュニケーション手段として使用している。

(2)　**世界英語（World Englishes）**

World Englishes とは文字通り「世界英語」であるが，Englishes と複数形になっているところに注目したい。英語は今や世界において，母語話者よりも非母語話者の英語使用人口の方が多い。World Englishes といわれるのは，ピジン英語の一種であるシンガポールで話されているシングリッシュ（Singlish），マレーシアで話されているマングリッシュ（Manglish），フィリピン英語，米国の黒人英語などはもちろんのこと，英語の変種（varieties）も含めて，色々な国・地域で多様な英語が話されているからである。これらの英語は，母語話者である英米人の英語とは，発音，アクセント，抑揚，文法，綴り等が若干，あるいはかなり異なるが，それらの英語を駆使して母語話者同士，母語話者と非母語話者，あるいはリンガフランカとして非母語話者同士がコミュニケーションを行っている。

(3)　**ピジン英語**

言語学で「ピジン英語（Pidgin English）」と呼ばれる英語は，2 つ以上の複数の言語の混合語で，元々は中国や華僑が多い東南アジアなどで商取引に使用された英語と現地語との混合語である。語源は，英語の business の発音が中国語風になまって Pidgin となったともいわれている。オーストラリア，南太平洋メラネシア，西アフリカなどでも使用されている現地語の影響を大きく受けた英語もピジン英語である。ナイジェリアのピジン英語は，第二言語として同国の人口の 40%をはるかに超える人々が使用している。

ピジン英語には文法面での簡素化が見られ，英語における三単現（三人称単数現在形）の動詞に-sを付けないなどの例が見られる。現地語の文法的特徴が影響して，自然に簡素化された英語が共通語として話されるようになったものであり，その地域における標準的な英語であるといえる。

　日本からマレーシアに出張した日本人ビジネスマンが，マレー系ビジネスパーソンとの英語による価格交渉が，なかなか決着がつかず，昼になってしまった時に，"Let's go *makan*."と言えば，それまで渋い顔をしていた相手は，にこっと笑って商談を中断し，和やかな雰囲気で昼食に時間を割いてくれるかもしれない。場合によっては昼食の場で価格の決着がつくかもしれない。makan（食べる，食事をするの意）はマレー語（隣国のインドネシア語も同じ）で，英語のeatに相当する語であるが，マレーシア，シンガポールのマレー系の人々が日常話すシングリッシュやマングリッシュにもよく登場する語である。

　言語学では，このようなピジン言語（Pidgin Language）を共通語として話す両親や共同社会のもとで，それを幼児の時から母語として習得した子供達が話す言語をクレオール言語（Creole Language）といい，ピジン言語がクレオール言語に変わることをクレオール化と呼んでいる。クレオール言語はピジン言語より文法が発達し，言語としての完成度が高くなっているのが通常である。

　マレーシアはマレー系，中国系，インド系，土着原住民からなる複合民族国家で，使用言語もマレー語，中国語，タミール語，英語などであるが，人口の約2/3がマレー系であるため，マレー語が国語である。1970年代，マレーシア政府は いわゆるブミプトラ（Bumiputra ＝ sons of the soil 土地の子の意）政策と称して（華僑に対して）マレー人優先，マレー語優先のマレーシア化政策を推し進めた。しかし，この政策はマレーシア人全体の英語力の低下を招いた。1990年代に入り，2020年までに先進国入りを目指すマハティール首相の経済発展構想（Vision 2020）が発表され，高度科学技術，貿易，観光の振興による産業構造の高度化に対応できる人材を教育の場で育てるためには，国際語としての英語力の向上が不可欠であることを政府が認

識し，特に科学技術教育分野で英語を重視する言語政策に再度転換した。

　シンガポールは複合民族国家という点ではマレーシアとよく似ているが，中国系，マレー系，インド系，その他民族の内，中国系住民が 75％と多数を占めている。国語はマレー語であるが，英語，中国語（マンダリン語），マレー語，タミール語が公用語となっている。今や東南アジア No.1 の経済発展を遂げた富裕国，教育水準の高い国家となったのも，政府が 2 カ国語教育に力を入れ，母語に加えて，特にリンガフランカとしての英語を複合民族国家の共通語・公用語として重視してきた政府の言語政策の結果であるといえよう。

2．交渉における通訳

　国際取引交渉は国境を越えて異文化・異言語を有する企業・人間同士が行う異文化間ビジネスコミュニケーションの場である。交渉で使用する言語が何語であれ，交渉参加当事者全員がお互いに理解できる言語で交渉を行う必要がある。双方がリンガフランカとしての英語の理解・運用能力を有している場合は全員が英語で直接交渉できる。しかし実際の交渉の場では，通訳を必要とする場合もある。日本企業が通訳を使う場合，主として次のようなケースが考えられる。

①　交渉相手の外国語を理解・運用できる担当者自身による通訳，または社内のその外国語に堪能な日本人による通訳。

②　交渉相手の外国語を母語とする自社海外支店・現地法人の外国人幹部・従業員による通訳。

③　交渉相手側担当者による通訳。

④　自社でアウトソースとして雇うプロの通訳者による通訳。

⑤　交渉相手側がアウトソースとして雇うプロの通訳者による通訳。

　上記各ケースの主なメリット＆デメリットは図表 3-1-1 の通りである。

図表 3-1-1　交渉における通訳使用のケース別メリット＆デメリット

通訳を行う人	メリット	デメリット
自社通訳 （日本人）	・商品知識・専門用語・自社の状況に精通しているので，誤訳・解釈違いを少なくできる。 ・話者の冗長な話でもポイントを適切に整理できる。 ・通訳費用が不要である。	・自分の意見を言う余裕がなくなる場合がある。 ・担当部署でない者が通訳する場合は，誤訳・解釈違いが生じる場合がある（メリットが減少する）。＊
自社の現地外国人幹部・従業員	・文化的背景が同じ相手側話者の意図するところを必要に応じ追加説明できる。 ・通訳費用が不要である。	・日本の文化的背景を理解した上での通訳がしにくい。 ・誤訳や通訳漏れの点があっても気がつきにくい。
交渉相手 （外国人）	・相手側話者の意図するところを必要に応じ追加説明できる。 ・通訳費用が不要である。	・誤訳や通訳漏れの点があっても気がつきにくい。 ・こちらの主張が意図的に相手に伝えられるおそれがある。
自社手配の外部通訳（日本人）	・外国語のすぐれた理解・運用能力を持つプロ通訳者による丁寧な逐次通訳が可能である。 ・日本の文化的背景を理解した上での通訳が可能である。	・通訳費用が高くつく。 ・業界の状況等に詳しくないので，誤訳・解釈違いが生じる場合がある。＊
交渉相手側手配の外部通訳（外国人）	・外国語のすぐれた理解・運用能力を持つプロ通訳者による丁寧な逐次通訳が可能である。 ・文化的背景が同じ相手側話者の意図するところを，必要に応じ追加説明しながら通訳できる。	・業界の状況等に詳しくないので，誤訳・解釈違いが生じる場合がある。 ・日本の文化的背景を理解したうえでの通訳がしにくい。 ・通訳費用が高くつく。

＊上記の内，担当部署でない者による自社通訳および自社手配の外部通訳の場合の対応策として，商品知識，専門用語，業界の状況などに関して，通訳者に事前に資料を渡して，打ち合わせを行い，必要な予備知識をインプットしておく必要がある。

　通訳の出来・不出来，相手の文化的背景・価値観を理解した上での通訳が出来るかどうかによって，交渉に微妙な結果を及ぼす場合があるので，商談の重要度，商談参加者，ネゴシエーターの外国語に対する理解・運用能力を勘案の上，検討して決める必要がある。

第 3 節　交渉英語におけるポライトネス表現

1．交渉とコミュニケーション

　本章第 1 節において，交渉はコミュニケーションである，交渉相手との共感的なコミュニケーションに基づくビジネスを通じて，「共に幸せになる」というのが交渉の終局的な目的であると述べた。また，第 3 章第 3 節（306頁）で後述するが，相手の立場になりきる You-consideration の「気配り・配慮」の精神は，言語学の語用論の研究分野である「ポライトネス（Politeness）理論」とも関係する側面がある。本節でとりあげる交渉英語におけるポライトネスは，対面的コミュニケーションにおける言語現象上の「配慮・顧慮」のストラテジー（Strategy 方略）という重要な概念である。

2．語用論とポライトネス理論

　語用論（Pragmatics）とは，ある状況における発話行為において，話し手（speaker, 以下 S と略称する）が自分の伝えたい意図をどのように伝え，聞き手（hearer, addressee, 以下 H と略称する）がその意味をどのように解釈するのかを探求する言語学の一分野である。形容詞の pragmatic は「実用的な」「実践的な」という意味である。

　日本語を母語とする者同士がビジネス交渉を行う場合，相手との上下関係や日頃の付き合いの親密度が，発話における日本語の「丁寧さ」の度合いに影響を与え，多くの場合，多かれ少なかれ敬語（尊敬語，謙譲語，丁寧語など）を使用して，「です」「ます」調の「丁寧な」あるいは「礼儀正しい」日本語で交渉するのが通常である。

　しかし，日本人が文化的価値観の異なる外国人とのビジネス交渉を英語で行う場合はどうなるのか，交渉における丁寧な（polite）英語表現を探求する上で，言語学における語用論の一研究分野である「ポライトネス（Politeness）」理論が非常に参考になるので本節で紹介する。

3．ブラウン ＆ レヴィンソンの「ポライトネス理論」

　ポライトネス理論の中でも，言語人類学者 P. ブラウン（P. Brown）と語用論学者 S. レヴィンソン（S. Levinson）（以下，B ＆ L と略称する）の 2 人がカリフォルニア大学バークレー校大学院生時代に提唱した共著，*Politeness: Some Universals in Language Usage*（1987［1978］）（以下 B ＆ L, 1987 と略称する）が世界的にも最も広く知られたポライトネス理論であると言われている。日本語タイトル名は，『ポライトネス―言語慣習における対人配慮の普遍性』（滝浦 2005）や，『ポライトネス　言語使用におけるある普遍現象』（田中典ほか監訳 2011）などがよく知られている。

　この理論の基本概念は，コミュニケーション上の摩擦や衝突の回避または軽減をして，コミュニケーションをできるだけ円滑に行いたいと考える人間として自然な欲求に支えられた概念である。

4．「人間の欲求としてのフェイス」と FTA（フェイスを脅かす行為）

　一般英語の polite という語は，「丁寧な」「礼儀正しい」という意味が一般的であるが，B ＆ L による「ポライトネス」とは，対話を円滑にして，円満な対人関係を築き維持するための言語的配慮・顧慮の言語方略である。日本語の「丁寧さ」「礼儀正しさ」とはかなり異なる多岐な概念であり，多くの語用論関係者の間で「ポライトネス」という呼び方で使われている。

　B ＆ L のポライトネス理論の重要概念は，全ての人間が持つとされる基本的欲求としての「フェイス（Face）」，即ち「欲求としてのフェイス（Face as wants）」である。中国語の「面子」（face）という言葉が元々，人の職業における上下関係や社会的地位の固定的な自己概念として捉えられていると言われている。日本語の「面子」にも通じる概念である。B ＆ L は，ポライトネスを，望ましい対人関係のための対話者同士によるフェイス保持（face-saving）方略とみなす。フェイス欲求に配慮し合う言語方略である。

　私達は日常の社会生活やビジネス活動の現場において，円滑な人間関係を維持するために，相手も含めたお互いのフェイスを保持（face-saving）し合

う努力をする。対人コミュニケーションにおいて，対話者はフェイスを脅かす行為（face-threatening act: 以下 FTA と略称する）を互いに出来る限り回避または軽減しようと努力する。

　B & L のポライトネス理論を理解するために，その土台をなす最も重要な 2 種類の基本的「フェイス」概念（B & L 61-62 頁）を下記の表で対比してみる。

人間が有する 2 種類のフェイス＝欲求

≪ポジティブ・フェイス（Positive Face）≫：

　自分の欲求が少なくとも何人かの他者にとって望ましいものであり，他者から評価され認められたい，という基本的欲求

≪ネガティブ・フェイス（Negative Face）≫：

　自分の行動が他者によって妨げられたくない，縄張り・私的領域・邪魔をされないことの権利，即ち行動の自由や押し付けからの自由に対する基本的欲求

　人間は上記 2 種類のフェイスを同時に有し，両者の間でバランスをとりながら，対人関係を築き，社会生活を営んでいる。

　対話者が行う発話は多くの場合，フェイスを何らかの形で脅かす［侵害する］可能性，即ち FTA である可能性を常にはらんでいると考えられ，FTA には，ポジティブ・フェイスを脅かす発話と，ネガティブ・フェイスを脅かす発話があるので，対話者がお互いに「フェイス保持」をし合うための方略，即ちポライトネスが必要なのである。

　対話においてフェイスを脅かされる［侵害される］のは，相手 H 側だけでなく，自分 S 側でもあり得る。

　ポジティブ・ポライトネスの方が良くて，ネガティブ・ポライトネスの方が悪い，あるいは欠点があるというような誤解をしてはならない。

B & L の FTAs の大枠（同 68-69 頁）
FTA を行う上での 4 大スーパーストラテジー

①～④（表には便宜上⑤も含めた）（①➡⑤の順に顧慮の程度が大）

オン・レコード（明示）方略	オン・レコードであからさまに(bald on record)	① フェイス補償行為なしの FTA	非常にあからさまに言う（直言）
	オン・レコード(on record) ― 補償策を講じて（相手のフェイスを立てて）	② ポジティブ・ポライトネスを使う FTA	フェイス侵害の軽減［緩和］行為を明示的に行う
		③ ネガティブ・ポライトネスを使う FTA	
オフ・レコード（非明示）方略		④ 意思伝達を非明示的に行う「ほのめかし」	FTA を明示しない
		⑤ FTA 行為をしない	face を失うrisk 大の場合

5．対面交渉英語におけるポライトネス表現使用例

　ポライトネスとは，対話者によるフェイス保持のための方略である。国際ビジネス交渉の観点から，上記 B & L の共著の中で提唱されている15のポジティブ・ポライトネス方略と 10 のネガティブ・ポライトネス方略（同101-211頁）の中から，いくつか代表的なものを選んで紹介する。

　これらの代表的なポライトネス方略表現が，実際の国際取引ビジネスの英語による対面交渉において，どのような状況の中で発話として表現されるのか，下記英会話例文の中で考えてみよう。

ポジティブ・ポライトネス方略とネガティブ・ポライトネス方略の使用例

以下に記した各方略番号および名称は，B & L, 1987 による。

国際ビジネス交渉英語会話例文の前には「e.g. ＋通し番号」を付記した。

≪I　ポジティブ・ポライトネス方略≫

● **方略 1：**「H（の興味，欲求，ニーズ，所有物）に気づき，注意を向けよ」

e.g. ①（買手）　"Mr. Watson, it's nice to have you with us in Osaka."
　　　　　　　　（ワトソンさん，大阪の当社にお迎えして嬉しいです）

● **方略 2：**「H への興味，賛意，共感・連帯感を）誇張せよ」

e.g. ②（売手）　"Call me Chris."（クリスと呼んで下さい）
　　　　（買手）　"I'm Ken."（ケンです）

　　Chris ＝ Christopher の愛称。売手の交渉戦略から出た共感的発言である。

e.g. ③（売手）　"I'll let you in on a little confidential matter."
　　　　　　　　　（ちょっとした内緒話を教えてあげましょう）

　　a little はヘッジ（緩和表現）。ヘッジ表現は，ポジティブ・ポライトネス，ネガティブ・ポライトネス両方で使用される。

● **方略 7：**「共通基盤を想定・喚起・主張せよ」の下部ストラテジーである
　　　　　「中心人物の転換 ― S から H へ」

e.g. ④（売手）　"I think we're really talking about a completely different kind of distributorship agreement."（どうもお互いにまったく別のタイプの販売店契約について話し合っているようですね）

　　S は 主語を you と言わずに "we" と言ったのは何故だろうか，考えてみよう。この we は話し相手を含む we（inclusive we「包含の we」と称する）のこと。「他者の立場に立つ」という配慮が基本的なポライトネス方略であるので，ここでは S と H の距離を縮め，I と you を inclusive we に統合して視点の融合を図るポジティブ・ポライトネスの

特徴が表れている表現である。しかも，この場面で注目すべき点は，表現上 I and you の融合である we（inclusive we）という言葉で発話しているが，S（ここでは売手側）が本当に言及したい真意は inclusive we でなく you, 即ち H（買手側）の事である。

● **方略 13：「理由を述べよ（もしくは理由を尋ねよ）」**

e.g. ⑤（売手）"I <u>really</u> don't know what you want to do and so <u>why don't you</u> summarize your new plan and I'll answer it<u>?</u>"（御社の意向がよくわかりませんので，御社の新計画を手短かにご説明頂き，それに私がお答えするということでいかがでしょう？）

　　"why don't you …?" 表現は，S が H との共通の目標を追求して，特定の活動を協力し合って行いたい意向を H に伝えたいという前向きの思いから述べられたポジティブ・ポライトネス表現。H のポジティブ・フェイス欲求を満たす発話である。S と H は，理由を述べることによって，相互協力の精神を確かめ合うことが出来る。

　　冒頭の I really の really は，ポジティブ・ポライトネスの**方略 2**：「（聞き手への興味，賛意，共感を）誇張せよ」に相当し，ここでは don't を強調する修飾語である。

≪Ⅱ　**ネガティブ・ポライトネス方略**≫

● **方略 2：「質問せよ，ヘッジを用いよ」**

「ヘッジ」（Hedges 垣根表現）とは：

　"hedge" の直訳は，「ヘッジ」・「垣根（を作ること）」。それゆえ，「垣根表現」（hedge expressions）と呼ばれる。緩和表現，緩衝表現，控え目表現あるいは曖昧化表現などとも言われる。「垣根」による間接化（indirect 化）あるいは距離化（distancing）により強い表現を和らげる効果がある。

e.g. ⑥ （売手）　"We would like to see the product marketed in Japan."（もしお構いなければ，当社の製品が実際に日本で販売されているところを見てみたいと思うのですが）

　　"would like to" という仮定法過去時制の法助動詞 would を含む慣用表現自体は，H の「侵害されたくない，押し付けられたくない」というネガティブ・フェイスに対して，S が H に対するフェイス侵害を避ける，即ち押し付けを避けることを顧慮したヘッジ（垣根表現）と呼ばれるネガティブ・ポライトネス表現である。一方，この発話文全体は，上述した I のポジティブ・ポライトネス表現であるとも言える。なぜなら，S が日本市場参入を望むこの発話は，H への共感と連帯感に支えられた相互協力・相互の利益のために行いたい，H に好かれたい，認められたいという表現であるからである。

e.g. ⑦ （買手）　"We are interested in purchasing perhaps 100 sets of your newly developed compact robot cleaners manufactured in California, which we could test market in Japan."（カリフォルニアで製造された御社新規開発の小型ロボット掃除機を，おそらく 100 台購入することに興味があります。その量なら日本でテスト販売できるだろうと思います）

　　数量の前の perhaps という語はヘッジ表現で，S の H に対する断定（assertion）を和らげる効果がある。

　　垣根表現として使用できる同類の副詞には，probably, maybe, possibly もあるが，S の確信度は通常，probably ＞ maybe ＞ perhaps ＞ possibly の順に弱くなる。

　　一方，この文章全体は，S（ここでは買手）が日本市場での test-marketing（試験販売）用にこの米国製品を輸入してみることは可能だろうと，前向きのポジティブな姿勢を示す発言をしていることから判断して，H（ここでは売手）のポジティブ・フェイス欲求（他者に受け入れられたい，他者によく思われたいというフェイス欲求）を顧慮する方略であ

るので，ポジティブ・ポライトネスの発話であると捉えることが出来る。

we could test market の could は仮定法過去形の法助動詞であるが，断定的でない表現で，現在時制の法助動詞 can よりも丁寧な（more polite な）意味を伝える効果があるネガティブ・ポライトネスの控え目表現（ヘッジ）である。

e.g. ⑧（買手）"I think as I indicated to you in my email that we are willing to compensate Dr. Williams for his time in coming to Japan for his technical assistance, …"（すでに e メールでお知らせしておりますように，当社は技術指導のために日本へ来ていただくウィリアムズ博士には所要時間に見合う手当てをお支払いする用意があると私は思っています。）

冒頭の I think は，that 以下の断定的な表現を部分的に緩和するネガティブ・ポライトネスのヘッジである。この種のヘッジ表現には，I believe…, assume, suppose, guess…（私は…だと思う）などがある。

e.g. ⑨（売手）"I don't want to get into the second agenda, if that's your new plan, because we're not in a position to give an exclusive distributorship arrangement to you."（それが御社の新計画なら，私は二番目の議題を取り上げたくありません。なぜなら，当社は御社に独占的販売権取り決めを供与できる立場にはありませんから）

we're not in a position to 不定詞 ＝ we're in no position to 不定詞はヘッジ。

cannot「〜することが出来ない」はきつくて強い表現ゆえ，下記順に言い換えれば，より丁寧な（more polite）表現に緩和する効果がある。

we cannot give 〜

we are not able to give 〜

we are unable to give 〜

we are not in a position to give 〜, we are in no position to give 〜

e.g. ⑩（売手）"I think you better change your strict contract condi-
tions."（貴社の厳しい契約条件は変更された方がよいと思います）

　「you better ＋ 動詞原形」は「you had better ＋ 動詞原形」の省略
形で，会話でよく使用される。you had better → 短縮形 you'd better
→ 会話では発音が軽い 'd が落ちて you better と言うこともある。「～
した方がよい」の意で，自分と相手との社会的地位や人間関係の距離にも
よるが，強制するニュアンスが感じられる。S の H に対する強い FTA を
遂行する表現であるので，断定的な強い表現を和らげるために，"you
better change" の前に "I think" というヘッジ（緩衝表現）を置いて
いる。

● **方略 7：「S と H を非人称化（impersonalize）せよ」の下部方略**
　　　　　　「距離を置く（distancing）視点操作」

e.g. ⑪ （売手）"There are some pretty important limitations that
we want to stipulate."（定めておきたいかなり重要な制限事項があり
ます）

　We have some pretty important limitations ～と，主語を人間で
ある we（当社）]にせずに，非人称化して There are some pretty
important limitations と発言したのは，H と S を非人称化して，
formality（改め）と H との距離（distance）をとって丁重に話す必要
があると S が感じたからである。

　pretty important の pretty は，important（重要な）という形容詞
を修飾している副詞で，ここでは「かなり」「ある程度」(to some extent)
という意味であり，extremely, completely, very「極めて」「完全に」
「非常に」という極致の意味ではない。S は important limitations とい
う語の意味を，断定的で一方的な押し付け条件と思われるのを避けるた
め，即ち H への FTA を和らげるために使用しているヘッジである。

　一般的に，「pretty ＋ 形容詞」の pretty の意味・用法は勘違いされや
すい。用法上，下記の違いがあることに注意が必要である。

「pretty ＋ 程度を表す形容詞」の用例：

pretty important （かなり［ある程度］重要な）

pretty は，important という「程度を表す形容詞」の「強いトーン」を和らげる効果がある副詞である。to some extent の意味。

「quite ＋ 形容詞」の用例：

a. "It's quite good." (quite は［かなり・ある程度］の意)

b. "It's quite beautiful." (quite は［かなり・ある程度］の意)

c. "You are quite right." (quite は［全く・完全に］（completely）の意)

d. "You are quite wrong." (quite は［全く・完全に］（completely）の意)

　good, beautiful は程度を表す形容詞で，a, b の quite は上述の pretty と同種の用法であるが，right と wrong は程度を表す形容詞ではない。c, d の quite は，right（正しい），wrong（間違っている）などの形容詞を極致の意味にする修飾語（副詞）である。

pretty, quite と同類の副詞に rather, fairly などがある。

e.g. ⑫ （売手）"I want to say that there's an initial problem and if that's not negotiable, we're going to have a short meeting."（最初からもう問題があると言いたいですし，もしそれには交渉の余地がないということであれば，このミーティングも短時間で終わってしまうでしょうね）（意訳であるが，「それでもよろしいですね？」という含意がある）

　S が，"I would like to say" というヘッジ表現を使用せず，"I want to say" という語気の強いストレートな表現を使用，that 以下の発言の内容も，交渉の余地がないならこれ以上長い交渉を行う必要はなさそうです，ということを匂わす，S の H に対する**あからさまな明示方略**である。H のフェイスを侵害することに対する補償をしない方略である。これは，交渉のペースを掌握したい売手（ここでは S）の買手 H に対する交渉戦略に基づく発言であるとも言える。

　また，現在時制で発言した "if that's not negotiable" と，"a short meeting" という S の意図的な言葉は，H に対する意図的 FTA を遂行する上で効果的である。

　ところが，注目すべきは，I want to say の後の that 以下の文章において，主語を非人称化して，there's an initial problem という表現を使い，無生物を表す名詞 problem を意味上の主語にしている点である。 there という言葉は，S が H と距離をとる発話であり，それによって S があたかも視点の切り替えを行ったが如くここから移動する「距離を置く視点操作」に相当する表現である。

e.g. ⑬（売手）"I thought I heard you say that you wanted the exclusive rights to the formula."（その製法に関する独占的権利が欲しいとおっしゃられたようにお聞きしたと思っていました）

　過去時制を使用した "I thought I heard" は，現在時制を使用する "I think I hear" よりも丁寧な（polite）ネガティブ・ポライトネスである。ストラテジー 7 の下部方略である「距離を置く視点操作」に相当する。S が H に FTA を行う際に，H と距離を置く視点操作として，現在時制表現を過去時制表現に転換することにより，S はあたかも未来に移動するかのように，今ここにいる自分を遠ざける視点操作である。

6. 交渉英語におけるポライトネス表現の基本

　上記 5. のポライトネス表現を含む例文を読んでみれば，ポジティブ・ポライトネス表現／ネガティブ・ポライトネス表現共に，対話者の心理状態が深くかかわっていることが分かる。それゆえ，ビジネス交渉の最終段階において，交渉がタフで難航するほど，対話においてネガティブ・ポライトネス表現，特にヘッジ表現が頻出する傾向がある。これは通常，売手側の話し手 S の発話に特に顕著である。

　ポライトネス表現において，効果的な英語の基本的表現として，

(1) 法助動詞（can, could, may, might, will, would, had better など）

をうまく使う（法助動詞の時制を現在形 → 仮定法過去形に変えることによる distancing など）

e.g. <u>Could</u> you give us a special discount of 15%?

(2)　現在時制を過去時制や未来時制にずらす

e.g. I <u>wondered</u> if you <u>could</u> give us a special discount of 15%?

(3)　平叙文を疑問文にしてみる

などが考えられる。但し，これらの表現は乱発しないように注意が必要である。

　交渉現場においては，交渉の打開をはかるための，相手へのフェイス補償なしのあからさまな FTA の実行など，交渉戦略にポライトネス方略が重なる場面もありうる。

　交渉英語におけるポライトネス表現とは結局，相手への断言（assertion），押し付け（imposition）を避け，ビジネスの成功を通じて「共に幸せになる」という終局的な目標のために，相手への配慮・気配り・顧慮を忘れない言語方略であるということができるであろう。

　交渉当事者の民族・宗教・言語・習慣等の文化的価値観の違いが，ビジネス交渉に影響を及ぼすことがあるが，それらの違いを超えて，交渉において，人間として普遍的な共感できる部分を相互に発見，共有できるはずである。

　異文化間コミュニケーションの観点からポライトネス表現を考えてみるのも面白いであろう。第3章 異文化間ビジネスコミュニケーションを参考とされたい。

─ **Column：アジア人とアメリカ英語** ─────────────

　筆者がまだ若手商社マン時代の実体験であるが，シンガポールによく出張して，会社のシンガポール支店の中国系 Sales Manager と一緒に得意先訪問や食事を共にして公私ともに親しく付き合った。彼の話す英語は発音・イントネーション等の点においてかなり中国語（マンダリン）なまりがある英語であったが，ペラペラといえるほど流暢な英語の使い手であった。母語は中国語ゆえ，家では両親と中国語で会話すると言う。英米人の話す native English をどの程度理解できるか知りたかったので，当時のアメリカ映画でよく登場したジョン・ウェイン等の有名俳優が西部劇映画で話す早口の英語を聞いてどの程度理解できるか率直に聞いてみた。答えは，全部理解できるとのこと。本当にそうかと再度念を押して聞いてみたが，間違いなくそうだとのこと。その理由を聞いてみると，小さい時から長年，英国英語の教科書を使用する学校教育を受けて育ったためで，アメリカ英語も，西部劇などの映画や TV ドラマでしょっちゅう聞いているため，ヒアリングも全然問題ない，との答えであった。こうなると，彼の英語は限りなくネイティブに近い英語ということになるのであろう。

第2章

国際経営とコミュニケーション

第1節　多国籍企業のコミュニケーション戦略

　世界の「多国籍企業」には色々な類型があり，業種・事業内容も多様化しているのでこの言葉を一言で定義づけるのは難しいが，ここでは次の通り定義する。

　「多国籍企業（multinational corporation）」とは，自国だけでなく，国境を越えて世界の多数の国に生産拠点や販売拠点としての子会社，連結決算対象関連会社を有し，親会社の統一した経営理念の基に，技術・商標・資金・マーケット情報・多国籍の人材などの諸経営資源を共有し，グループ全体の利潤，効率性，社会的責任を果たすことを追求して，世界市場において事業展開を行うグローバル企業のことである。

　ここでいうコミュニケーション戦略とは，同一企業内，親会社と海外子会社・関連会社間，企業を取り巻く利害関係者との双方向のコミュニケーションを十分に行ってお互いの信頼関係を構築し，効率的で持続する企業活動により利潤を高め，真のグローバル企業として世界市場で成果を上げ，社会の発展のために再投資していくという，異文化を乗り越えた円滑なコミュニケーション活動により経営効率，事業効率を高めて，企業としてあるべき姿を目指していくことをいう。

1. 海外拠点経営とコミュニケーション戦略

　コミュニケーションを通じて行われる多国籍企業の海外での事業活動は，実際には海外子会社（工場，販売会社，商社など），海外支店，海外関連会

社などの海外拠点経営の現場で，人間と人間のコミュニケーションにより行われている。国籍，民族，言語，宗教，習慣，価値観などが異なる人々の間で行われるコミュニケーションの場であるが，そこで働いているビジネスパーソンの異文化に対する理解度，適応力はまちまちである。異文化に対する相互理解がなければ円滑なコミュニケーションができず，効率的な事業経営が困難となるので，海外事業拠点に派遣される日本人経営幹部・管理職と現地外国人管理職・従業員の異文化適応力を養い，異文化間コミュニケーション能力を高める全社的経営戦略と人材育成プログラムの遂行が，日本の本社，海外拠点両方において必要である。

(1)　**海外拠点の会社形態**

　日系多国籍企業が海外で事業経営を行う場合，その海外拠点の会社としての形態と資本構成は，経営主体の違いにより大きく分けて，以下の通りメーカー主導型と商社主導型の 2 つに分けられる。

①　メーカー主導型の場合

(a)　日本のメーカーが海外生産拠点として，100％子会社の新工場を海外に建設して，外国人幹部候補や従業員を現地で採用し，自社の技術・ノウハウを彼等に一から移転して製造・販売を行う。

(b)　日本のメーカーが過半数を超える株主として海外現地企業と合弁で海外生産拠点としての新工場を建設して，外国人幹部候補や従業員を現地で採用し，自社の技術・ノウハウを彼等に移転して製造・販売を行う。

(c)　日本のメーカーが海外メーカーの既存工場を外国人幹部や従業員と共に商圏を引き継ぐ形で買収して，自社の一海外工場として製造・販売を行い，自社技術も導入してさらなる発展を期す。

(d)　日本のメーカーが海外で販売会社を持ち，外国人幹部候補や従業員を現地で採用し，自社およびグループ会社の製品販売を行う。

②　商社主導型の場合

(a)　日本の商社が海外で現地法人，支店，駐在員事務所，販売会社を持ち，外国人幹部候補や従業員を現地で採用し，輸出入，進出国での国内販売，資源開発投資，マーケティングなど，様々な事業活動を行う。

(b)　日本の商社が海外の専門商社や加工メーカーなどを外国人幹部や従業員と共に商圏を引き継ぐ形で買収して，自社の事業ノウハウも導入してさらなる発展を期す。

(c)　日本の商社（特に総合商社など）が過半数を超える最大株主として，日本のメーカー，海外現地企業と 3 社合弁で海外に新工場を建設して，外国人幹部候補や従業員を現地で採用し，日本のメーカーの技術・ノウハウを彼等に一から移転して製造・販売を行う。

　海外進出日本企業の資本構成はケースバイケースであるが，ここでは日本の親会社の 100％子会社，または株式保有率 50％を超える最大株主として海外合弁会社を主導して経営を行うケースを想定して，海外拠点経営を異文化間コミュニケーションの観点からみてみる。

⑵　海外拠点経営において使用される言語

　前項 ① と ② で述べたいずれの会社形態であっても，日系多国籍企業の経営者は，文化的価値観の異なる海外において，異文化・異言語を背景とする外国人幹部・従業員を雇用して，社内外の直接的・間接的利害関係者と必要なコミュニケーションを行うことにより，海外拠点経営者としての企業経営を行わなければならない。そこで使用される社内共通語（または社内公用語）はその国の母語を採用するのが理想的である。英語を母語とする国での拠点経営は英語を社内共通語として使用すべきである。問題は英語を母語としない中国・東南アジア・ヨーロッパ大陸・南米などで拠点経営を行う場合，何語を社内共通語とすべきかである。

　マレーシアやシンガポールのように複数の民族（マレー系・中国系・インド系・その他少数原住民族）が共生し，複数の言語（マレー語・中国語・タミール語・その他の民族語）が日常話されている多民族・多言語国家においては，例えばマレー語という 1 つの民族だけの言語を唯一の公用語，社内共通語にすることは民族対立を助長する恐れがあり，好ましくないので避けねばならない。また，現地に派遣されている日本人経営者や管理職も現地語理解度と運用能力において個人差があり，1 現地語だけを社内共通語とするには社内コミュニケーション上無理がある場合が多い。多くの場合，リンガフ

ランカとしての英語と主要現地語の2つの言語を社内共通語とし，社内書類は両語を併記使用するのが望ましい。

　17,500余の島から成るインドネシアは，マレーシア，シンガポールよりはるかに多くの民族・種族・言語が共存する国家で，国語・公用語であるインドネシア語は，インドネシア国民にとっていわば民族統一の象徴としての言語である。多くのインドネシア国民は，母語としての民族語（固有のジャワ語，スンダ語等）と共通言語（リンガフランカ）・国語としてのインドネシア語の2つの言語のバイリンガルである。

　オランダ語や英語の語彙，熟語，構文の要素を採り入れた表現（関係代名詞 yang など）を有するインドネシア語は，高度な表現も可能である。高等教育の教科書も官公庁で使用されている文書もインドネシア語で書かれているので，日系多国籍企業の拠点経営においても社内共通語はインドネシア語とするのが理想的である。

　しかし，日本人経営者・管理職が社内外のインドネシア人と十分なコミュニケーションを図るためには，社内共通語はインドネシア語，英語の2カ国語とし，社内文書は2カ国語併記となるのはやむを得ないであろう。英語だけを社内共通語とすることは，インドネシアの言語・文化・国民を無視したことになり，異文化間コミュニケーションマネジメントの観点からも採用すべき経営戦略ではない。

(3)　海外拠点オペレーションのコミュニケーション

　海外拠点のオペレーションにおいては，異文化・異言語に対する理解と柔軟性がないと，社内外の外国人利害関係者との必要なコミュニケーションがうまくいかず，効率の悪い事業経営となってしまう。海外拠点経営にとって重要な円滑なコミュニケーションを実現するために，グローバルマネージャーは，「ある言葉に意味を与えるのは人間である」という命題を思い出し，社内外の関係者との人間関係を深めて，相互に理解し合おうとする努力を常にすべきである。

　異文化に起因するコミュニケーションギャップ即ち意図したことに対する理解のすれ違いが生じるのは自然なことと考えた方がよい。自分が当然と思

うことを相手はそうではないと思うかもしれない。自分の伝えたいメッセージに明確な説明を加えて発信し，考え方にギャップがあれば，彼らの考え方をよく聴いてみる，率直に粘り強く話し合う，などの配慮と気配りが必要である。同じ人間として，目標に向かって共に幸せになろうという熱意を明確な言葉で示すことが大切である。

　日系商社が日系メーカー，現地企業の2社をパートナーとして，3社合弁で海外工場経営を行うような場合には，2社合弁の場合よりもパートナー間でコミュニケーションギャップが生じやすく，幹部同士の三つどもえの異文化間摩擦にストレスが溜まり悩む場合がある。このような場合は，3社の企業文化をお互いに尊重し，理解し合おうという姿勢が最も重要である。進出地は日本ではないことを認識し，共通の目標を達成して共に幸せになるためにどのようにするのがよいかを，お互い率直に徹底的に話し合うことである。そこから新しい連帯意識（solidarity）と共感（empathy）が生まれてくるであろう。

2．グローバルマネージャーの要件と人材育成

　多国籍企業の海外拠点経営においては，異文化環境における企業活動の全てに関して，現地企業のトップとしての経営責任を担うことになる。特に製造業の場合は，工場部門の操業管理だけでなく，原材料や副資材の調達（輸入を含む），製造した製品の国内販売や海外（親会社本社所在国および第三国）への輸出，親会社との折衝など，経営者としての幅広い業務執行能力と共に，文化的背景や価値観が異なる社内外の利害関係者を相手に，グローバルマネージャーとしての力を発揮して成果を上げることができるかどうかの能力を問われることとなる。

(1)　グローバルマネージャー

　グローバルマネージャー（global manager）とは，多国籍企業の本社や海外拠点で，多様な文化的背景や価値観を有する多国籍の経営幹部・中間管理職・従業員と一緒に業務を遂行でき，優れた経営能力を有するマネージャーのことである。文化的多様性のメリットを生かして，社内外の異文化

の人々の話を尊重してよく聞き，理解に努めると共に，自分の考えに基づく明確な言葉で相手を説得でき，企業の目的とする成果を上げることができる人材である。国際ビジネスコミュニケーションの観点から見たグローバルマネージャーとは，自文化，異文化に対する理解力が高く，優れた国際経営能力と，外国語で円滑な異文化間コミュニケーションを実現できる能力を兼ね備えたマネージャーでなければならない。

　グローバルマネージャーの具体的な要件として，次の 5 つを挙げたい。

①　国内外どこで勤務しても，業務を遂行できる優れた経営・管理能力がある。

②　異文化に対する関心が高く，外国人幹部・従業員の声・意見に真摯に耳を傾ける心配りと，異なった価値観を理解して受容できる柔軟性を有する。

③　異文化環境において的確で迅速な状況判断と決断ができる。

④　本社（親会社）の企業理念，その時々の本社の戦略と方向性を十分に把握・理解しており，それを外国人幹部・従業員にもフィード・バックして，海外子会社と本社の双方向の意思疎通の橋渡しができる。

⑤　自文化・自社の企業文化に対するしっかりした見識と意見を有し，たとえ流暢でなくても，外国人利害関係者に対して社内共通語，国際共通語としての外国語で説得力のある話し方・交渉ができる。

⑵　グローバルマネージャーとしての人材育成

　日系企業には，上述の要件を最初から備えたグローバルマネージャーは少なく，それが日本企業の弱点の一つといわれている。企業トップの理解を得て，全社ぐるみのしっかりした人材育成計画を立て，専門部門で作成した具体的なプログラムに従って，研修を受けさせ，経験を積ませながら育てていくことが重要である。特に，国籍を問わず，若手社員・中間管理職の中から，将来の幹部候補としての人材を選抜し，企業派遣による海外や日本の大学院（MBA コースなど）への留学や，海外子会社，海外支店，海外関連会社，本社（親会社）などへの将来のグローバルマネージャー候補の投入により，異文化環境に慣れさせ，異文化間経営と異文化間コミュニケーションに

対して高いモチベーションと能力を持った人材を養成する全社的戦略が必要であろう。

⑶　グローバルマネージャーの海外帯同家族に対する教育

　欧米多国籍企業と比較して，日系企業はグローバルマネージャーとしての海外駐在員を選抜決定する上で，帯同家族の異文化適応力に関する考慮を行わない企業が多いが，改善が必要である。海外にグローバルマネージャーを派遣する場合，あるいは外国人グローバルマネージャーを家族帯同で日本に赴任させる場合，通り一辺倒の簡単な現地事情説明に終らせず，帯同家族に対する異文化と異文化間コミュニケーションに関する一定の教育が必要である。

　海外に赴任するグローバルマネージャーにとって家族の存在は大きい。駐在中，家族と一緒に異文化適応の努力を積極的に行い，家族ぐるみで現地の人々や得意先の VIP の家族と友好的な付き合いができれば，異文化理解を相互に深めることができ，駐在生活も公私ともにより有意義なものとなり，仕事にもプラスとなるであろう。

第2節　危機管理のコミュニケーション

　企業のグローバル化の進展と共に，思わぬ企業不祥事や大災害等による企業の信用の失墜や経済的損失が巨大化して企業の持続性や，場合によっては存続をも危うくするようなリスクが高まっている。色々なリスクが伴う国際経営にとって，危機管理のための円滑なコミュニケーションは経営の重要課題である。

1．リスク情報の開示と危機管理コミュニケーション

　ここでいうリスクは，企業経営に関係する様々なリスクのことである。「リスク（risk）」とは，組織の収益・損失に影響を与える不確実性のことである。広義には，大きなビジネス・リターンを期待して新規事業に積極的に経営資源（人材と資金）を投資する経営判断なども，プラスの影響を期待し

たリスクであり，投資家などへの情報開示が不可欠である。

　危機管理は，平時，危機（クライシス）発生以降，危機終了以降のリスクを一体としてとらえ，リスクの拡大の予防や危機の際の被害の軽減のための対応を取る一連の行為である。

　「クライシス（crisis）」とは，大災害，重大な事故などの発生可能性（risk）が高まってきた状態や真近に迫ってきた状態，および事故発生後に危険状態がまだ続いている切迫状態をいう。

　多国籍企業における危機管理において重要なことは，リスクに関する情報や危機管理のプロセスを必要に応じ社内外，国内外のステークホルダー（stakeholder＝利害関係者［経営者，従業員，株主，債権者，取引先，消費者，地域社会，関係官公庁，マスメディアなど］）に提供し，情報開示による説明責任（accountability）を果たすことである。国内外のグループ企業全社の経営幹部，中間管理職，従業員に，親会社のコンプライアンス（compliance＝法令順守）ならびに企業の社会的責任（CSR＝Corporate Social Responsibility の略語）の意義と重要性を経営トップ自らが何回も説き，親会社の企業理念と危機管理マインドの浸透を図らなければならない。実際に機能する危機管理システムをグループ企業全体で整備し，稼動させておくことが不可欠である。単なるマニュアル作りや掛け声倒れに終らぬよう，経営トップ自ら，危機管理システムの実際の稼働状況の定期的チェックと議論をグループ企業内で常に呼びかけることが重要である。

２．平時と有事の危機管理コミュニケーション

　社内外のステークホルダーとのリスク情報の共有及び相互理解のための平時のコミュニケーション活動は「リスク・コミュニケーション（risk communication）」，有事（危機発生時）のクライシス情報に関するコミュニケーション活動は「クライシス・コミュニケーション（crisis communication）」と呼ばれているが，実務においては，一体として危機管理コミュニケーションを考える必要がある。

　平時においては，企業の事業活動を取り巻くリスクに関わるかもしれない

直接的・間接的な情報に普段から関心を持ち，ステークホルダーとの間で
リスクに対する疑問や意見を交換し合い理解度を相互に高め合うなど，リス
ク情報の開示をともなうコミュニケーション活動が重要である。

　有事におけるクライシス情報の開示範囲，開示先と時期は経営トップが適
切に判断のうえ，迅速に開示することが望まれる。特に，マスメディアへの
適切な情報公開による危機管理コミュニケーション対応が非常に重要であ
る。そのためにも，企業内各部門，弁護士，公認会計士など専門家との円滑
なコミュニケーションに基づく迅速な連携と対応策が不可欠である。

　通常，危機発生の初期段階で情報公開をして迅速に的確な対処をしておけ
ば，事故による被害の拡大を防げることが多いが，情報の隠匿による信用失
墜など，危機管理コミュニケーションの不足が危機を拡大し，解決を長引か
せているケースが多い。企業の縦割り組織によるコミュニケーションが全社
的危機管理に弊害となっている場合も多いので，これに横串を通すような形
で各部門を横断的につなぎ，情報を全社的に一元管理して伝達する部門を設
置するなどの対策が必要である。

　日系多国籍企業におけるリスク情報・クライシス情報の開示と危機管理コ
ミュニケーション活動は，日本語，英語の両言語を使用するなど，社内外の
外国人ステークホルダーも内容が十分理解できるような方法で行われなけ
ればならない。

　危機管理コミュニケーションは，平時におけるリスクの拡大の防止および
有事（危機発生時）の被害を軽減する効果的な危機管理対策である。

3．双方向の危機管理コミュニケーションの重要性

　リスク情報やクライシス情報に関して，経営者・中間管理職・一般従業員
の 3 者間において，また，企業と企業外部のステークホルダーとの間にお
いて，必要に応じていつでも開示と説明を求め，意見を述べることができる
双方向のコミュニケーション活動が行える企業風土を日頃から築いておくこ
とが非常に大切であり，経営トップに課せられた重要な課題である。

　2011 年に発覚したオリンパス巨額損失隠し事件のケースでは，内部通報

制度，内部統制システム，監査役制度，会計士監査制度などに関係する危機管理コミュニケーションが全く機能しなかった。社長の暴走にストップをかけなければならない監査役自身が副社長時代に不祥事に手を染め，監査役に就任後も情報を隠匿していたという事態は，双方向の危機管理コミュニケーションが意図的に断絶されていた最悪の異常なケースである。

　危機管理コミュニケーション活動においては，入手した情報は必ず記録し，隠匿体質を排除して，当該情報を必要な関係者に伝達して共有し合うことが重要である。

4．広報

　企業の危機管理コミュニケーション対策においては，組織内外のステークホルダーに対する平時，有事の広報（Public Relations：略語は PR）活動を織り込むことが重要である。企業統治や企業の社会的責任の観点からも，経営プロセス，危機管理プロセスおよびそれらの成果に関する説明責任が求められる。

　情報の種類，内容，時期によってはすべてのステークホルダーに情報を同時に流すことが適切でない情報もあるので，情報の内容，伝達先，伝達時期を適切に判断して流す必要がある。ある段階において全部を開示できない情報に関しては，なぜ開示できないのか，その理由をできる限り説明する必要がある。

第 3 章
異文化間ビジネスコミュニケーション

　異文化間ビジネスコミュニケーション（Intercultural Business Communication）とは，狭義には，主として国際商談などともいえるが，広義には，ビジネスに関係する異文化間コミュニケーションのことである。異文化にまたがる社内外のあらゆる外国人利害関係者とのビジネス上の異文化間コミュニケーションと考えてよい。本書では，国際ビジネスにおける外国人利害関係者との合意あるいは相互理解を目的として行う言語・非言語行為を含む異文化間コミュニケーション活動全般と定義する。

第 1 節　異文化間コミュニケーション

　国際商取引は異なった企業文化と文化的価値観を有する企業やそこで働く人の異文化間コミュニケーションを通して行われる。ビジネスの成就を通じて「共に幸せになる」という共通目的のために人間的触れ合いも行われる場である。異文化間ビジネスコミュニケーションは異文化間コミュニケーションそのものであるので，本節ではまず，そのベースとなる文化，異文化，異文化間コミュニケーション，コンテキストとは何かを考えてみよう。

1．文化

　「文化（culture）」とは何かを単純化して定義付けることは難しく，さまざまな定義がなされている。

　「文化」とは民族や社会の風習・伝統・思考方法・価値観などの総称で，人間が日常生活を通じて無意識に学習し時代を超えて伝承していくものを意

味する。異文化間コミュニケーションでいう文化とは，特定の集団のメンバーによって習得され，世代を超えて蓄積され共有される知識，衣・食・住，建築物，慣習，儀礼，道徳，価値観，思想，宗教，芸術などの集大成である。しかしいつまでも固定的なものではなく，たえず変化しているものである。

　「文化」のわかりやすい説明として，カーター（Carter, J.）が描いた「文化の島」と呼ばれるイラスト（下記図表 3-3-1 参照）がよく知られている。これによれば，「文化」は，① 島々が各々海上に見える部分が建築や食べ物などの物理的文化，② 各々水中に隠れて見えない部分が，人間が無意識に学習し頭の中に蓄積している考え方あるいは価値観などの観念的文化，③ 島々が海底部で連なっている芯の部分が，食べること，喜び，悲しみ，祝福，哀悼など，人間として共通の普遍的な価値観といえる文化の 3 つの部分から成るとする。

図表 3-3-1　カーターの「文化の島」

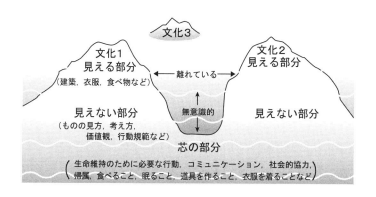

（出所）　八代京子・町　恵理子・小池浩子・吉田友子　『異文化トレーニング―ボーダレス社会を生きる―』三修社，2011 年，19 頁。

　「異文化」とは，自分の文化（「自文化」と呼ぶ）とは異なるという意味で異文化と呼ばれる。例えば，自文化を日本文化と考えた場合，異文化は他の国・地域の文化ということになる。自文化をもっと知ることが異文化との異

なった点と共通点がより見えてくるといわれる。

　異文化間コミュニケーションにおいて，相互理解を難しくするのは，それ
ぞれの文化によって異なる，隠れて見えない価値観や物の見方などの観念的
文化であるが，人間として共通の普遍的な価値観も同時に有しているはずで
ある。

2．Intercultural Communication と Cross-cultural Communication

　「異文化間コミュニケーション（Intercultural Communication）」とは，
異なった文化的背景をもつメッセージの送り手と受け手の間でおこる意味の
付与（解釈）を含む相互作用（interaction）のことである。異文化コミュ
ニケーションともいわれるが，inter- の語源（フランス語，ラテン語）に
between, among の意味があることに鑑み，本書では異文化間コミュニ
ケーションとする。

　近似した言葉に Cross-cultural Communication という表現があり，異
文化コミュニケーションと訳されている場合もあるが，英語圏では主として
Intercultural Communication という表現が用いられ，Cross-cultural
Communication は比較文化コミュニケーション，交差文化コミュニケー
ション，を意味する場合も多いので，本書では異文化間コミュニケーション
（Intercultural Communication）という表現に統一して使用する。

　異文化間コミュニケーションは，言語学，社会心理学，文化人類学，国際
経営学，外国語教育学など従来の研究領域を超えて，学際的な研究が必要と
される分野である。

3．高コンテキスト文化と低コンテキスト文化

(1)　コンテキスト

　「コンテキスト（context）」とは，一般的には文脈・脈絡と訳されるこ
とが多いが，異文化間コミュニケーションにおけるコンテキストとは，コ
ミュニケーションが起こる物理的・社会的・心理的・時間的な環境（その場
の雰囲気や状況，言語外の意味，相手との関係など）の全てである。換言す

れば，コミュニケーションの現場で，文化的・心理的状況について言語メッセージ，非言語メッセージの発信者，受信者が共有している経験，知識など，いわば蓄積された情報のデータベースといえる背景または状況の意味的な共有の度合いのことである。

　人類学者ホール（Edward T. Hall）は，コンテキストを隠れた（covert）情報という意味で使用し，文化を高コンテキスト文化と低コンテキスト文化に大別した。

(2)　高コンテキスト文化

　「高コンテキスト文化（High Context Culture）」とは，人々がお互いに人間関係で結ばれ，多くの情報が意味的に共通理解としてコンテキストの中に蓄積され，メンバー間で共有されているので，短いメッセージでも深い意味を持ちうるような文化である。曖昧な表現を使っても理解される場合が多いので，メッセージの一部として，非明示的なコミュニケーションやメッセージに頼る度合いが高い文化である。コンテキストの割合（レベル）が高い文化といえるが，他文化の人にとっては見えにくい。一般的に，高コンテキスト文化環境で育った人ほどコンテキストに頼る度合いが高く，その代表例が集団主義（collectivism）を好む日本，インドネシア，アラブ諸国，中米諸国や中国，韓国などであるといわれている。

(3)　低コンテキスト文化

　「低コンテキスト文化（Low Context Culture）」とは，メンバー間で意味的に共有される情報（社会的規範など）が限られているために，送信者は明確でストレートな言葉で自分の意図を受信者に示さなければならないような文化で，曖昧な表現は理解されにくい。コンテキストの割合（レベル）が低い文化といえる。一般的に，低コンテキスト文化環境で育った人ほど，コンテキストに頼らず，情報の多くを明示的な言動で表現するコミュニケーションやメッセージに頼る度合いが高く，その代表例が個人主義（individualism）を好む米国（多民族多言語国家），ドイツ，スカンジナビア諸国などであるといわれている。

　なお，比較の問題であるが，おおよそ，北部ヨーロッパ諸国よりは英国や

ラテン系南部ヨーロッパのギリシア，イタリア，フランスなどの方が比較的高コンテキスト文化であるとみなされているようである。

　しかしながら例えば，日本人はみな高コンテキスト・コミュニケーションを好む国民，米国人はみな低コンテキスト・コミュニケーションを好む国民であるなどと，画一的に分けてしまうことは，誤ったステレオタイプ的見方であり危険である。どの国も，そこに住んでいる人々は多様であり，地域差や個人差があるからである。

　一般的に，高コンテキスト文化の人と低コンテキスト文化の人の間の異文化間コミュニケーションにおいては，誤解，軋轢（あつれき）などが生じやすい。メッセージの送り手，受け手がコミュニケーション・スタイル（起承転結など）と表現内容，言葉とその意味と解釈を決める上で，両者の持つ高コンテキスト文化，低コンテキスト文化におけるコンテキストのレベル差が影響するからである。一般的に，コンテキスト度のミスマッチが大きいほど，コミュニケーションの効果が低下するといわれている。対応策としては，高コンテキスト文化の人は，低コンテキスト文化の人に対して，言語による明示的な発言や，文章化による理由説明を十分行なうなどの配慮を心がけ，相手と意味的に共有できる情報を出来る限り増やす努力をすることが重要である。

4．コンテキストと非言語メッセージ

⑴　非言語メッセージ

　非言語メッセージ（nonverbal message）とは，言葉や文字によらない重要なコミュニケーション手段として，目や顔の表情，ジェスチュア，動作，姿勢，身体の接触，声調，沈黙などによる意思の相互表現（非言語コミュニケーション ＝ nonverbal communication という）手段のことである。非言語コミュニケーションの主なものを，以下3つの観点から考えてみる。

①　身体動作

　ジェスチャー，姿勢，顔の表情，視線（アイコンタクトという），服装，

接触，音声の調子（イントネーションやアクセントのトーン）など。

　視線を合わせる，あるいは合わせないアイコンタクトの問題は，相手の文化や人種によっては大きな誤解を生じかねないので注意が必要である。日本には「目は心の鏡」という故事があるが，対面（face-to-face）ビジネス交渉の場で外国人の目を見てその心の憶測をするのは難しい場合が多い。アイコンタクトの程度，良し悪しは文化によって様々であるが，一般的には，あまり強くない柔らかいアイコンタクトを行いながら話し，同性の場合には相手の視線に合わせて話すのが無難ということになろう。

② 時間と距離

　一般的に，対面コミュニケーション時の相手との距離の取り方や，会った時や別れる時に握手やお互い顔を接触し合うかどうかは，人種により習慣が異なると考えてよい。

　時間に対する意識は空間・距離に対する意識とも関係することがある。ヨーロッパ企業のオフィスでは各人が静かな部屋で仕事をすることを好むが，日本では大部屋を分かち合って机を配置し，距離的・時間的にも即必要な対面コミュニケーションがとりやすいオフィスを好む傾向がある。

③ 沈黙

　沈黙を尊ぶ文化と沈黙を嫌う文化の差は大きく，大きな誤解の原因になる場合がある。相手が沈黙しているからといって，それが即相手は否定的あるいは機嫌を損なったと解釈するのは早計である。相手の考えていることを確認する必要がある。異文化間ビジネスコミュニケーションの場での日本人の沈黙は相手にあまり良い印象を与えず，誤解される場合があるので注意が必要である。

　日本語のことわざ・慣用句の「以心伝心」，「察し」，「阿吽（あうん）の呼吸」，「沈黙は金」などの考えに基づく非言語行為は，日本企業における「根回し」の習慣と共に，外国人を戸惑わせる日本人のビジネス慣習といえ，非言語メッセージを重要視する考えが，高コンテキスト文化の日本人の意識と価値観の中に存在していることを示唆している。

⑵　非言語メッセージのもつ重要性

　異文化間コミュニケーションにおいては，英語などの言語メッセージ
（verbal message）だけではなく，上述の非言語メッセージも重要なコミュ
ニケーション手段である。一般的に，米国などの低コンテキスト文化圏にお
いては言語メッセージによるコミュニケーション（言語コミュニケーション
という）の比重が高く，日本などの高コンテキスト文化圏においては非言語
メッセージによるコミュニケーション（非言語コミュニケーション）の比重
が高い。日米の言語コミュニケーションの比較調査において，米国の成人の
1 日の平均会話時間が日本の成人の 2 倍近いという調査結果があることなど
からもうなずける。しかし，これは一般的な比較の問題であり，低コンテキ
スト文化圏といわれる欧米人でも，時と場合によっては，沈黙などの非言語
メッセージを有効なコミュニケーション手段として使用する場合があること
は言うまでもない。

5．異文化間コミュニケーションにとっての障害

　グローバル化時代に多様な価値観をもつ人々，企業，国家が共存する社会
において，異文化間の円滑な意思疎通は容易ではない。国家間の政治経済に
おけるパワーバランスの歴史，企業や個人の地位・立場などから，コミュニ
ケーションにおける異文化理解が一方的な先入観や偏見に左右されることも
少なくない。異文化間コミュニケーションにとって障害となるものとして，
下記に述べるステレオタイプ，偏見，差別，自文化中心主義の 4 つがよく知
られている。

⑴　ステレオタイプ

　よくいわれる「ステレオタイプ（stereotype）」とは，ある事物に関する
見方が固定的もしくは凝り固まったイメージを持っていることを意味し，固
定観念のことである。異文化間コミュニケーションにおけるステレオタイプ
とは，ある社会・文化のメンバーが，特定の他の社会・文化（異文化）のメ
ンバーについて一般的に抱いている固定的で画一的な観念もしくはイメージ
のことである。

(2)　偏見

　ステレオタイプが単なる観念としてだけではなく，非友好的評価に基づく偏った信念として持たれた場合は「偏見（prejudice）」となる。prejudice は通常，偏見，先入観などと訳される。

　異文化間コミュニケーションにおける偏見とは，ある社会・文化のメンバーが，特定の他の社会・文化（異文化）のメンバーについて，正当な客観的根拠なしに，誤ったゆがんだ見方に基づき，非友好的あるいは否定的な評価を含む感情や言動を示す状態のことである。　人種的・宗教的偏見がその典型例である。偏見が強くなると差別につながりやすく，社会問題を引き起こす場合がある。

　18 世紀以降の西洋（Occident オクシデント，特に欧米主要国）の人々から見て，東洋（Orient アラブ中東 のこと）は異質で劣っているものとみなす伝統的な「オリエンタリズム」という偏見が西洋に存在していたといわれている。近代から現代の日本におけるアジアの扱いも，オリエンタリズム的であったといえよう。今日，「オリエンタリズム」という言葉は，異文化に対する偏見というものの総称としても使えるであろうといわれている。

(3)　差別

　「差別（discrimination）」とは，上述の偏見・先入観などをもとに，特定の人，人々，集団などに対して意識的あるいは意図的に不利益あるいは不平等な扱いをすることである。人種差別，性別による差別，企業における外国人の処遇に関する不当な差別などがその例である。

(4)　自文化中心主義

　「自文化中心主義（ethnocentrism）」は自民族中心主義，自民族優越主義ともいわれ，「文化相対主義（cultural relativism）」に対する言葉である。ethno- はエスニック（ethnic）料理などの言葉から連想できる通り「民族・文化」の意で，-centrism は center（中心）が語源である。自文化中心主義とは，自分が属する集団や国家の文化や言動が優れていて正しい，他文化に属する集団や国家の文化や言動は劣っていて正しくないと一方的に思い込み，自己中心的な狭い価値観や誤った偏見に基づき異文化をみる傾向の

ことである。

　これと反対の言葉である「文化相対主義」は，それぞれの国や集団には各々の文化があり，文化には優劣がない，各文化の価値観や習慣を尊重すべきであるとする考え方である。

第2節　異文化摩擦の問題と対応策

　ビジネスのグローバル化とともに，組織における異文化との接触の機会が飛躍的に増大しているが，それに伴い生じる摩擦や軋轢・きしみなどの状態が大きな問題になっている。異文化摩擦，異文化衝突の問題である。この節では，異文化接触にともなう異文化摩擦の原因と対応策について考える。

1．異文化接触とカルチャー・ショック

⑴　異文化接触

　「異文化接触（intercultural contact）」とは，ある文化的背景をもつ人と，異文化を背景にもつ人や集団との間の相互作用（interaction），即ち相互に影響を与え合う交流やふれあいのことである。単に異文化との遭遇ということではない。「異文化インターフェイス」という言葉でも説明されている。インターフェイス（interface）とは，between face and face，即ち（異質な物の間の）接触面・接触の場，つまり相互に作用をおよぼす場という意味である。この接触の場で相手の異なった考え方や価値観に気づいた時に，それではどうしようかという意識が働き，意思疎通の相互作用が起こるのである。

⑵　カルチャー・ショック

　「カルチャー・ショック（culture shock）」とは，例えば，海外駐在員やその家族が今までに経験したことのないような異文化圏に赴任して異文化に触れた際にまず感じる衝撃のことである。ここでは，最初の心理情緒的なショックだけでなく，異文化に順応する際に少しずつストレスがたまっていき，それに伴っておこる精神的な障害を含めた心身状態や拒絶反応なども対

象として考える必要がある。ショックの程度は個人により大きな差があり，緊張・不安・葛藤・拒絶反応・不眠症などによる精神的肉体的疲労の程度にも個人差がある。文化的・社会的価値観や個人の性格・識見・外国語運用能力，現場の環境などが要因となって，異文化に対する適応力に個人差が生じるためである。個人的に深刻な問題となり，ビジネスにも影響を及ぼす場合がある。

　カルチャー・ショックは個人の精神的なものなので，その解決策としては，異常な現象ではなく異文化環境では誰もが体験する一時的なもので，本人の責任ではないということを教えれば，本人の精神的プレッシャーが軽減され，克服できる場合が多いといわれている。

　反対の言葉として「逆カルチャー・ショック（または re-entry culture shock）」という言葉がある。何年かの海外駐在生活を終えた駐在員（とその家族）が日本の本社に帰任した際に，元の日本文化，本社の企業文化に直ぐ同化できなくて，ある期間違和感に悩む状態をいうが，通常は時間が解決してくれる。

2．異文化間コミュニケーション摩擦

(1)　異文化間摩擦

「異文化間摩擦（intercultural friction）」とは，文化的背景の異なる二者間で生じる違和感や，利害・意見・感情などの食い違いから生じる軋轢や不和のことである。「異文化間紛争（intercultural conflict）」もこれに類する言葉である。意見などの対立により生じる精神的な衝突，葛藤，あるいは極端な場合は民族紛争や武力衝突などを意味する場合もある。

　国際ビジネスにおける異文化間摩擦とは，異文化を背景とする企業・人のビジネス行動様式や考え方に著しい文化の違いを感じたり，コミュニケーションに困難を感じる状態をいう。上述のカルチャー・ショック現象が，異文化と接触した時におこる個人の心理的反応であるのに対して，異文化間摩擦は，個人レベルだけでなく，企業などの組織，民族や国家レベルでも大なり小なり起こる社会現象で，人間の心の中に存在する偏見による誤解や不信

感を生み，ビジネス交渉の円滑な進展を妨げたり，交渉決裂という最悪の事態を招くこともある。

(2)　日系多国籍企業における異文化間コミュニケーション摩擦

　多言語多文化国家が多い東南アジア主要国，中国，米国やヨーロッパ諸国などに進出している日系多国籍企業において，日本人幹部と現地外国人管理職との間で日常よく起こっている異文化間コミュニケーション摩擦の一般的な傾向として，外国人管理職は下記のような点に異文化間摩擦を感じ，日本人に対する不満となって現れることが多いといわれている。

・日本人幹部の指示，説明などにおける明示的言語コミュニケーションの不足（日本人の外国語運用能力の不足を含む）。

・日本人の決断・決裁の遅さ。

・日本人の時間厳守の習慣，厳しい品質管理方法，問題点を徹底的に追及して解決しようとする厳しい姿勢。

・個人プレイによる成果よりも，組織プレイによる成果重視の経営方針。

・日本人幹部と外国人管理職間の情報の共有の不十分さ。

・外国人にわかりにくい昇給昇格制度。

　一般的に，上記3番目の時間厳守，厳しい品質管理，問題点の徹底的追及の姿勢に関しては摩擦はそれほど大きくなく，日本企業・日本人の優れた点，外国人が見習うべき点という意識を持っている外国人管理職が多いといわれている。

　日本の多国籍企業が本社の日本的企業文化を海外の子会社に押しつけたり，いわゆる「ホウ・レン・ソウ」（報告・連絡・相談）の規律など，組織管理面での企業内規律を強化して日本式のやり方で事業活動の効率を上げようとしても，うまくいかず，日本人幹部と現地の外国人幹部との間で摩擦を生じ，日本人に対する不満となって現れる場合が多い。

　日本本社の重要な情報を日本人は与えてくれない，日本人幹部だけで根回しして重要事項を実質的に決めてしまい，現地幹部との会議は形式的に行うだけ，といった現地人幹部の不満が摩擦を増大している場合も多い。

　会議において現地人管理職・幹部が現地事情に基づく良い提案や意見を述

べても，日本人幹部が議論をしたがらなかったり，本社の意向にそぐわない
などの理由でよく聴こうとしなかったり，などのやりかたも摩擦を生む。

　日本人の集団行動や日本語使用から生じる摩擦もある。海外勤務の日本人
は，昼食時や就業時間終了後に直ぐ日本人同士が集まって日本語で話しあう
傾向があるが，外国人幹部から見れば奇異な行動で，自分たちがいないとこ
ろで日本人だけで何やら相談したり，重要事項を決めたり，自分たちの悪口
を言っているのではないかと誤解されやすいので，注意が必要である。

　外国人の取引先との交渉や社内会議において，yes, no とその理由を直接
表現ではっきり言わない日本人のあいまいな返事や，「前向きに検討してみ
ます」と言って会議を終了し，後は無しのつぶてであったり，会議の場で結
論を出さずにやたらに問題を長引かせるなどのケースも，日本人とは不可解
な人種という先入観や不信感を外国人に与えて軋轢や摩擦を生みやすい。

3. 異文化間コミュニケーション摩擦の軽減・緩和策

　異文化間ビジネスコミュニケーションにおいて異文化摩擦を避けることは
難しい。しかし，摩擦の原因を冷静に分析することにより，摩擦の軽減・緩
和を図ることは可能である。各企業で異文化適応力の強化策，異文化摩擦の
軽減・緩和策を具体的に策定して，異文化間コミュニケーション教育・研修
や OJT（On-the-Job-Training）を実施し，修得したことを海外工場経営
や国際取引交渉の現場に生かすことが重要である。

　国際ビジネスにおいてはまず自文化中心主義を排さなければならないが，
自文化を見つめ直すことで，異文化との異質性だけでなく，共通するものも
見えてくる。　日本文化と異文化両方に対するポジティブな関心と，常に相
手の文化，相手の考え方を理解しようとする姿勢が重要である。このような
努力と経験の積み重ねにより異文化摩擦の軽減と対処策を習得して日系多国
籍企業，グローバルマネージャーの生きたノウハウとすることが可能となる
であろう。

　日本人幹部が異文化を背景とする外国人管理職・従業員を管理する場合，
高コンテキスト文化／低コンテキスト文化というコンテキスト度の相違を十

分認識することが，異文化間コミュニケーション摩擦を軽減・緩和する方策を考える上で重要な視点であり，具体的には相違を埋める方策を講じることが重要である。日本人は案外気づいていないことであるが，日本人の高コンテキストコミュニケーションは，外国人にとっては見えない隠れた情報が多く，明示性に欠け，共有できる言語情報が少ないと映る。

　従って，異文化摩擦の軽減・緩和策としては，現地勤務の日本人経営者・管理職がより情報量の多いコミュニケーション，即ちより明示的な言語活動を行うことを習慣づけるよう，現地の経営トップ自ら先頭に立って努力することである。また，海外に派遣される前に，出来る限り高い外国語コミュニケーション能力を養っておくよう，日本の本社で計画的で具体的なグローバルマネージャーとしての人材育成や異文化研修（次項参照）を実施する必要がある。

４．異文化教育・異文化研修

(1)　異文化教育（intercultural education）

　日本と日本人が存在感を持って世界の国々，人々と共生していくためには，異文化と無縁ではいられない。急速な国際化を迫られる高等教育や企業組織において，異文化，異文化間コミュニケーションを真剣に学ぶべき時期が来ている。

　高等教育の場においては，学部や専攻を問わず異文化，異文化間コミュニケーションを学び，研究できる機会を学生がもっと持ち，企業においては，国内部門を含めたすべての部門で研修等による異文化，異文化間コミュニケーション教育を全社を挙げて行うことが不可欠な時代になっている。『言葉そのものに意味があるのではない。ある言葉に意味を与えるのは人間である』という言葉を思い出してみよう。誤解をできる限り少なくして意味を理解・解釈するためには，異文化に対する理解が必要である。外国語の学習・研究には，同時に異文化間コミュニケーションの学習・研究が重要で不可欠であることがわかる。

(2)　異文化研修（Intercultural Training）

　日本で海外赴任前の駐在員派遣要員に対して事前の異文化研修を十分実施する企業が多くない理由として，時間・コスト面での理由の他に，現地赴任時に一定の期間前任者から受ける業務引き継ぎなどの OJT（On-the-Job Training）が異文化研修を事実上兼ねている，という考え方もあるのかもしれない。しかし業務引き継ぎだけでは不十分である。

　異文化研修の効果については，色々な調査で明らかになっている。問題は研修の講師として適任者を得ることができるかどうかである。講師としては，実際の国際ビジネス・異文化の中でグローバル・マネージャーとして十分な実務・生活経験を有する優れた社内外の人材，または大学や研究所の異文化間ビジネスコミュニケーション（または異文化間コミュニケーション）の専門家の2種類がある。どちらも長所・短所があるので，両方を兼ね備えた経験豊富な人材が見つかれば理想的であるが，そういう人材は実際には非常に少ない。いずれにしても，大学や研究所などの専門家の指導を得た研修が効果的であろう。

(3)　異文化間コミュニケーション教育・研修において学ぶべきこと

　異文化間コミュニケーション教育・研修において学ぶべきことは何かについて，その主な点をこの本の第3編第2章および第3章の所々で示唆した。紙面の関係で具体的な詳細を述べるのは省略するが，学ぶべき基本的な項目として，下記3つをあげておきたい。

① 　グローバル・マネージャーに必要な異文化適応力（異文化相互理解，自文化中心主義の排除，文化相対主義と異文化の尊重，高コンテキスト文化／低コンテキスト文化の違いとそれへの対処策，文化間の隠れた共通点の発見など）

② 　グローバル・マネージャーに必要な外国語による異文化間コミュニケーション能力（intercultural communicative competence）（次節で採り上げる you-attitude, you-consideration を含む）

③ 　日本人の起承転結のコミュニケーション・スタイルと欧米式コミュニケーション・スタイルの違いおよびそれへの対処策

第3節　You-attitude と You-consideration

　従来，商業英語通信文などのビジネス・メッセージ作成にあたって，発信者は常に You-attitude の精神に基づくメッセージを作成して受信者に発信することが重要であるといわれていた。しかし今日のグローバルビジネス時代の国際ビジネスコミュニケーションにおいては，You-attitude よりも You-consideration の精神が極めて重要であるといわれている。以下において，両者の違いと，異文化間ビジネスコミュニケーションにおける You-consideration の重要性を考えてみよう。

1．You-attitude

　"You-attitude" とは，ビジネス・メッセージを相手の立場に立って作成することをいう。ここでの attitude は元々，「立場，見地」という意味で，point of view などの意味に近似した言葉である。また，You-attitude は，聖書などの教えである "Do onto others as you would be done by." の精神に通じるものであり，ビジネスにおいては，企業の利益に著しく反しないかぎり，取引相手の立場になり，相手が求めていることを尊重する，というのがこの教えの示唆するところであるとも説明されている。英文作成にあたっては，例えば，市況が底をつき回復基調に転じようとする直前に，相手への値上げを避けるために，We recommend that you place an order with us before the market picks up.（相場が上向く前に当社にご注文くださいますようお勧め致します）のように，内容的に相手の立場，相手の利益を尊重するメッセージの作成が重要であるといわれている（ここでの market は market price の意味である）。また，自分本位で，文頭にいつも we（弊社）ばかりを並べるのではなく，相手の立場に「なり」，you（御社），your を主語にした文にできないかなどを考え，文章を工夫するところから効果的なメッセージの作成が可能になる。

　上述の通り，You-attitude は，主として，ビジネス英語通信文における

表現スタイルを工夫する技法としての教えであり，相手を説得するための表面的な飾りであるともいえよう。文化的背景の異なる人間と人間の相互共感（empathy）という内面的な姿勢を重視する異文化間ビジネスコミュニケーションに直接関わる教えではない。

2．You-consideration

You-consideration は，You-attitude よりも深化した高尚なビジネス哲学である。consideration は元々，「気配り・心配り・配慮」という意味である。"You-consideration" とは，メッセージの送り手が受け手の立場に「なりきる」ようにつとめることである。伝達したい自分の意思を相手の立場において考え，相手の言葉によって表現することであり，相手の立場と自分の立場が一つになることを意味する「自他同一」の哲学が You-consideration の考えである。交渉の終局的な目的であるビジネスを通じて「ともに幸せになる」ために，心底から互いに共感を抱いて communicate し合うという人間性を重視するビジネス哲学である。円滑で効率的な異文化間コミュニケーションに正に役立つ実践的な哲学といえる。

第 2 節において，円滑な異文化間コミュニケーションを行うためには自文化中心主義・自己中心主義を克服して，相手の文化・考え方を理解しようとする姿勢が重要であると述べた。真の理解は共感をともなう。その姿勢が相互に共感的なコミュニケーションを実現する力となるのである。そのような意味からも，You-consideration は，いかなる言語による異文化間ビジネスコミュニケーションにおいても重要で普遍性のある哲学であるといえる。

Column：アラブの日常

　筆者が紅海に面したサウジアラビアの商業都市ジェダに商談で出張した時のことである。得意先の重役との面談の約束時間が迫っていたため，猛暑の中，エアコンがあまり効かないタクシーを飛ばしていた時，運転手が突然モスク（回教寺院）の前で車を止めて，何も言わずに，私を後部座席に待たせたままモスクの中に入って行った。すぐ戻って来るだろうと思い待ったがいっこうに戻って来ない。結局45分ほど車内で汗だくのまま待たされて，運転手がやっと戻ってきたが，彼は何も言わずにすました顔で車を発車させ，得意先の事務所に私を送り届けた。英語がほとんど通じない運転手であった。運転手は，何も言わなくてもモスクの中に入って行ったのだから，イスラム教の唯一神であるアラーの神にお祈りをする自分の行動を乗客は当然理解してくれるだろうと思ったのであろう。得意先には大幅遅刻であったため，事情を説明して許しを請うたら，その重役いわく，そういうことはアラブの国ではよくあることだと笑っていた。その後彼とは，アポイントをとる時間がなくて飛び込みで訪問してもいつでも会ってくれる仲になった。

<スイフト（SWIFT）による信用状の見本>　　　　　　　　　　　　　　【書類見本】

この信用状の見本は，通知銀行であるわが国の THE BANK OF NOZOMI, LTD. TOKYO OFFICE（東京支店）が発行銀行である米国の THE BANK OF HOPE LTD, NEW YORK N. Y. から，スイフト（SWIFT）の MT700 により受信したという設定で作成したものである。

```
FROM THE BANK OF HOPE LTD. NEW YORK N.Y. U.S.A.
-----------------------------------------------------------------------
MT700 ISSUE OF A DOCUMENTARY CREDIT
SEQUENCE OF TOTAL       27     : 1/1
FORM OF DOC. CREDIT     40A    : IRREVOCABLE                          ①
DOC. CREDIT NUMBER      20     : LC-12345                            ②
DATE OF ISSUE           [31C]  : MAR 31, 20XX                        ③
APPLICABLE RULES        40E    : UCP LATEST VERSION                  ④
EXPIRY DATE / PLACE     31D    : MAY 31, 20XX IN TOKYO JAPAN         ⑤
APPLICANT               50     : X.Y.Z. CO., LTD.
                                 ONE WORLD CENTER, NEW YORK N. Y. U.S.A.  ⑥
BENEFICIARY             59     : A.B.C. CO., LTD.
                                 NIHONBASHI, CHUO-KU TOKYO, JAPAN    ⑦
CURRENCY CODE AMOUNT    32B    : USD3,600,000.00                     ⑧
AVAILABLE WITH / BY     41D    : ADVISING BANK                       ⑨
                                 BY NEGOTIATION                      ⑨
DRAFTS AT...            [42C]  : SIGHT FOR FULL INVOICE VALUE        ⑩
DRAWEE                  [42D]  : THE BANK OF HOPE LTD, NEW YORK N. Y. U.S.A.⑪
PARTIAL SHIPMENTS       [43P]  : ALLOWED                             ⑫
TRANSHIPMENT            [43T]  : NOT ALLOWED                         ⑫
PORT OF LOADING         [44E]  : YOKOHAMA                            ⑬
PORT OF DISCHARGE       [44F]  : NEW YORK                            ⑬
LATEST DATE OF SHIP.    [44C]  : MAY 15, 20XX                        ⑬
GOODS / SERVICES        [45A]  : 24,000.PCS OF DIGITAL COMPACT CAMERA, CIP
                                 NEW YORK                            ⑭
DOCUMENTS REQUIRED      [46A]  :                                     ⑮
     +   SIGNED COMMERCIAL INVOICE IN TRIPLICATE.
     +   FULL SET OF CLEAN ON BOARD BILLS OF LADING MADE OUT TO
         ORDER OF SHIPPER AND ENDORSED IN BLANK, MARKED FREIGHT
         PREPAID AND NOTIFY APPLICANT.
     +   FULL SET OF MARINE INSURANCE POLICIES OR CERTIFICATES
         ENDORSED IN BLANK, FOR 110% OF THE INVOICE VALUE COVERING :
         THE INSTITUTE CARGO CLAUSES (A), THE INSTITUTE WAR CLAUSES
         (CARGO) AND THE INSTITUTE STRIKES CLAUSES (CARGO).
ADD. CONDITIONS         [47A]  : ALL DOCUMENTS MUST BE MENTIONED THIS
                                 CREDIT NUMBER                       ⑯
CHARGES                 [71B]  : ALL BANKING CHARGES OUTSIDE U.S.A. ARE FOR
                                 ACCOUNT OF BENEFICIARY.             ⑰
PERIOD FOR PRESENT.     [48]   : DOCUMENTS TO BE PRESENTED WITHIN 15 DAYS
                                 AFTER THE DATE OF SHIPMENT BUT WITHIN THIS
                                 VALIDITY OF THE CREDIT.             ⑱
CONFIRM. INSTRUCT.      49     : WITHOUT                             ⑲
INSTRUCT. TO BANK       [78]   : ALL DOCUMENTS MUST BE FORWARDED TO THE
                                 BANK OF HOPE LTD, NEW YORK N. Y. U.S.A. IN TWO
                                 LOTS BY REGISTERED AIRMAIL OR COURIER
                                 SERVICE.
     +   UPON RECEIPT OF DOCUMENTS IN CONFORMITY WITH THE TERMS
         AND CONDITIONS OF THIS CREDIT, WE SHALL REMIT THE PROCEEDS
         TO THE BANK DESIGNATED BY YOURSELVES.                       ⑳
ADVISE THROUGH BANK     [57D]  : THE BANK OF NOZOMI LTD. TOKYO OFFICE TOKYO,
                                 JAPAN
```

310

<商業送り状の記載例>   【書類見本】

A.B.C. Co., Ltd.
Nihonbashi, Chuo-ku Tokyo, Japan

INVOICE(送り状)

Sold to (輸入者) X.Y.Z. Co., Ltd. One World Center, New York, N.Y. U.S.A.	Invoice No.(インボイス番号)　Date(日付) A-12345　　　　　　　　　May 7, 20XX Contract No.(契約書番号)　Date(日付) C-12345　　　　　　　　　Mar 25, 20XX Order No.(発注番号) X-12345
Vessel(船名) 　YOKOHAMA MARU	L/C No.(信用状番号)　　　Date(日付) LC-12345　　　　　　　　Mar 31, 20XX
Sailing on or about(船積日) May 10, 20XX	L/C Issuing Bank(信用状発行銀行) The Bank of Hope, Ltd. New York, N.Y. U.S.A.
From(積出港) 　Yokohama　　　　New York	Payment Terms(支払条件) at sight

(ケースマーク・番号) Marks & Nos.	(商品名) Description of Goods	(数量) Quantity	(単価) Unit Price	(金額) Amount
VAN SIDE MARK 　A.B.C.　←　(ケースマーク) C-12345 New York No.1-1,600 Made in Japan	Digital Compact Camera CIP New York Packing: each carton 15 pcs Total　　1,600cartons	24,000pcs	@US$150.-	US$3,600,000.-

(送り状作成者・署名)
A.B.C. CO., Ltd. Export Department
　　　　　　　　Y. Yamada
(General Manager)

＜船荷証券の記載例＞　　　　　　　　　　　　　　　　【書類見本】

Shipper A.B.C. Co., Ltd. Nihonbashi, Chuo-ku Tokyo, Japan	B/L No. CBL-12345
	MIRAI KISEN KAISHA
Consignee To Order of Shipper	BILL OF LADING
Notifi Party X.Y.Z. Co., Ltd. One World Center, New York, N.Y. USA	船荷証券約款

(Local Vessel)	(From)	
Ocean Vessel Voy No. YOKOHAMA MARU	Port of Loading Ykohama	
Port of Discharge New York	Place of Delivery	Final Destination (for the Marchant's reference only)

Containaer No. Seal No. ; Marks & Nos.	No. of containers of P'kgs	Kind of Packages; Description of Goods	Gross Weight	Measurement
VAN SIDE MARK A.B.C. C-12345 New York No.1-1,600 Made in Japan		"Shipper's Load & Count" "Said to Contain" 24,000pcs of Digital Compact Camera As Per Order No.X-12345 Invoice No. A-12345 L/C No. LC-12345 dated Mar 31, 20XX "Freight Prepaid"	12,600Kgs	55.66M3
Total Number of Containers or Units (in Words)	SAY: ONE (1) CONTAINER ONLY			

FREIGHT & CHARGES	Revenue Tons	Rate	Per	Prepaid	Collect
		** FREIGHT AS ARRANGED **			

Ex Rate	Prepaid at YOKOHAMA	Paiable at	Place of B/L Issue YOKOHAMA	Dated May 10, 20XX
@	Total Prepaid in Local Carrency	No of original B(s)/L THREE		
Date May 10, 20XX	Laden on Board the Vessel By		MIRAI KISEN KAISHA LTD AS CARRIER 署名	

(JSA STANDARD FORM A)
　　(TERMS CONTINUED ON BACK HERE OF)

312

<保険証券の記載例>　　　　　　　　　　　　　　　　　　　　　　　【書類見本】

THE FUTURE MARINE AND FIRE INSURANCE COMPANY, LIMITED
HEAD OFFICE: MARUNOUCHI 1-CHOME, CHIYODA-KU, TOKYO 100-0005 JAPAN

Assured	（インボイス番号）	
A.B.C. Co., Ltd. Nihonbashi, Chuo-ku Tokyo, Japan	Invoice No. (Packing List No.)	A-12345

Policy	[Provisinal No.]	Amount insured	（保険金額）
No.MIP-12345	[ ]		US$3,960,000.-

Claim, if any, payable in	Conditions	
NEW YORK	（保険条件）	THE INSTITUTE CARGO CLAUSES (A), THE INSTITUTE WAR CLAUSES (CARGO) AND THE INSTITUTE STRIKES CLAUSES (CARGO) AS PER BACK HEREOF.

by
IN U.S.A. IN CURRENCY OF DRAFTS

Local Vessel or Conveyance　　From (interior port or place of loading)

Ship or Vessel	Voyage: from	Sailing on or about
"YOKOHAMA MARU"	YOKOHAMA, JAPAN	May 10, 20XX

Arrived at/transhipped at　　Thence to
NEW YORK

Goods and Merchandises　　Case Marks and Numbers as per Invoice & / or Packing List No. specified above.

24,000PCS OF DIGITAL COMPACT CAMERA

L/C NO. LC-12345 DATED MAR 31, 20XX

Valued at the same as above insured.

Place and signed in	Number of Policy(ies) issued.	code
TOKYO　　MAY 8, 20XX	TWO	

保険約款

For THE FUTURE MARINE AND FIRE INSURANCE COMPANY, LIMITED
保険会社署名
SIGNED
Authorized Signatory

＜為替手形のサンプル＞　　　　　　　　　　　　　　　　　　【書類見本】

No. ....

For ....

BILL OF EXCHANGE ...., ...
PLACE　　DATE

At .... sight of this **FIRST of EXCHANGE** (Second of

the same tenor and date being unpaid) Pay to　SUMITOMO MITSUI BANKING CORPORATION　　　or order the sum of

Value received and charge the same to account of ....

Drawn under ....

L/C No.　　　　　　　　　　dated

To

....

| REVENUE |
| STAMP |

外-1507/B-110 1507 1　19.8.中

No. ....

For ....

BILL OF EXCHANGE ...., ...
PLACE　　DATE

At .... sight of this **SECOND of EXCHANGE** (First of

the same tenor and date being unpaid) Pay to　SUMITOMO MITSUI BANKING CORPORATION　　　or order the sum of

Value received and charge the same to account of ....

Drawn under ....

L/C No.　　　　　　　　　　dated

To

....

外-1507/B-110 1507 1

（出所）　株式会社三井住友銀行提供。

314

＜船荷証券のサンプル＞ 　　　　　　　　　　　　　　　　　　　　　【書類見本】

（出所）　日本郵船株式会社提供。

315

<保険証券のサンプル＞   【書類見本】

（出所）　東京海上日動火災保険株式会社提供。

参考文献

〔和書〕

● 青木保『異文化理解』岩波書店，2001年。

● 青山幸恭『変革期の関税制度』日本関税協会，2009年。

● 浅羽亮一監修，田中典子・津留崎毅・鶴田庸子・熊野真理・福島左江子訳『異文化理解の語用論—理論と実践—』研究社，2004年。（Spencer-Oatey, H., *Culturally Speaking : Managing Rapport through Talk across Cultures*, The Continuum Publishing Company, 2000.）

● 阿部顕三『貿易自由化の理念と現実』NTT出版，2015年。

● 池田理知子編著『よくわかる異文化コミュニケーション』ミネルヴァ書房，2010年。

● 石井敏「言語メッセージと非言語メッセージ」古田暁監修，石井敏・岡部朗一・久米昭元『異文化コミュニケーション—新・国際人への条件—』有斐閣，1997年。

● 石川雅啓『新しい貿易実務の解説』文眞堂，2019年。

● 石川雅啓『実践貿易実務（第12版）』ジェトロ，2016年。

● 石原伸志『貿易物流実務マニュアル』成山堂書店，2005年。

● 井出祥子・平賀正子編著『異文化とコミュニケーション』ひつじ書房，2009年。

● 伊藤文雄・堀内正博編集代表，青山学院大学大学院国際マネジメント研究科『MBA国際マネジメント辞典』中央経済社，2007年。

● 上坂西三『貿易慣習』東洋経済新報社，1964年。

● 牛嶋龍之介『入門国際取引の法務』民事法研究会，2011年。

● 海野素央『トヨタ公聴会から学ぶ異文化コミュニケーション』同文舘，2011年。

● 遠藤健二「インコタームズ2020について」『貿易と関税』第68巻第9号，2-21頁，2020年9月。

● 大泉光一『危機管理学総論—理論から実践的対応へ—』ミネルヴァ書房，2006年。

● 太田正孝『多国籍企業と異文化マネジメント』同文舘出版，2008年。

● 大貫雅晴『英文販売・代理店契約（第2版）』同文舘出版，2015年。

● 小田希望『英語の呼びかけ語』大阪教育図書，2010年。

● 織田稔『英語表現構造の基礎』風間書店，2014年。

● 勝田英紀『貿易実務のエッセンス』中央経済社，2012年。

● 葛城照三『英文積荷保険証券論』早稲田大学出版部，1981年。

● 亀井克之『リスクマネジメントの基礎理論と事例』関西大学出版部，2011年。

● 亀井利明『危機管理とリスクマネジメント』同文舘出版，2001年。

● 亀井利明監修，上田和勇・亀井克之編著『基本リスクマネジメント用語辞典』同文舘出版，2004年。

- 亀井利明『保険総論（補訂版）—リスクマネジメントと保険の理論—』同文舘出版，2005 年。
- 亀井利明・亀井克之『リスクマネジメント総論（増補版）』同文舘出版，2009 年。
- 亀田尚己『国際ビジネスコミュニケーションの研究』文眞堂，2003 年。
- 亀田尚己『国際ビジネスコミュニケーション再考』文眞堂，2010 年。
- 亀田尚己『英語ができるのになぜ通じないのか』日本経済新聞出版社，2012 年。
- 亀田尚己・青柳由紀江『英文ビジネスメール／オフィスメール入門』丸善出版，2012 年。
- 亀田尚己・小林晃・八尾晃『国際商取引入門（第 2 版）』文眞堂，2006 年。
- 来住哲二『基本貿易実務（十一訂版）』同文舘出版，2004 年。
- 木村栄一監修，日本損害保険協会『損害保険の軌跡』日本損害保険協会，1995 年。
- クカーリ，E. アンジェルッチ，堀元美訳『船の歴史事典』原書房，2002 年。
- 国谷史朗・小林和弘編『国際法務概説』有斐閣，2019 年。
- 黒田重雄・佐藤芳彰・坂本英樹『現代商学概論』千倉書房，2000 年。
- 国際商業会議所日本委員会『インコタームズ®2020』国際商業会議所日本委員会，2019 年。
- 小坂貴志『異文化コミュニケーションの A to Z—理論と実践の両面からわかる—』研究社，2007 年。
- 小林晃・石原伸志・小林二三夫・西道彦・藤田和孝『新版　ベーシック貿易取引』経済法令研究会，2011 年。
- 小林栄一監修，日本損害保険協会『損害保険の軌跡』日本損害保険協会，1995 年。
- サイード，エドワード・W. 著，板垣雄三・杉田英明監修，今沢紀子訳『オリエンタリズム』平凡社，1986 年。(Said, E. W., *Orientalism*, New York, Georges Borchardt, Inc., 1978.)
- 佐々木晃彦『異文化経営学　異文化コミュニケーションのビジネス』東海大学出版会，2002 年。
- 笹森四郎『貿易契約論』同文舘，1966 年。
- 澤田壽夫・柏木昇・杉浦保友・高杉直・森下哲朗・増田史子編著『マテリアルズ国際取引法（第 3 版）』有斐閣，2014 年。
- 潮見佳男・中田邦博・松岡久和編『概説国際物品売買条約』法律文化社，2010 年。
- 篠原陽一『帆船の社会史イギリス船員の証言』高文堂出版社，1983 年。
- 白畑知彦・冨田祐一・村野井仁・若林茂則『英語教育用語辞典』大修館書店，2004 年。
- 末富純子『Q & A　FTA・EPA ハンドブック—関税節約スキームとしての活用法—』民事法研究会，2013 年。
- 杉浦保友・久保田隆編著『ウィーン売買条約の実務解説（第 2 版）』中央経済社，2011 年。
- 鈴木敏正 & RM コンソーシアム 21『リスクマネジメントシステム（第 2 版）』日刊工業新聞社，2007 年。
- 高桑昭『国際商取引法（第 3 版）』有斐閣，2011 年。

- 高桑昭『新版　国際商取引法』東信堂，2019 年。
- 高橋靖治『貿易のしくみと実務』同文舘出版，2011 年。
- 滝浦真人『日本の敬語論―ポライトネス理論からの再検討―』大修館書店，2005 年。
- 滝浦真人『ポライトネス入門』研究社，2008 年。
- 田口尚志「インコタームズ 2020 に関する若干の解説」『貿易と関税』第 67 巻第 11 号，12-21 頁，2019 年 11 月。
- 東京海上日動火災株式会社『貨物保険の損害対応実務』保険毎日新聞社，2017 年。
- トロンペナールス，F. & ハムデン-ターナー，C. 共著，須貝栄訳『異文化の波―グローバル社会：多様性の理解―』白桃書房，2007 年。(Trompenaars, F. & Hampden-Turner, C., *Riding the Waves of Culture —Understanding Cultural Diversity in Business—* (2nd edition), London, Nicholas Brealey Publishing Ltd., 1997.)
- 中出哲『海上保険―グローバル・ビジネスの視点を養う―』有斐閣，2019 年。
- 長沼健『国際運送書類の歴史的変遷と電子化への潮流』文眞堂，2015 年。
- 中野俊一郎「管轄合意・仲裁合意・準拠法選択合意―国際私法・国際民事訴訟法における合意の並行的処理の可能性と限界―」，CDAMS「市場化社会の法動態学」研究センター『CDAMS ディスカッションペイパー』04/9J（2004 年 7 月）。《http://www.lib.kobe-u.ac.jp/repository/80100031.pdf》（2021 年 2 月 13 日閲覧）。
- 中丸明『海の世界史』講談社，2000 年。
- 中村弘『貿易契約の基礎』東洋経済新報社，1983 年。
- 中邑光男・山崎憲史・柏野健次編集主幹『ジーニアス総合英語』大修館書店，2018 年。
- 永元昭編集『国際コンテナ輸送の基礎知識』オーシャンコマース，2017 年。
- 鍋倉健悦『異文化間コミュニケーション入門』丸善，1997 年。
- 新堀聰「海上運送状について」『国際商事法務』，第 19 巻 4 号，1991 年 3 月。
- 新堀聰「いわゆる電子式船荷証券について」『国際商事法務』，第 19 巻 8 号，1991 年。
- 新堀聰『貿易取引の理論と実践：最近の貿易取引における旧来のメカニズムの破綻とその解決策に関する研究』三嶺書房，1993 年。
- 新堀聰『現代貿易売買』同文舘，2001 年。
- 新堀聰『ウィーン売買条約と貿易契約』同文舘出版，2009 年。
- 新堀聰『国際物品売買契約〈国際化〉のすすめ』同文舘，2012 年。
- 西田ひろ子編著『マレーシア，フィリピン進出日系企業における異文化間コミュニケーション摩擦』多賀出版，2002 年。
- 西田ひろ子編著『米国，中国進出日系企業における異文化間コミュニケーション摩擦』風間書房，2007 年。
- 西田ひろ子編著『グローバル社会における異文化間コミュニケーション』風間書房，2008 年。
- 株式会社日本貿易保険『海外事業資金貸付保険』株式会社日本貿易保険，2020 年。
- 株式会社日本貿易保険『中小企業・農林水産業輸出代金保険』株式会社日本貿易保険，2020 年。

- 株式会社日本貿易保険『貿易保険総合パンフレット』株式会社日本貿易保険，2020年。
- 則定隆男・椿弘次・亀田尚己『国際ビジネスコミュニケーション』丸善，2010年。
- 羽田三郎『ビジネスマンの英文法』研究社出版，1988年。
- 林昇一・高橋宏幸編集代表『戦略経営ハンドブック』中央経済社，2003年。
- 林吉郎『異文化インターフェイス経営』日本経済新聞社，1996年。
- 平田重行『ビジネス・コミュニケーション入門』同文舘出版，1992年。
- 平野英則「外国為替法務入門　第1回〜第54回（最終回）」銀行法務21　第683号58頁〜，第759号66頁〜（2008年1月〜2013年6月まで連載）。
- ブレシ，A. & フェールターク，O. 共著，高橋清徳訳『図説　交易のヨーロッパ史』東洋書林，2000年。
- 福田一雄『対人関係の言語学—ポライトネスからの眺め—』開拓者，2013年。
- 藤井健「異文化マネジメント」江夏健一・桑名義晴編著，IBI 国際ビジネス研究センター『理論とケースで学ぶ国際ビジネス』同文舘出版，2006年。
- 藤岡博『貿易の円滑化と関税政策の新たな展開—WTO 体制と WCO 体制の国際行政法的分析—』日本関税協会，2011年。
- 藤沢順・小林卓視・横山健一『海上リスクマネジメント』成山堂書店，2003年。
- 藤田勝利・工藤聡一編『航空宇宙法の新展開』八千代出版，2005年。
- 伏見和史『英文売買書式と取引実務』商事法務，2006年。
- 藤本進編『図説　日本の関税』財経詳報社，1997年。
- ブラウン，R. H. 著，東京海上火災保険海損部訳『新英文海上貨物保険約款の解説』成山堂書店，1983年。(Brown, R. H., *Analysis of Marine Insurance Clauses Book1 The Institute Cargo Clauses 1982*, London, Witherby & Co. Ltd., 1982.)
- ジェロルド・A. フリードランド，久保田隆・田澤元章監訳『アメリカ国際商取引法金融取引法』レクシスネクシス・ジャパン，2007年。
- ヘロドトス著，松平千秋訳『歴史』岩波書店，2001年。
- エドワード・T. ホール著，國広正雄・長井善見・斎藤美津子訳『沈黙のことば—文化・行動・思考—』南雲堂，1997年。(Hall, E. T., *The Silent Language*, New York, Doubleday and Company Inc., 1959.)
- 細谷昌志編『異文化コミュニケーションを学ぶ人のために』世界思想社，2006年。
- 牧野和夫・河村寛治・飯田浩司『国際取引法と契約実務（第3版）』中央経済社，2013年。
- 牧野和夫『やさしくわかる英文契約書』日本実業出版社，2009年。
- 牧野和夫『英文契約書の基礎と実務』DHC，2009年。
- 松岡博『アメリカ国際私法・国際取引法判例研究』大阪大学出版会，2010年。
- 松岡博編『国際関係私法入門（第4版補訂）』有斐閣，2021年。
- 松岡博編『レクチャー国際取引法（第2版）』法律文化社，2018年。
- 松島恵『海上保険論（改訂第8版）』損害保険事業総合研究所，2004年。
- 松浪有・池上嘉彦・今井邦彦『大修館英語学辞典』大修館書店，1994年。
- 宮林正恭『危機管理　リスクマネジメント・クライシスマネジメント』丸善，2005

年。

- 宮林正恭『リスク危機管理　その体系的マネジメントの考え方』丸善，2008 年。
- 八尾晃『貿易取引の基礎』東京経済情報出版，2007 年。
- 八島智子『外国語コミュニケーションの情意と動機―研究と教育の視点―』関西大学出版部，2004 年。
- 八代京子・町恵理子・小池浩子・吉田友子『異文化トレーニング―ボーダレス社会を生きる―』三修社，2011 年。
- 矢守克也・吉川肇子・網代剛『防災ゲームで学ぶリスク・コミュニケーション　クロスロードへの招待』ナカニシヤ出版，2005 年。
- 吉川達夫・河村寛治・植村麻里・曽我しのぶ『国際法務と英文契約書の実際』ILS 出版，2000 年。
- 吉川達夫・河村寛治編著『実践英文契約書の読み方・作り方』中央経済社，2002 年。
- 吉川達夫・飯田浩司編著『英文契約書の作成実務とモデル契約書（第 3 版）』中央経済社，2011 年。
- 吉川達夫・飯田浩司編著『ダウンロードできる英文契約書の作成実務』中央経済社，2018 年。
- リッチマン，ウィリアム・M. ／レイノルズ，ウィリアム・L. 著，松岡博・高杉直・吉川英一郎・北坂尚洋共訳『アメリカ抵触法（上巻）―管轄権編―』レクシスネクシス・ジャパン，2008 年。
- ルフラン，G. 著，町田実・小野崎昌裕訳『三訂版商業の歴史』白水社，1986 年。
- 渡辺文夫『異文化接触の心理学』川島書店，1995 年。
- 渡辺文夫『異文化と関わる心理学―グローバリゼーションの時代を生きるために―』サイエンス社，2002 年。

- 外務省経済局『我が国の経済外交 2020』日本経済評論社，2020 年。
- 経済産業省『平成 23 年版 通商白書―震災を超え，グローバルな経済的ネットワークの再生強化に向けて―』山浦印刷出版部，2011 年。
- 経済産業省『通商白書 2019 ―自由貿易に迫る危機と新たな国際秩序構築の必要性―』通商産業省，2019 年。
- ジェトロ，柴原友範・江尻武之・石川雅啓編著『実践　貿易実務（第 10 版）』ジェトロ（日本貿易振興機構），2010 年。
- ジェトロ編『ジェトロ貿易ハンドブック 2012』ジェトロ（日本貿易振興機構），2012 年。
- ジェトロ編『ジェトロ 貿易ハンドブック 2018』ジェトロ（日本貿易振興機構），2018 年。
- 大正海上火災保険（現三井住友海上火災保険）『外航貨物海上保険案内（増補改訂版)』大正海上火災保険，1971 年。
- 東京海上火災保険株式会社編『貨物海上保険の理論と実務』海文堂出版，1978 年。
- 東京リスクマネジャー懇談会編（藤井健司ほか著）『リスクマネジメント　バイブル』一般社団法人金融財政事情研究会，2011 年。

- 『日本貿易の現状 2020』一般社団法人日本貿易会，2020 年。
- 『2019/20 日本国勢図会』矢野恒太郎記念会。
- 日本興亜損害保険『2009 年協会約款のご案内（外航貨物海上保険）』日本興亜損害保険，2009 年。
- 日本興亜損害保険『外航貨物海上保険（1963 年・1982 年約款用）』日本興亜損害保険，2010 年改定。
- 小学館，DVD-ROM 版電子百科事典『スーパー・ニッポニカ 2001』，2001 年。
- 貿易保険機構『貿易保険実務解説』貿易保険機構，1995 年。
- モリソン・フォースター外国法事務弁護士事務所『アメリカの民事訴訟（第 2 版）』有斐閣，2006 年。

〔洋書〕
- Bortolotti, F., *Drafting and Negotiating International Commercial Contracts: A Practical Guide*, Paris, ICC Services Publications, 2008.
- Brown, P. and Levinson, S. C., *Politeness: Some universals in language usage*, New York, Cambridge University Press, 1987.
- Crystal, D., *English as a Global Language*, Cambridge, Cambridge University Press, 2003.
- Hall, E. T., *Beyond Culture*, New York, Anchor Books/Doubleday, 1976.
- Horn, P. V. & Gomez, H., *International trade principles and practices* (4th ed.), NJ, Prentice-Hall, Inc., 1959.
- Martin, J. N. & Nakayama, T. K., *Experiencing Intercultural Communication An Introduction*, Third Edition, New York, McGraw-Hill, 2008.
- Rosenthal, M. S., *Techniques of International Trade*, NY, McGraw-Hill Book Company, Inc., 1950.
- McCreary, D. R., *Japanese-U.S. Business Negotiations: A Cross-Cultural Study*, New York, Praeger Publishers, 1986.

〔インターネット〕
- 財務省関税局・税関「AEO 制度」《https://www.customs.go.jp/zeikan/seido/kaizen.htm》（2020 年 11 月閲覧）
- 篠原陽一郎『海上交易の世界史』《http://koekisi.web.fc2.com/》（2021 年 1 月閲覧）
- 株式会社日本貿易保険「貿易保険とは」《http://www.nexi.go.jp/》（2020 年 11 月閲覧）
- 農林水産省「大豆のまめ知識」《http://www.maff.go.jp/j/seisan/ryutu/daizu/d_tisiki/》（2015 年 11 月 11 日閲覧）
- ホープ，R. 著，篠原陽一解題『資料・イギリス海運史』第 16 章「クリッパーと汽船」《http://koekisi.web.fc2.com/》（2021 年 1 月閲覧）

和文索引

欧文索引

編著者・執筆者紹介

亀田　尚己（かめだ・なおき）：編著者　　同志社大学名誉教授

日本大学大学院商学研究科博士課程単位取得退学。博士（商学）。(株)ソニックス貿易部，社長秘書の後，(株)タモンインターナショナルに入社，同社代表取締役を経て 1993 年同志社大学商学部助教授，1997 年教授，2000 年同大学院商学研究科教授，2014 年同志社大学退職後名誉教授号受位。研究分野：国際ビジネスコミュニケーション，国際商取引論。主要著作：『国際ビジネスコミュニケーションの研究』（文眞堂，2003 年），*Managing Global Business Communication*（丸善，2005 年），『国際ビジネスコミュニケーション再考』（文眞堂，2009 年）など。

担当箇所：序章全編，第 3 編第 1 章第 1 節。

平野　英則（ひらの・ひでのり）

筑波大学大学院経営・政策科学研究科企業法学専攻修了。修士（法学）。旧東京銀行，旧東京三菱銀行，信金中央金庫，西武信用金庫を経て 2011 年〜2021 年，拓殖大学商学部非常勤講師・日本大学法学部非常勤講師を歴任。2015 年〜2019 年，国際商取引学会理事。研究分野：貿易金融取引法。主要著作：『よくわかるシンジケートローン』（金融財政事情研究会，2007 年），「外国為替法務入門　第 1 回〜第 54 回（最終回）」銀行法務 21 第 683 号 58 頁〜，第 759 号 66 頁〜（2008 年 1 月〜2013 年 6 月まで連載）ほか多数。

担当箇所：第 1 編第 1 章第 3 節，第 2 編第 3 章，巻末【書類見本】。

岸田　勝昭（きしだ・かつあき）　　元神鋼鋼線工業株常務取締役

大阪外国語大学（現大阪大学外国語学部）卒，大正海上火災保険（現三井住友海上火災保険）を経て，日商岩井（現双日）にて 20 年間鉄鋼貿易営業に従事，インドネシア・英米に 13 年駐在，ロサンゼルス支店鉄鋼部長。2010 年関西大学大学院外国語教育学研究科博士前期課程（英語分析学専攻）修了。外国語教育学修士。専門学校・企業・商工会議所等で貿易実務・英語非常勤講師を歴任。(社)大阪府産業支援型 NPO 協議会（OSK）海外展開専門部会副部会長。著作：南出康世・中邑光男編集主幹『ジーニアス和英辞典 第 3 版』（大修館書店，2011 年，校閲協力・執筆）。

担当箇所：第 1 編第 1 章第 1 節／5 節／6 節，第 2 編第 5 章／第 6 章，第 3 編第 1 章第 2 節／第 3 節／第 2 章／第 3 章。

長沼　健（ながぬま・けん）　　同志社大学商学部教授

日本大学大学院商学研究科博士後期課程単位取得退学。博士（商学〔同志社大学〕）。日本大学商学部研究員を経て 2007 年に同志社大学商学部専任講師，2011 年より准教授，2019 年より現職。2015 年ケンブリッジ大学客員フェロー。研究分野：国際電子商取引論，貿易商務論。著作：『国際運送書類の歴史的変遷と電子化への潮流』（文眞堂，2015 年），新堀聰・椿弘二編著『国際商取引論の新展開』（同文舘，2006 年，共著），「信頼の影響を受ける運送書類の選択について」，『国際商取引学会年報』，第 13 号，2011 年，143-155 頁など。

担当箇所：第 1 編第 1 章第 4 節，第 2 編第 2 章／第 4 章。

吉川　英一郎（よしかわ・えいいちろう）　　同志社大学商学部教授

大阪大学大学院国際公共政策研究科博士後期課程修了，博士（国際公共政策）。シャープ，奈良産業大学法学部，大阪学院大学法科大学院を経て 2012 年 4 月より現職。研究分野：国際取引法。著作：『職場におけるセクシュアル・ハラスメント問題』（レクシスネクシス・ジャパン，2004 年），松岡博編『国際関係私法入門（第 4 版補訂）』（有斐閣，2021 年，共著），松岡博『レクチャー国際取引法（第 2 版）』（法律文化社，2018 年，共著）など。

担当箇所：第 1 編第 1 章第 2 節／第 2 章，第 2 編第 1 章／第 7 章。

現代国際商取引

──よくわかる理論と実務──

2013 年 4 月 1 日　第 1 版第 1 刷発行	検印省略
2021 年 3 月 31 日　改訂版第 1 刷発行	
2024 年 4 月 25 日　改訂版第 2 刷発行	

編著者	亀　田　尚　己	
	平　野　英　則	
著　者	岸　田　勝　昭	
	長　沼　　　健	
	吉　川　英一郎	
発行者	前　野　　　隆	

発行所　株式会社　**文　眞　堂**

東京都新宿区早稲田鶴巻町 533

電話 0 3 （3 2 0 2）8 4 8 0
FAX 0 3 （3 2 0 3）2 6 3 8
http://www.bunshin-do.co.jp
郵便番号（162-0041）振替00120-2-96437

製作・モリモト印刷株式会社

ISBN978-4-8309-5120-6　C3033